《经修订的京都公约》与海关制度研究

《JINGXIUDING DE JINGDU GONGYUE》YU
HAIGUAN ZHIDU YANJIU

本书编写组　编著

中国海关出版社有限公司
·北京·

《〈经修订的京都公约〉与海关制度研究》
编委会

主　　　编： 朱光耀

副　主　编： 蒋　莉

执行副主编： 李　莉　肖向东　沈红宇　余　钧　赵世璐

主要撰稿人员（按拼音字母排序）：

陈弼飞　陈丽芳　代　玮　邓晓妍　古丽雅　郭上时
黄好成　李俊毅　李　璇　李雪松　刘凌云　刘云松
龙庚哲　陆俊颖　马茂鑫　潘华林　彭　隽　勤　达
石　云　王　珂　魏　优　吴贤杰　肖　春　谢正文
许　丹　叶　倩　于　青　袁　华　张明磊　张　心
赵春烨　朱　晶　卓　陶

指导顾问： 王丽婷　孔　玥　谢晓园　徐　君　季　巍　伊羊羊
刘　娟　陈淑国　谢志杰　曹田广　朱秋沅

指导单位： 海关总署政策法规司　海关总署国际合作司

编委单位： 长沙海关　南京海关　广州海关　深圳海关
上海海关学院

序

今年是海关合作理事会制定《京都公约》50周年。按照海关总署统一部署，在海关总署政策法规司、国际合作司的精心指导下，由长沙海关牵头的《〈经修订的京都公约〉与海关制度研究》署级课题顺利结题出版，恰逢其时。

开展这一研究，是海关总署积极践行习近平总书记提出的“统筹推进国内法治和涉外法治”重要法治思想和“智慧海关、智能边境、智享联通”重大倡议的务实举措，是海关系统学习贯彻党的二十大关于“稳步扩大规则、规制、管理、标准等制度型开放”部署要求的具体成果，是“智关强国”行动关于“主动参与国际经贸规则制定”和“开展世界海关组织及相关国家海关先进技术、标准、规则等类比研究”的具体实践，也是长沙海关法治工作特别是涉外法治研究的重要突破。

《经修订的京都公约》是《京都公约》的修订版，现有133个缔约方，覆盖了世界各大经济体，是一个集世界海关先进管理制度之大成的国际公约。我国于2000年加入后，切实履行公约义务，开展了一系列卓有成效的海关业务改革，不断打造市场化、法治化、国际化一流营商环境，自由贸易试验区、跨境电商、“经认证的经营者”（AEO）制度等已达到或领先国际先进水平，我国营商环境2020年在全球191个经济体排名中升至第31位。履行该公约，对于推动我国成为世界第一货物贸易大国发挥了重要作用。

但是，随着世界形势不断变化和时代发展，我国和其他经济体许多成熟的改革措施和制度成果亟待吸纳进公约，实现吐故纳新、推陈出新，以适应国际贸易实务的现实需要。与此同时，为服务国家外交外贸大局，推动全球海关在WCO框架下开展协同治理，提升海关制度创新和治理能力，越来越需要发出中国海关声音，贡献中国海关方案和智慧。由此，加强海关涉外法治研究提上了重要议事日程。正是在这种国家战略需求和时代背景下，《〈经修订的京都公约〉与海关制度研究》课题应运而生。

本研究自2022年3月海关总署批准立项以来，长沙海关作为牵头单位，高度重视、精心组织，反复打磨、多轮审核。历时整整一年，经过长沙海关、南京海关、广州海关、深圳海关和上海海关学院40多位专家的集体攻关会战，最终形成了26万字的课题报告。本研究从8个方面梳理分析我国海关法律制度与《经修订的京都公约》核心原则、先进管理理念的异同，研究《经修订的京都公约》对我国海关法律制度产生的现实影响，评估该公约新一轮全面审议对世界和我国海关制度未来走向的影响，提出修订《海关法》和其他海关制度的建议50余条。复旦大学、上海海关学院等单位的11名评审专家认为这一研究既有理论深度，又有实践广度，填补了我国研究《经修订的京都公约》的空白，为《海关法》修订等海关制度建设提供了理论支撑，为公约新一轮修订提供了实践论据，为破解贸易壁垒、维护多边主义、推进全球海关治理贡献了中国智慧和中国方案。

我们深刻感受到，本研究成果的取得，得益于习近平法治思想的正确指引，得益于海关总署党委对涉外法治工作的高度重视和正确领导，得益于海关总署政策法规司、国际合作司的精心指导，是5个海关单位40多位专家集体智慧的结晶、协同作战的成果。在此，我们对关心、支持和参与课题研究的总署领导、兄弟单位、评审专家、全体工作人员表示衷心感谢！

习近平总书记强调，“中国走向世界，以负责任大国参与国际事务，必须善于运用法治”。党的二十大作出了加快建设贸易强国的战略部署，对法治保障工作提出了更高要求。海关将以此次研究为契机，聚焦“守国门、促发展”，加强智慧海关建设，开展“智关强国”行动，参与国际规则研究制定，踔厉奋发、勇毅前行，努力为推动社会主义现代化海关建设作出新的更大的贡献。

是为序。

本书编写组
2023年9月

目录

CONTENTS

第一章
《经修订的京都公约》概述

本章共分四节，对《经修订的京都公约》(The Revised Kyoto Convention，RKC)[①] 作总体介绍。

第一节介绍RKC的前身即《京都公约》(The Kyoto Convention，KC)产生的背景和主要内容。20世纪50年代初，海关合作理事会(Customs Cooperation Council，CCC)刚一成立，就着手消除国际贸易的障碍，所采取的方法是制定一份简化和协调各国海关制度的文件，供各缔约方共同遵守。这份文件就是1973年通过、1974年生效的KC。本节介绍了KC的两大组成部分即主约和附约，包括主约5章的内容和附约的9大类31个海关制度及其条款构成，以及RKC产生的原因和经过情况。

第二节对《修正京都公约的议定书》(Protocol of the Amendment to the International Convention on the Simplification and Harmonization of Customs Procedures，以下简称《修正议定书》)、主约各章、10个专项附约和公约的指南作了全面扼要的介绍。《修正议定书》说明修订KC的理由和目标；确定了简化和协调海关制度的核心原则对于缔约方的强制性；规定了议定书及其3个附件是对KC的修正与替代。3个附件

① 关于该公约的名称，无论在WCO范围内，还是在我国国内都不统一。“amended(修正)”与“revised(修订)”混用。1999年版的公约正式名称为《关于简化和协调海关制度的国际公约(修正)》，英文名称为International Convention on the Simplification and Harmonization of Customs Procedures (As Amended)，或The Kyoto Convention (as amended)。但WCO通常又将其简称为“The Revised Kyoto Convention”，缩写为“RKC”，中译为《经修订的京都公约》。本课题根据法学界公认对“amend”(修正)和“revise”(修订)的定义，考虑到1999年版公约对原公约实际修改的内容，采用了WCO更为通用的称谓，即《经修订的京都公约》(The Revised Kyoto Convention, RKC)。本课题研究所引用的文献资料中若使用“经修正的京都公约”这一名称，则沿用其称谓。

分别是：附件Ⅰ主约，附件Ⅱ总附约，以及附件Ⅲ专项附约。主约共5章，规定了公约的约束力和接受度、公约的管理与运行，还规定了全面审议和修订公约工作的难度和成功的可能性。主约属于国际条约法范畴，与海关制度没有直接关系。总附约共10章，其中第一章为总则，第二章为术语定义，其他各章则是对某一方面海关业务的原则性规定。除第二章外，各章由标准条款和过渡性标准条款构成。总附约规定了适用于各项海关制度和做法（包括那些在各专项附约及其各章中安排的海关制度和做法）的核心原则。专项附约共有10个，由标准条款和建议条款组成。每个专项附约是关于某一类海关业务的制度；每个专项附约内设有若干章，最少的也有一章，每章对应一个专门的海关制度。指南是对总附约和专项附约条款的解释说明，或提供各国适用或进一步完善条款的最佳做法例证。指南本身不是公约文本的组成部分，不构成任何法律义务，但展示了各海关可以达到的成就，以及各种创新做法可能产生的效果。

第三节对RKC及其前身KC作对比分析，得出的结论是：两者是同一主题下两个独立的公约。尽管RKC是由KC修订而来，但它不是对KC的简单修正或延续，而是另一个公约。

RKC主约和总附约确立了简化和协调海关制度的一些核心原则，这些原则普遍体现在总附约和各专项附约的条款中，对于各缔约方具有强制性。鉴于此前学界尚未见有对公约核心原则的专门论述，笔者在本章第四节总结归纳并重点论述了公约的八项核心原则。这八项原则是：透明度原则、最小限制原则、非歧视性原则、风险管理原则、信息保护原则、应用信息技术原则、应用国际标准原则、合作原则。受到时代和当时技术条件限制，公约确立的一些核心原则，如风险管理、应用信息技术、合作原则等，在公约的文本中规定得可能比较笼统和简单，其丰富的内涵在公约的指南、后来的《全球贸易安全与便利标准框架》及其他一些国际条约中得到了发展。在论述这些原则时，笔者不可避免地引用了这些后来的文件内容来进行阐述和说明。

第一节 《经修订的京都公约》的“前世今生”

鉴于各国海关手续的烦琐和不统一，国际贸易的正常发展受到阻碍，从20世纪初期起，一些国家着手简化和协调海关手续的工作。1920年1月10日，国际联盟成立。国际联盟的宗旨之一就是促进国际合作和国际贸易。1923年11月3日，在国际联盟倡议下，签订了关于《简化海关手续的国际公约》；尔后虽然还召开过几次国际会议，但该公约未能取得显著成效①。

第二次世界大战结束后，联合国贸易劳工会议组织在制定成立国际贸易组织《哈瓦那宪章》的草案中和缔结的《关税及贸易总协定》（General Agreement on Tariffs and Trade，GATT）中都列有关于解决海关手续问题的一些条款②。

1952年，海关合作理事会（CCC）成立。设立理事会的目的可概

① 张国强．海关合作理事会［J］．世界知识，1985（14）：27．

② 同①．

括为：简化手续，完善制度，加强合作，促进贸易[①]。加强各成员海关工作和提高海关工作效率，促进各成员在海关执法领域的合作，成为CCC的历史使命。

20世纪六七十年代，CCC认为通过加强国际合作来简化和协调各国的海关业务制度，定能使各国从中获益。因此，有必要制定一份国际性文件，使各国付诸实践，从而将各国的海关业务制度逐步引向高度简化和协调。1973年5月18日，《关于简化和协调海关业务制度的国际公约》(International Convention on the Simplification and Harmonization of Customs Procedures)在日本京都召开的CCC第41/42届年会上获得通过，史称KC。该条约于1974年9月25日生效。

KC由主约和附约两部分组成。加入KC必须接受主约和至少一个附约，并把该附约中的原则转化为本国立法加以实施。

主约共5章18条，属于国际条约法内容，与海关制度没有直接关系。各章分别是：

第一章“定义”；

第二章“公约范围及附约结构”；

第三章“理事会常设技术委员会的职责”；

第四章“杂则”；

第五章“附则”。

附约有9大类31个，每个附约涉及一项海关业务，供各国分别签署接受和实施。它们分别是：

A类，提交货物申报前的手续，包括4个制度：

A.1 关于承运人在报关前应履行的海关手续；

A.2 关于货物报关前暂时存栈的附约；

---

① 杨玉林．海关合作理事会评介［J］．国际贸易，1987（4）：13.

A.3 关于为商业运输工具提供海关便利的附约；

A.4 关于海关处理备用物料的附约。

B 类，供国内使用的货物通关，包括 3 个制度：

B.1 关于货物结关内销的附约；

B.2 关于申报内销货物免征进口各税的附约；

B.3 关于货物按原状复进口的附约。

C 类，出口货物通关，包括 1 个制度：

C.1 关于货物直接出口的附约。

D 类，货物的原产地，包括 3 个制度：

D.1 关于原产地规则的附约；

D.2 关于原产地证明文件的附约；

D.3 关于原产地证明文件核查的规则。

E 类，附条件的放行程序和加工贸易，包括 8 个制度：

E.1 关于海关转运制的附约；

E.2 关于转装的附约；

E.3 关于海关仓库的附约；

E.4 关于退税的附约；

E.5 关于暂准进口货物按原状复出口的附约；

E.6 关于货物暂准进口在国内加工的附约；

E.7 关于货物免税替换的附约（未生效）；

E.8 关于货物暂准出口加工的附约。

F 类，特殊海关程序，包括 7 个制度：

F.1 关于自由区的附约；

F.2 关于来料加工内销的附约；

F.3 关于向旅客提供海关便利的附约；

F.4 关于邮运物品海关手续的附约；

F.5 关于急运货物的附约；

F.6 关于退还溢征的进口各税的附约；

F.7 关于沿岸运输货物的附约。

G 类，从事国际贸易的人员与海关的关系，包括 2 个制度：

G.1 关于由海关提供业务资料的附约；

G.2 关于海关与第三方之间相互关系的附约。

H 类，争议与违法行为，包括 2 个制度：

H.1 关于关务申诉的附约；

H.2 关于违反海关法规的附约（未生效）。

I 类，计算机的海关应用，包括 1 个制度：

I.1 关于计算机应用于海关业务的附约。

附约中规定的标准条款是各缔约方必须普遍实施的条款，建议条款是各缔约方可能广泛实施的条款。

KC 对规范海关手续和业务制度，明确海关与其管理相对人的权利、义务、法律关系，提高海关立法和执法的透明度、公正性，提高国际贸易效率等海关管理与执法的各领域，有很强的指导意义。

KC 实施 20 年后，越来越不能适应国际贸易的多样化发展。1994 年，荷兰正式致函 WCO①，提议对公约进行修订。经 WCO 第 153/154 次常设技术委员会（Permanent Technical Committee）同意，于当年成立专门工作组启动了公约的修订工作。经过 5 年艰苦努力，1999 年 6 月 26 日，《修正议定书》及其附件文本在 CCC 的第 93/94 届年会上正式获得一揽子通过。2006 年 2 月 3 日，RKC 正式生效。

① 世界海关组织是 CCC 的工作名称。1994 年，CCC 的年会通过了一项有关为该组织命名一个工作名称的议案。因此，该组织获得了一个工作名称，即“世界海关组织（WCO）”，从而使该组织与“世界贸易组织（WTO）”相对应。

第二节
《经修订的京都公约》主要内容

RKC 是一个集各国海关先进管理制度之大成的国际公约。它全面、系统且有重点地协调规范了海关事务的各项制度，包括海关监管制度、关税制度、担保制度、申诉制度、海关信息等，是当前唯一一部综合性、多边的海关国际硬法[①]，是全球贸易治理体系的重要组成部分，是在全球多边框架下实现各个经济体海关制度与实践朝着高度简化、协调统一方向发展的重要依据，也是各缔约方制定海关制度的重要参考。

一、修正议定书

《修正议定书》共有 9 个条款，说明了修订 KC 的理由和目标；确定了简化和协调海关制度和做法的核心原则对于缔约方的强制性；必须为海关提供由适当而有效监管方法支撑的高效制度；要促使达成高度简化和协调的海关制度和做法（这些海关制度和做法就是 CCC 的根本目标），并由此为便利国际贸易做出重要贡献；规定了本议定书及其 3 个附件是对 KC 的修正与替代，RKC 的生效规则和加入 RKC 的方法。

① 硬法：具有约束力，必须得到遵守，一旦违反必须承担相应法律责任的法律。

二、主约、总附约和专项附约

RKC 的文本以《修正议定书》的附件形式而存在，分 3 个层次，即附件Ⅰ的主约、附件Ⅱ的总附约和附件Ⅲ的专项附约。

（一）主约（Body）

主约包括前言和 5 章、20 个条款。

主约的前言确立了实现各缔约方海关制度与做法协调和便利化的核心原则，这些原则将在本章第四节专门论述。需要特别指出的是：主约在约束缔约方履行 RKC 义务的同时，并不妨碍甚至还鼓励缔约方尽可能广泛地提供比 RKC 规定更大的便利[①]。这是对 RKC 精髓的表达，即“最大限度地便利贸易”。

5 章分别是：第一章“定义”，第二章“范围及结构”，第三章“公约管委会”，第四章“缔约方”和第五章“公约的生效”。主约规定了 RKC 的目标宗旨、定义、范围和结构、公约的管理及其管理机构、管理机构的议事规则、缔约方、公约的批准、公约的适用、条款的接受与保留、条款的实施、争议解决、公约的修正案、加入期限、公约生效与保存、登记和作准文本等内容。

以“条款的接受与保留”为例。主约第 12 条规定，缔约方必须接受总附约，但可以选择接受专项附约或其中的章。缔约方一旦接受某个专项附约，就要受该专项附约中的标准条款约束，也要受其中的建议条款约束，除非事先声明保留。声明保留要说明缔约方的国家立法与建议条款不一致之处。缔约方可随时提出撤销其所作保留。缔约方每隔 3 年须对撤销其所作保留的可能性进行审议，并将审议结果报告 WCO 总干

① 参见 RKC 主约第 2 章第 2 条。

事，说明其国家立法与撤销保留相左之处。

主约要与《修正议定书》结合起来看，才不至于产生误解。例如，主约第 18 条第 1 款仍按 KC 主约第 12 条第 1 款表述为“公约需五个实体的批准或加入即生效”，但实际上，《修正议定书》第 3 条第 3 款规定了公约生效需 40 个缔约方的批准或加入。

主约的条款都是典型的条约法的内容，与海关制度没有直接的关系。但这些内容是公约存在的基石，决定了公约的法律地位、运行管理以及稳定性。主约不仅规定了公约的约束力和接受度，也规定了公约的管理与运行，还规定了全面审议和修订公约工作的难度和成功的可能性。主约的约束力将持续到该主约被修改或被替代为止。

（二）**总附约**（General Annex, GA）

总附约共有 10 章，包括总则，定义，通关及其他海关制度，税费，担保，海关监管，信息技术应用，海关与第三方的关系，海关提供的信息、作出的决定和裁决，海关事务申诉。总附约适用于所有的海关制度和做法，包括各专项附约中的制度和做法。总附约的条款分为标准条款和过渡性标准条款。标准条款被认为是为实现海关制度和做法的协调与简化所必须实施的条款。过渡性标准条款是其实施时间可以推迟一些的标准条款。根据主约第 13 条第 1 款、第 2 款的规定，标准条款必须在 36 个月内实施，而过渡性标准条款可在 60 个月内实施。这意味着，任一缔约方在签署、加入或接受本公约 60 个月后，总附约的所有条款，包括标准条款和过渡性标准条款，对其都具有同等的约束力。

1. 第一章“总则”

本章共 3 个标准条款，规定了总附约中的定义、标准条款和过渡性标准条款的适用范围，总附约和各专项附约规定的海关制度及做法应转化为各缔约方的国家立法并尽可能简化，海关与贸易界应建立协商合作关系等内容。

2. 第二章“定义”

本章规定了总附约和各专项附约中涉及的27个术语的定义，同时给出了这些术语在英文版和法文版术语列表中的排序。例如：E1./F23.代表“申诉”这个术语在英文版列表中排在第1位，在法语版列表中排在第23位。这些术语的适用范围还会在总附约或专项附约或其中的章中适当的地方作出说明。

3. 第三章“通关及其他海关制度”

本章共有45个条款（标准条款36个、过渡性标准条款9个）。货物通关与其他海关制度构成海关业务的核心职责。海关制度为与货物有关的人规定了各项义务。这类义务包括：尽早向海关出示货物及其运输工具；申报货物并呈验辅助单证；必要时提交担保；适用时交付税费等。海关也要承担一些义务，如：设立海关办公机构；明确办公时间；核查货物申报情况；查验货物；估定与征收税费以及放行货物等。本章对11项海关业务制度做了原则性规定，即：海关办公机构的设立，申报人的权利与义务，货物的申报，货物申报的提交与登记，货物申报的修改或撤回，货物申报的审核，适用于被授权人的特别业务制度，货物查验与取样，差错管理，货物的放行，货物的放弃或销毁。

4. 第四章“税费”

本章共有24个条款（标准条款22个、过渡性标准条款2个）。本章要求国家立法应规定有关海关对税费的要求，以及可能产生纳税义务的情况。有关税费估定、征收和缴纳的要求在本章第一部分（标准条款4.1至4.14）中规定；有关特定的人税费的延期缴纳在本章第二部分（标准条款4.15至4.17）中规定；税费的退还在本章第三部分（标准条款4.18至4.24）中规定。本章不包括针对行李和邮递物品的税费规定（相关规定在专项附约J“特别制度”中有明确阐述）。本章值得特别注意的是第 4.9 条，该标准条款规定，如国家立法规定税费可在货物放行后缴纳，则缴纳期限必须至少在放行的十日以后，且不应收取从放行日至纳税到期日期间的利息。另外，第 4.23 条（标准条款）要求海关在对接受退税申请的期限作出规定时，应充分考虑到可能发生的各种情形。

5．第五章“担保”

本章共有 7 个标准条款。本章规定了海关要求担保的基本原则。国家立法应规定海关担保的数量、提供担保的方式和一旦履行义务后担保的解除。海关仅仅在确信相对人对其所承担义务的履行得不到保证时，才要求提供担保；必须提供担保时，应将担保数额限制为履行海关义务的实际数额或估计数额。

6．第六章“海关监管”

本章共有 10 个条款（标准条款 9 个、过渡性标准条款 1 个）。本章规定的海关监管制度包含巨量信息。为确保海关负责执行的法律法规得以实施，海关应从单一监管转变为更多地采用以稽查为主的物流监管模式；风险管理应成为海关监管一个不可或缺的部分；海关应在其监管中开展守法和绩效评估以确保监管程序的可行和高效；海关有必要安排行政互助及与贸易界的合作；海关监管应最大限度地使用信息技术和电子商务。

7．第七章“信息技术应用”

本章共有 4 个标准条款。本章条款虽不多，但为信息技术海关应用确定了基本原则，包括：鼓励海关使用信息技术以支持海关制度和海关监管；要求海关推行计算机应用时使用国际公认标准；与各方协商以最大限度采用信息技术。本章还特别要求各缔约方的国家立法需要明确电子方式可替代纸质文件（即应确立电子方式的法律地位）。

8．第八章“海关与第三方的关系”

本章共有 7 个标准条款，涉及第三方及其与海关的关系。第三方指“代表他人直接向海关办理有关货物进口、出口、移动或储存手续的任何人”。本章规定了代理人（第三方）与被代理人的关系；要求国家立法规定第三方办理海关业务的条件及其权利义务；要求海关对第三方参与海关与贸易界磋商以及不与第三方办理业务的情形作出规定。

9．第九章“海关提供的信息、作出的决定和裁决”

本章共有 9 个条款（标准条款 8 个、过渡性标准条款 1 个）。本章对海关提供的一般信息、特定信息，以及对海关也有约束力的税则归类信息的特别程序作出规定。本章规定海关有责任完整、准确、便捷地提供上述信息；海关提供信息时，应当保护第三方的隐私或秘密；海关作出的决定对有关人不利时的救济等。

10．第十章“海关事务申诉”

本章共有 12 个标准条款。本章对海关事务的申诉权、申诉的格式和理由、申诉的考虑因素等作出了规定。对海关决定或疏忽进行申诉是一项基本权利，所有与海关交往的人都必须有机会对任何海关业务事项提起申诉，但不包括刑事案件或那些针对未生效的海关结论的申诉。国家立法应明确规定对申诉人和海关双方的要求；应有一个透明的、多阶段的申诉程序，另外有独立的司法程序作为申诉的最后途径；海关应向申诉人提供书面决定并应及时执行最终裁决。

总之，总附约规定了 RKC 各项海关制度和做法（包括那些在各专项附约及其各章中安排的海关制度和做法）所共同适用的核心原则。

（三）专项附约（Specific Annexes, SA）

专项附约是指关于某一类海关业务的制度，共 10 个，分别为：A“货物抵达关境”，B“进口”，C“出口”，D“海关仓库和自由区”，E“转运”，F“加工”，G“暂准进口”，H“违法行为”，J“特别制度”和 K“原产地”。每个专项附约内设有若干章，每章对应一个专门的海关制度。

各专项附约及其各章都由标准条款和建议条款组成。主约将建议条款定义为"推动海关制度和做法向协调与简化进步的条款，广泛实施这些条款被认为是可取的"。根据主约第13条第1款、第3款的规定，缔约方如果选择接受某个专项附约或其中的章，那么除非事先提出保留，否则必须在36个月内实施其中的标准条款和建议条款。

1．A"货物抵达关境"

本专项附约共2章。

第一章"提交货物申报前的手续"共有19个条款（标准条款10个、建议条款9个）。本章规定了承运人在向海关提交货物申报，将货物置于某一海关制度之前所必须完成的所有手续。本章对货物进入关境的地点和承运人的义务，交验货物时的单证要求，货物在海关工作时间外抵达时的要求，卸货地点和时间的要求，海关收费要求等方面作出规定，以保证承运人履行的手续尽可能简化，最大限度降低对国际贸易造成的不便，同时保证海关履行各项职责。

第二章"货物临时储存"共有13个条款（标准条款8个、建议条款5个）。由于货物到达关境和提交有关货物申报之间往往存在一段时间的间隔，在此期间货物通常在海关监管下临时存放于特定场所（临时仓库）。本章对货物的临时储存各方面作出原则性规定，包括：临时仓库的建立、储存货物的原则、单证要求、临时储存的管理、经批准的作业、临时储存的期限、对变质或毁坏货物的处理、从临时仓库提取货物等。

2．B"进口"

本专项附约共3章。

第一章"通关供国内使用"共有2个条款（标准条款1个、建议条款1个）。本章规定了供国内使用货物通关手续的最低要求。其中条款2建议国家立法规定：只要提供了有关供国内使用货物必要的细节，可使用不同于标准方式的方式进行货物申报。

第二章“按原状复进口”共有15个条款（标准条款13个、建议条款2个）。“按原状复进口”制度允许已经出口的货物免除进口税费进口供国内使用，条件是货物在境外未经任何制造、加工或修理，而且因出口而造成的已退税费、应缴而未缴的税费、有条件免除的税费、出口补贴或其他税费必须缴纳。本章对按原状复进口制度的适用范围、原状复进口的时限、海关主管办公机构、货物的申报、声明返回的货物等方面作出了原则性规定。

第三章“免除进口税费”共有7个条款（标准条款4个、建议条款3个）。本章所称“免除进口税费”指不征收进口税费使货物通关供国内使用，而无论货物的正常税则归类或相关责任如何，货物必须是在特定条件下为了特定目的而进口。换言之，本制度适用于进口供国内使用时无条件给予免税的货物，而不适用于有条件免除进口税费的、在海关制度监管下的货物。本章明确了“免除进口税费”制度的适用范围，第7条建议条款列出了按照特定条件通常免除进口税费的11种情形。

3．C“出口”

本专项附约共1章“正式出口”。本章共有3个条款（标准条款2个、建议条款1个）。“正式出口”制度仅适用于拟永久出口的自由流通货物。由于总附约的一系列重要规定也适用于正式出口手续，本章不予重复，仅对正式出口货物申报的单证和货物抵达境外的证明方面作出了原则性规定。

4．D“海关仓库和自由区”

本专项附约共2章。

第一章“海关仓库”共有16个条款（标准条款12个、建议条款4个）。“海关仓库”制度指进口货物在海关监管下未缴进口税费存放在指定地点（海关仓库）的海关制度。本章对海关仓库的类别、设立、经营和监管、货物的入库和存放期、库存货物的授权作业、货物所有权的转让、货物的损耗、货物的出库以及海关仓库的关闭等方面作出了原则性规定。

第二章自由区共有 21 个条款（标准条款 17 个、建议条款 4 个）。本章的自由区是指缔约方境内的一部分，进入这一部分的任何货物，就进口税费而言，通常视同在关境之外。本章对自由区制度的各方面作出原则性规定，包括：自由区的设立与监管、货物进入自由区、担保、经批准的作业、在自由区内消费的货物、存放期、所有权的转让、货物的运出、税费的估定以及自由区的关闭等。

5．E“转运”

本专项附约共 3 章。

第一章“海关转运”共有 26 个条款（标准条款 15 个、建议条款 11 个）。“海关转运”指货物在海关监管下从一个海关办公机构运至另一个海关办公机构的海关制度。本章的海关转运既有关境间转运也有关境内转运。海关转运的基本原则是：允许在同一关境内运输货物或将货物运往另一关境而无须征收适用于进出口货物的关税，并且不受经济性禁止或限制措施约束，条件是符合海关封志、时间限制或担保等所有要求。本章对海关转运制度的适用范围、经授权的发货人和经授权的收货人、发运地办公机构的手续、海关封志、途中手续、海关转运的结束以及缔约方加入有关海关转运国际协定的可能性等方面作出了原则性规定。本章还有一个附件，规定了海关封志和固定物必须满足的最低要求。

第二章“转装”共有 11 个条款（标准条款 6 个、建议条款 5 个）。转装制度涉及货物在海关监管下从一个运输工具转换到另一个运输工具而无须缴纳进出口关税的业务。转装制度的目的就是要保证货物到达转装地海关办公地点后能够确实离开该区域继续运往其目的地。本章对转装的各要素作出原则性规定，包括：申报、检查与识别货物、附加监管措施、经批准的作业等。

第三章“货物沿岸运输”共有17个条款（标准条款7个、建议条款10个）。货物沿岸运输制度涉及自由流通的货物和必须用将其运抵关境的进境船舶以外的船舶运输而尚未申报的货物在关境内的某一地点装船，运至同一关境的另一地点卸载的业务。本章对货物沿岸运输制度的适用范围、装货与卸货、单证要求和担保等方面作出了原则性规定。

6．F“加工”

本专项附约共4章。

第一章“进口加工”共有26个条款（标准条款13个、建议条款13个）。海关的进口加工制度允许某些货物免纳进口税费进入关境，条件是该货物拟用于制造、加工或修理并随后出口。本章对进口加工制度的方方面面作出原则性规定，包括：适用范围、将货物置于进口加工制度下（进口加工的批准、识别措施）、货物在关境内的停留、进口加工的结束（出口、其他处理方法）等。

第二章“出口加工”共有18个条款（标准条款11个、建议条款7个）。出口加工是指一关境内自由流通的货物获准暂时出口进行制造、加工或修理，而后全部或部分免除进口税费复进口的海关业务。出口加工制度即调整出口加工业务的海关制度。本章对出口加工制度的适用范围、将货物置于出口加工制度下（货物暂时出口前的手续、识别措施等）、货物在关境外的停留、补偿产品的进口、适用于补偿产品的关税等方面作出了规定。

第三章“出口退税”共有10个条款（标准条款4个、建议条款6个）。出口退税制度是指当货物出口后，对该货物或该货物中包含的材料或在生产该货物时消耗的材料在进口时征收的关税和国内税给予全部或部分退还的海关制度。本章对出口退税制度的适用范围、必须满足的条件、出口退税货物在关境内停留的时限、退税税款的支付等方面作出了规定。值得一提的是，本章推荐以相同的原材料或货物替代进口货物，并适用出口退税制度退还进口关税和国内税。

第四章“加工货物供国内使用”共有 9 个条款（标准条款 8 个、建议条款 1 个）。加工货物供国内使用制度下的进口货物可在通关供国内使用前，在海关监管下进行制造、加工或作业到一定程度，以至于对所获产品的应征进口税费额低于该进口货物的应征进口税费额。本章对加工货物供国内使用制度的原则、适用范围、批准、加工货物供国内使用的结束等方面作出了原则性规定。

7．G“暂准进口”

本专项附约共 1 章“暂准进口”，有 23 个条款（标准条款 10 个、建议条款 13 个）。海关暂准进口制度下的货物进入某一关境时，可以有条件地免除全部或部分进口税费，条件是这类货物为特定目的而进口，并拟在特定期限内复出口，除因使用而产生的正常折旧外，这类货物不得有任何改变。本章对暂准进口制度的适用范围、暂准进口前的手续、识别措施、复出口的期限、暂准进口的转让以及暂准进口的结束等方面作出了原则性规定。本章还提供了暂准进口制度下应有条件全部免除进口税费（如《伊斯坦布尔公约》若干附件中列举的 10 种情形）和有条件部分免除进口税费的案例。

8．H“违法行为”

本专项附约共 1 章“违反海关法行为”，有 27 个条款（标准条款 20 个、建议条款 7 个）。本章涉及海关调查和确立违反海关法的行为，海关对违反海关法行为的行政解决方法，以及海关在其权限内使用适当的处罚手段打击违反海关法的行为等内容。本章规定了海关使用的关于违反海关法行为行政解决办法的标准条款和建议条款，包括：适用的原则、范围，违反海关法行为的调查和立案，发现违反海关法行为时遵循的程序，货物或运输工具的查封或扣留，人员扣留，违反海关法行为的行政处理以及行政处理中的申诉权等。这些条款保证海关进行的调查和处罚度与违反海关法行为的严重程度及违法当事人应受处罚的程度相称。

9．J“特别制度”

本专项附约共有 5 章。

第一章“旅客”共有 39 个条款（标准条款 26 个、建议条款 13 个）。本章规定了最低限度的旅客通关便利化措施，包括这些便利化措施的实施原则和适用范围。本章对进境、离境、过境旅客及其行李物品、运输工具的相关事项作出具体规定，这些事项包括双通道（绿色通道和红色通道）的选择、旅客名单和行李清单要求、申报信息的格式化要求、海关搜身的情形、携带货物的储存和保存、托运行李的通关、课税与免税、非居民暂准进口和复出口物品的情形、旅客办理货物出口、复进口、临时进口、担保等手续，以及对过境旅客的监管等。本章还对提供旅客适用的海关便利化信息作出了规定。

第二章“邮递运输”共有 11 个条款（标准条款 10 个、建议条款 1 个）。海关必须介入国际邮递物品的运输，保证税费的合法征收，实施进出境货物的禁限管制措施，从而保证依法行政。本章涵盖了处理邮递运输（信件和包裹）的海关制度，包括对海关与邮政部门各自权利义务的规定，对处于海关制度下的邮递物品进出口通关的规定，对向海关交验邮件的规定，对使用《万国邮政联盟组织法》的 CN22 和 CN23 表格通关情形的规定，对邮件征收税费的规定，以及对转运中邮件不受海关手续约束的规定。

第三章“商用运输工具”共有 15 个条款（标准条款 9 个、建议条款 6 个）。本章规定了与商用运输工具有关的暂准进境制度，包括适用的原则，对暂准进境的商用运输工具、零部件和设备在征收税费、提供担保、暂准进境的期限等方面的规定，以及对商用运输工具到达关境、在关境内连续停靠和离开关境时的手续作出的规定。

第四章“备用品”共有20个条款（标准条款13个、建议条款7个）。本章规定了海关备用品制度的适用范围，对进境船舶、航空器和火车上备用品免除进口税费、申报的单证要求以及分发供消费的备用品等事项作出了规定。本章还对海关监管备用品，免征税费备用品的供应，船舶、航空器、火车离境时备用品的申报，以及备用品通关供国内使用或置于另一海关程序下或转给国际运输中的其他船舶、航空器或火车等事项作出了规定。

第五章“救援物资”共有6个条款（标准条款3个、建议条款3个）。本章规定了对由于受灾害影响而需要的药品、疫苗、替换件等货物以及救灾人员为履行其职责而使用的物资实行快速通关的制度。本章规定了适用于救援物资通关的全部海关手续，包括物资运输的各个阶段，出口、转运、暂准进口和进口，以及免受经济性进出口禁限和免除税费。总体上本章关于救援物资的规定与其他不属于紧急需求的货物的海关手续相比，享有更大的便利。在办理救援物资的通关手续时，海关监管手续将限制在符合海关应当执行的法律、法规要求的最低限度内。

10．K“原产地”

本专项附约共有3章。

第一章“原产地规则”共有13个条款（标准条款4个、建议条款9个）。原产地规则是指一个国家根据国家立法或国际协定确立的原则（原产地标准）制定的用于确定货物的原产地的具体规定。本章规定了制定原产地规则适用的原则、属于完全原产品的10种情形、非完全原产品适用的实质性改变标准、从价百分比标准的计算方法、特殊情况下原产资格的确定、直运规则以及关于原产地规则信息的通知等内容。

第二章“原产地证明文件”共有13个条款（标准条款3个、建议条款10个）。原产地证明文件指一份原产地证书、一份经证明的原产地声明或一份原产地声明。本章对原产地证明文件的要求和签发作出规定，包括原产地证书的格式、使用的语言、签证机构，其他原产地证明文件以及对造假者的制裁等。本章附件还给出了推荐各缔约方使用的原产地证书的格式、填制说明以及确认证书的规则。

第三章“原产地证明文件的核查”共有13个条款（标准条款12个、建议条款1个）。本章对核查原产地证明文件的行政辅助措施作出规定，包括：互助要求，核查要求的提出、受理与答复，处于核查制度下货物的放行，核查信息的保护，核查文件的保存期限，核查机构信息的传递等。

三、指南

除了主约、总附约和专项附约外，RKC总附约和专项附约各章配备有指南（总附约第二章“定义”和专项附约K“原产地”除外）。这些指南是对RKC条款的解释说明，或者提供各国适用或进一步完善条款的最佳做法例证，从而极大丰富了公约确立的原则或制度的内涵与外延，也为各缔约方采取优于RKC的监管措施提供了参考。

例如，总附约第六章“海关监管”的指南提供了大量海关监管流程的范例，包括海关监管流程的高级方案、风险管理程序的基层方案、基层的后续稽查方案、海关合作理事会关于行政互助的建议书；还介绍了美国海关的风险管理制度（包括“收集数据和信息”“风险分析和评估”“风险处置”“跟踪与报告”4个步骤），并提供了大量的案例分析、守法评估中发现差错的政策、客户档案的样本、客户行动计划样本、评估工作组的工资步骤等资料。

又如，虽然RKC的制定者当年已经认识到信息技术的重要性，并在总附约辟专章（第七章）以强调信息技术的应用，但受当时信息技术发展水平的局限，这一章只有 4 条原则性的标准条款。而这一章的指南却有 48 页（英文版），对海关应用信息技术的背景、益处、主要应用领域、信息交换、通信、信息技术安全、信息系统中内部控制的稽查、应用信息技术的法律问题等方面都作了比较详尽的说明，为公约条款提供了强有力的支撑。

又如，专项附约 B 第一章“通关供国内使用”的指南就推荐了加拿大有关供国内使用的货物的申报和通关便利化的方法以及变通货物报关单的格式。

又如，专项附约 E 第一章“海关转运”第 26 条建议条款的指南介绍了有关海关转运的 3 个国际协定供缔约方考虑加入；本章指南还推荐了瑞士海关转运的适用方法。

再如，专项附约 F 第三章“出口退税”的指南推荐了出口退税的海关监管及信息技术适用方法以及采用信息技术的简化手续，以资各缔约方实施出口退税制度时加强风险管控。

本节小结

1. 根据 RKC 主约的规定，主约和总附约对缔约方具有约束力，而专项附约则没有，除非该缔约方在签署、批准或加入公约时明确，或在后来将其接受一个或多个专项附约或其中的章的情况通知公约文本的保管人。

2. 总附约第一章第 2 条规定，本附约和各专项附约中规定的制度和做法所需满足的条件和需完成的海关手续，应当在国家立法中作出规定。这就意味着，各缔约方的国家立法必须至少将总附约的核心原则以及实施的具体规定包括进去。这些规定不一定必须采用海关法规的形式，各缔约方根据其本国的行政体制，也可采用诸如正式通告、规章或部长令等文件形式。

3．指南本身不是RKC法律文本的组成部分，不构成任何法律义务，但指南展示了各海关可以达到的成就，以及各种创新做法可能产生的效果。

第三节 《京都公约》与《经修订的京都公约》对比分析

一、两者的缔约方资格范围不同

RKC的缔约方资格范围要宽于KC。KC要求其缔约方是“国家”（State）。而根据RKC主约第8条规定，WCO成员、联合国或联合国的专门机构成员都有资格成为公约的缔约方；关税/经济同盟（即统一关境区）也可以成为正式缔约方。

二、两者的结构不同

KC采取两层结构，即“主约+31个附约”（9类）。RKC则采取了三层结构，即“主约+总附约+10个专项附约”。

三、两者的管理机构不同

KC的管理依赖于CCC及其下辖机构常设技术委员会。KC主约第6条规定，由WCO的理事会监督公约的实施和发展，尤其是对公约中纳入新附约作出决定。常设技术委员会在理事会授权下并根据理事会的指示承担提出修正案等规定的职责。而RKC主约第三章第6条设立了独立于WCO的专门的管理机构——公约管委会（Management Committee，MC），并规定了其成员构成、职能范围、议事规则等。公约管委会由公约的缔约方组成，在法律上具有独立性。

四、两者的内容与条款不同

从海关法的基本原理来看，两者的主体内容是一致的。但随着海关业务和现代科技的发展，RKC更新了KC各类制度名称和具体内容的表述，并增加了KC所不具有的内容，如适用于经授权的人（Authorized Person）的特殊程序，即AEO制度的雏形；还特别增加了许多现代海关管理的新概念和内容，如风险分析和管理、稽查审计，特别是在总附约中加入了信息技术应用的专章等。

两者的条款构成也不同。KC的主约中没有过渡性标准条款，它采用“注释”来说明实施公约中标准条款和建议条款时可供采用的几种可能做法；而RKC的总附约和专项附约则辅以“指南”来说明各经济体所采用的最佳做法。

五、两者的约束力不同，协调效果也不同

两者对是否接受附约的不同要求，与公约结构的改变相结合，使得两个公约对各缔约方国内海关制度的约束与协调效果也不同。

KC主约第11条第4款规定，缔约方在签署、批准或加入公约

时，应明确它所接受的某一项或若干项附约，因为它必须接受至少一项附约。由于 KC 的附约是针对某项具体海关业务所做的制度安排，那么即使缔约方接受了若干项附约，最多只能协调某几项具体海关制度。

RKC 主约第 12 条规定，缔约方应受总附约的约束，但并不必须接受某一项专项附约。由于 RKC 的总附约是适用于所有海关制度的通用原则和总体规定，因此，RKC 的缔约方即使没有接受任何专项附约，也要受总附约的约束，在通关、税费、担保、海关监管、海关与第三方关系等制度上必须采取一致的理念和原则，从而保证了缔约方海关制度的总体协调性。

六、两者的生效程序不同

RKC 生效所要求的缔约方数量要远高于 KC 的要求。KC 主约第 12 条规定：当具有缔约方资格的 5 个国家批准公约，或交付批准书或加入书之日的 3 个月后，公约生效；公约的附约是在 5 个缔约方接受该附约之日起的 3 个月后生效。而 1999 年《修正议定书》第 3 条第 2 款规定，RKC 的主约和总附约应自 40 个缔约方无须批准的签署或交存批准书或加入书后的 3 个月后生效；主约第 18 条第 3 款规定，专项附约应在 5 个缔约方接受该专项附约的 3 个月后生效。

七、两者的修约的程序不同

由于两个公约的管理机构、公约结构等不同，使得公约的修订程序存在很大不同。RKC 修正案的产生及其议定的困难程度也远高于 KC。对于修订公约的建议权，KC 规定为“理事会”，而 RKC 规定为“公约管委会”；对于公约修正案产生与约文议定问题，两个公约都是根据主约与附约的不同而规定了不同的程序，但是，RKC 不仅规定了主约、总附约和专项附约的不同修订程序，而且还区分了增加新专项附约或在专项附约中增加新章的提案、修正与增加专项附约中建议条款的提案、审议和更新指南的提案等不同规则。

八、缔约方身份不能自然延续

KC 的缔约方不能自然成为 RKC 的缔约方，只有接受《修正议定书》才能成为 RKC 的缔约方。RKC 的制定者无意于让两个不同的公约长期并存，而是希望 RKC 逐渐替换 KC。《修正议定书》第 5 条规定，自本议定书生效后，理事会秘书长将不再接受 KC 的任何新的批准书和加入书。这也就意味着，自 2006 年 2 月 3 日起，KC 的缔约方只会减少，不会增加，且缔约方将逐渐向 RKC 转移。到了 2019 年 12 月，KC 的缔约方为 64 个（最多时为 116 个）；而截至 2022 年 6 月，RKC 的缔约方已达到 133 个。

综上可知[①]：KC 与 RKC 实际上是同一个主题下两个独立的公约。尽管 RKC 是由 KC 修订而来，但它不是对 KC 的简单修正或延续，而是另一个公约。

第四节 《经修订的京都公约》的核心原则

RKC 主约和总附约中规定了简化和协调海关制度和做法的核心原

① 朱秋沅.《经修正的京都公约》的修正机制及公约未来走向分析［J］. 海关与经贸研究，2020（1）.

则。《修正议定书》规定，这些简化和协调的核心原则对于各缔约方具有强制性。也就是说，各缔约方有义务履行这些原则。因此，这些原则理应成为各缔约方海关制度的基石。

主约的前言规定：

海关制度及做法的简化和协调，可以通过采用下列原则来达到：

实施旨在使海关制度及做法持续现代化的计划并由此增强海关管理的效率和有效性；

以一种可预见、始终如一、透明的方式实施海关制度和做法；

向有关方提供有关海关法律、法规、规章、管理指南、制度及做法等一切必要信息；

采用诸如风险管理和稽查等现代技术，最大限度地应用信息技术；

尽可能地与国内其他机构、其他国家的海关机构和贸易界合作；

实施相关的国际标准；

向当事方提供易于进入行政与司法审查的程序。

上述原则普遍体现在总附约和各专项附约的条款中。本节着重对 RKC 体现的包括上述原则在内的一些核心原则进行分析说明。

一、透明度原则（Transparency）

没有透明度，则一切只能在黑暗中摸索，国际贸易追求的公正、公平、效率、安全等目标都无从谈起。就便利化而言，透明度原则可称为 RKC 的第一原则。它要求缔约方海关以一种透明、可预见、一致和可靠的方式实施各种海关制度和做法。总附约第一章“总则”第 1.2 条（标准条款）的指南有一段话，对透明度原则作了很好的说明：为了使国际国内商务实现最大限度的守法，各海关须保证其法律法规均是透明的、可预见的、一致的和可靠的。为此，必须向与海关打交道的各方提供便于获取的信息。

RKC 规定的透明度原则至少包括以下几方面的含义：

1．海关有告知义务（Notification）

总附约第 3.26 条（标准条款）规定：海关对货物申报不予登记的，应向申报人说明理由。这一条款的指南指出：当海关对货物申报不予登记时……要求海关通知当事人不予登记的理由。如果合适，应采用书面或电子通知的方式。海关还应通知当事人应采取的改正货物申报的补救措施。

总附约第 4.4 条（标准条款）规定：货物的税率应在官方出版物上公布。这一条款的指南作了进一步说明：载有关税税率的官方出版物应使客户易于获得，可以采用指令性备忘录、电子数据出版物和互联网网址等形式。

专项附约 H“违法行为”第一章“违反海关法行为”第 8 条（标准条款）规定：海关应尽快告知有关的人其受指控的违法行为的性质、可能触犯的法律条文，在适当的情况下，还应告知其可能受到的处罚。这一条的指南指出：及时通知有关的人是很重要的。这不仅会增加确定违法行为细节的可能性，还有助于避免发生进一步的违法行为……迅速通知有关的人还可以提高通过行政解决方法处理违法行为的速度。这一条的指南同时指出：在有些情况下，如果是为了开展调查，比如，海关要追捕参与违法行为的同案犯，通知可以延缓发出。

总附约第 5.1 条、第 8.7 条、第 9.8 条、第 10.10 条、第 10.11 条等标准条款，专项附约 H 第一章第 10 条（建议条款）、第 13 条（标准条款）、第 19 条（标准条款）等都作出了类似的规定。

2．海关有协调沟通义务（Consultation）

总附约第 1.3 条（标准条款）规定：海关应建立并保持与贸易界的正式协商关系以增进合作，便利贸易界参与制定符合国内规定和国际协议的最有效的工作方法。

总附约第 7.3 条（标准条款）规定：海关采用信息技术时应尽最大可能征询受直接影响的有关各方的意见。这一条的指南指出：为保证成功地推行对贸易界产生影响的新系统，海关应在必要和适当的时候让贸易界代表参与海关的规划和决策。

3．信息的可获得性（Availability）

海关必须确保所有有关的一般信息都能被所有有关的人得到。有关的人包括工商业集团、运输代理人、承运人和与海关有日常业务往来的进出口企业等。一般信息还应提供给其他与进出关境的货物流动有关并在货物通关方面与海关有合作关系的国内机构如港口、民航、卫生和其他机构。涉及普通大众即旅客和邮递物品收 / 寄件人的海关要求也应易于获取。

总附约第 9.1 条（标准条款）规定：海关应保证任何有关的人随时取得所有与海关法有关的一般信息。

国家立法应明确规定海关制度的相对人的权利和义务。如总附约第 3.6 条（标准条款）规定：国家立法应规定有权成为申报人的人应具备的条件。类似的规定多达 40 余条，占到 RKC 总条款数的近 8%。

海关还应尽快、详细地提供一些特定的信息或决定，因为有关各方是否进行某些特定的活动就可能取决于海关提供的信息。

总附约第 9.4 条（标准条款）规定：应有关的人请求，海关应尽快且准确地提供与其提出的具体事宜以及海关法有关的信息。该条的指南进一步指出：海关应确保由专门人员处理对特定信息和决定的请求。应该设定期限，在此期限内对书面请求作出答复。

4．对语言的要求（Language Requirements）

专项附约 J（特别制度）第一章“旅客”第 39 条（建议条款）规定：关于对旅客适用的海关便利的信息，应当用有关国家的官方语言以及被认为有用的语言印发。关于“被认为有用的语言”，该条的指南建议：

可参考大部分旅客目的地使用的语言来确定。

二、最小限制原则（Least Restriction）

许多双多边经贸协定都体现了对贸易的最小限制原则[①]。RKC也要求各种海关制度和做法对贸易的影响应尽可能降低到最低限度。一方面，海关所采取的行政措施应以海关法得到遵守所必需的为限度。如总附约第3.31条（标准条款）规定：海关为审核货物申报所采取的措施应以保证海关法得到遵守所必需的为限。又如总附约第6.2条（标准条款）规定：海关监管应以确保海关法得到遵守所必需的为限。另一方面，海关法的最低要求一旦得到满足，海关即应履行其义务，确保相应的海关制度得到执行。如总附约第3.30条（标准条款）规定：海关应尽可能在对货物申报予以登记的同时或之后尽快审核。

在总附约和各专项附约中，最少限制原则至少体现在以下几方面：

1. 对限制性措施的限制

专项附约B“进口”第三章“免除进口税费”第5条（标准条款）规定：国家立法应列明免除进口税费需要事先批准的情况，并明确有权批准的机构。这种情况应尽可能地少。

专项附约F“加工”第二章“出口加工”第4条（标准条款）规定：国家立法应列举事先取得批准方可进行出口加工的情况，并规定有权批准的机构。这种情况应尽可能地少。

专项附约G“暂准进口”第一章“暂准进口”第8条（建议条款）规定：只有在便利暂准进口的情况下，海关才可要求向特定的海关办公机构交验货物。

---

① WTO《技术性贸易壁垒协定》第2.2、2.3条，《实施卫生与植物卫生措施协定》第2条第2、3款都有类似规定。

专项附约G第一章第7条（标准条款）、第12条（建议条款），专项附约J“特别制度”第三章“商用运输工具”第4条、第四章“备用品”第14条（标准条款）也有类似规定。

2．对信息/数据的最低要求

海关应把有关数据方面的要求保持在最低水平。总附约第3.12条（标准条款）规定：海关对货物申报所要求的数据应仅限于为估定税费、编制统计和实施海关法所必需的内容。

专项附约A“货物抵达关境”第一章“提交货物申报前的手续”第8条（标准条款）规定：如果海关要求提供有关向海关交验货物的单证，只应要求单证上列入识别货物和运输工具所必需的信息。

专项附约J“特别制度”第四章“备用品”第6条（标准条款）规定：当海关要求就到达关境的船舶上装载的备用品进行申报时，要求提供的信息应以海关监管所必需的为限。本条的指南作了进一步说明：该标准条款不应被认作是要求船上的所有物品都进行详细申报。便利化和适当的监管才是最重要的。

专项附约A第一章第9条（建议条款）、第二章第4条（标准条款）也有类似规定。

3．对单证/样品的最低要求

总附约第3.15条（标准条款）规定：海关应要求申报人提交货物申报单原件和必要的最少数量的副本。

总附约第3.16条（标准条款）规定：海关要求的货物申报的随附单证，应以实施监管和保证与执行海关法有关的所有规定均得到遵守所必需的为限。

专项附约C“出口”第一章“正式出口”第3条（标准条款）规定：海关不应想当然地要求货物到达境外的证明。

专项附约J“特别制度”第一章“旅客”第7条（建议条款）规定：

无论使用的运输方式如何，都不应因海关的目的而要求单独提供旅客名单或其所携行李的清单。

专项附约K“原产地”第二章“原产地证明文件”第5条（建议条款）规定：只有当进口国海关有理由怀疑存在欺诈情况时，方可要求出示原产国有关当局签发的证明文件。

专项附约D第二章第18条（建议条款），专项附约E“转运”第一章“海关转运”第23条（标准条款）、第二章“转装”第4、5条（标准条款），专项附约J第三章“商用运输工具”第10条（标准条款），专项附约K第三章“原产地证明文件的核查”第4条（标准条款）等也有类似规定。

RKC对海关应提取货样的情形也作了限制。总附约第3.38条（标准条款）规定：只有在必要的情况下……海关方可提取货样。提取的货样应尽可能少。

4．对译文的最低要求

如果有可能，海关应尽可能放弃提供译文的要求。

总附约第3.19条（标准条款）规定：除处理货物申报所必需的以外，海关不应要求提供随附单证内容的译文。

专项附约A“货物抵达关境”第一章“提交货物申报前的手续”第12条（建议条款）规定：向海关提交的单证所使用的语言不是指定的语言或者不是货物要进入的国家的语言时，不应想当然地要求提供单证中具体内容的译文。

专项附约K“原产地”第二章“原产地证明文件”第8条（建议条款）也有类似规定。

5．对收费/担保的最低要求

总附约第3.2条（标准条款）规定：海关……在规定的办公时间以外或海关办公机构以外的地点，行使海关制度及做法所规定的职权……

所收取的任何费用应大致以海关所提供的劳务的成本为限。

总附约第5.6条（标准条款）规定：要求提供担保时，担保数额应尽可能从低，其中税费的担保不应超过可能征收的税费额。

专项附约J第五章“救援物资”第3条（标准条款）规定：对于救援物资，海关应规定……在海关工作时间以外或海关办公机构以外的地点办理通关，并免收任何费用。

总附约第9.7条（标准条款）、专项附约A第一章第19条（标准条款）、专项附约E第三章“货物的沿岸运输”第9、10条（建议条款），专项附约J第五章第6条（建议条款）等都有类似规定。

6. 对差错/违法行为的管控

在向海关提供信息的过程中，始终都有可能发生差错。如果发生的差错只是意外而并非经常发生，RKC规定可以给予纠错的机会，而不采取诸如罚款的进一步行动。但是海关应期望申报人或贸易商在提供信息时足够审慎并且诚信。

总附约第3.39条（标准条款）规定：对于某些差错，如非明知故犯，亦非企图瞒骗或重大过失，经查属实的，海关不应给予严厉处罚。如认为有必要避免重复差错，海关可以给予处罚，但处罚应仅限于此目的。

专项附约H第一章第25条（标准条款）规定：如果由于不可抗力或其他非有关的人可以控制的情况而发生了违反海关法行为，而此人又没有疏忽或重大过失，并且海关确认属实，就不应实施处罚。

如果是海关出现差错，本着公平的原则，海关应尽快改正。

总附约第4.22条（标准条款）规定：如海关确信多征税费系海关在估定税费时的差错所致，应优先退还。

7. 对海关履行职责的要求

RKC主要对海关办事机构履行职责的时长提出要求。

总附约第3.32条（过渡性标准条款）规定：对于符合海关规定标准的被授权人……一旦提交了识别货物所需的最低信息，（海关应）放行货物，并允许事后完成最终货物申报。

总附约第3.33条（标准条款）规定：如海关决定查验申报的货物，查验应在货物申报登记后尽快进行。

专项附约A第一章第17条（标准条款）规定：运输工具抵达卸货地点后，应尽快允许开始卸货。

专项附约E“转运”第一章“海关转运”第24条（标准条款）规定：货物一旦处于目的地办公机构的监管之下，该办公机构应在确认各项条件均已满足后立即安排结束海关转运作业。

总附约第4.2、4.21、5.7、10.10、10.12条（标准条款），专项附约E第三章第12条（标准条款），专项附约F第三章第12条（标准条款），专项附约H第一章第8、19、26条（标准条款），专项附约J第二章“邮递运输”第3条（标准条款）等也有类似规定。

对海关办事机构履行职责还要求尽可能简便。

专项附约J第二章第11条（标准条款）规定：对邮件中的货物征收税费时，海关应尽可能做最简便的安排。

8．对联合查验的要求

当有包括海关在内的一个以上的机构必须在查验货物时，对于贸易商来说，只查验一次才是合理并切实可行的。有关机构相互协调并只进行一次查验，将使进口商或出口商节约大量成本，并能加快货物通关。

总附约第3.35条（标准条款）就是这种理想状况的反映：若其他主管机构必须查验的货物，海关也安排查验，海关应保证对查验进行协调，如有可能，应同时查验。

三、非歧视性原则（Non-discrimination）

非歧视性原则又称无差别原则，是避免贸易歧视的重要原则。RKC主约虽未明确列出非歧视性原则，但由于该原则是几乎所有国际条约（不平等条约除外）立约的基本原则，所以该原则在RKC各专项附约的条款中也有大量体现。RKC的非歧视性原则主要是防止国别歧视，也防止货物、数量等其他歧视；既防止对货物的歧视，也防止对旅客和运输工具的歧视。

1．针对货物

海关不能仅仅因为货物的原产地而对它提出更多的要求。这并不妨碍缔约方根据不同情况实施不同等级的监管。例如，来自某个国家的货物有可能藏有违禁品。

专项附约A“货物抵达关境”第一章“提交货物申报前的手续”第2条（建议条款）规定：提交货物申报前的海关手续应平等适用，而不应考虑货物的原产国和发运国。

专项附约A“货物抵达关境”第二章“货物临时储存”第3条（建议条款）规定：应允许所有货物办理临时储存而不论货物数量、原产国、发运国。

专项附约D“海关仓库和自由区”第一章“海关仓库”第5条（建议条款）规定：公用海关仓库可允许所有缴纳进口税费以及各种禁止和限制进口货物存放，无论数量、原产国、发运国或目的国如何……

专项附约E“转运”第二章“转装”第3条（建议条款）规定：不应仅由于货物的原产国、发运国和目的国等原因拒绝转装。

专项附约F“加工”第一章“进口加工”第4条（建议条款）规定：不应仅以货物的原产国、发运国或目的国为理由而拒绝进口加工。

专项附约F“加工”第二章“出口加工”第2条（建议条款）、专项附约 G“暂准进口”第一章“暂准进口”第 5 条（建议条款）、专项附约 J“特别制度”第四章“备用品”第 2 条、第五章“救援物资”第 4 条（建议条款）等也有类似规定。

2．针对旅客

为避免因公民身份 / 国籍不同而造成海关待遇的歧视，专项附约 J“特别制度”第一章“旅客”第 2 条（标准条款）规定：……海关便利应适用于不同国籍或公民身份的所有旅客。

3．针对运输工具

专项附约 J“特别制度”第三章“商用运输工具”第 2 条（建议条款）规定：适用于商用运输工具的海关手续，不论该商用运输工具的注册国或所属国，也不论其发运国或目的国，均应平等适用。

本条旨在排除基于商用运输工具所属关境或注册关境或者当前航程所经关境而对其适用更严格形式海关手续的歧视，但不限制一国政府根据具体情形改变海关监管的程度。例如，在走私易发生地可以实施较严格的监管措施。

4．非歧视性原则的例外

非歧视性原则不适用于双多边的优惠性贸易制度安排。例如，近年来涌现出的众多自由贸易区优惠关税安排，不适用于原产于自贸区外国家或地区的产品。

专项附约 B“进口”第三章“免除进口税费”第 4 条（建议条款）：给予免除进口税费不应考虑货物的原产国或发运国，除非某一国际文件另有互惠规定。

一些基于公共道德或秩序、公共安全、公共卫生或健康，或动植物检疫的需要，以及保护专利、商标和版权等的海关制度安排，也不适用非歧视性原则。例如，对于产自日本福岛县受到核污染的海产品，许多国家很可能不会给予与来自其他国家未受污染的同类产品同样的待遇。

专项附约 D“海关仓库和自由区”第二章“自由区”第 6 条（建议条款）规定：不应仅因为从国外进入的货物受到禁止或限制而拒绝准予进入自由区，无论原产国、发运国或者目的国如何，但基于以下原因受到禁止或限制的除外：

——公共道德或秩序、公共安全、公共卫生或健康，或动植物检疫的需要；

——保护专利、商标和版权。

四、风险管理原则（Risk Management）

海关监管的力度应与所评估的风险水平相一致。RKC 移植了企业管理学中风险管理的理念，在主约中确立了风险管理原则，将风险管理方法运用于海关监管。通过风险管理，海关从对每票货物进行检查的“守门人”，转移到有选择地对显示出最大风险的货物进行监管，从而更好地追求监管成本与效益之间的平衡，更有效地分配有限的监管资源。

总附约第 6.3 条（标准条款）规定：实施海关监管时，海关应使用风险管理的方法。

RKC 提倡应用守法衡量的方法。该方法使用统计上有效的随机抽样技术判定遵守海关法律法规的程度，为加强风险评估提供重要信息。

总附约第 6.4 条（标准条款）规定：海关应运用风险分析确定接受查验的人、货物，包括运输工具，以及查验的程度。

总附约第 6.5 条（标准条款）规定：海关应采用守法衡量策略作为风险防控的辅助手段。

信息技术是风险管理的一个有效工具。它能比人工操作更快地选用标准进行分析。

总附约第 6.9 条（标准条款）规定：海关应尽最大可能应用信息技

术和电子商务以加强海关监管。

总附约第七章更是用了一个专章来规定信息技术的应用。

为适应全球范围的贸易增长，为贸易商提供更大便利，RKC 提倡加大对稽查技术的依赖。

总附约第 6.6 条（标准条款）规定：海关监管制度应包括稽查。

总附约第 6.10 条（标准条款）规定：如果贸易商的商务系统对海关业务活动有影响，海关应对其进行评估，以确保其符合海关要求。

某种意义上，海关担保制度可视为风险管理原则的一种具体应用。海关担保的首要目的是确保税费的支付，也会在其他情况下要求担保以确保申报人或经营者履行其承担的义务。但如果担保要求与未履行海关义务的风险不相称时，海关应放弃担保要求。

总附约第 5.4 条（标准条款）规定：如果国家立法有规定，海关在确定对海关承担的义务会得到履行时不应要求提供担保。

专项附约 J“特别制度”第一章“旅客”第 19 条（标准条款）也有类似规定。

经授权的人（Authorized Person）适用的一些特殊海关程序也是风险管理原则的具体应用。通过实施风险管理计划，海关可以确定哪些货物和贸易商一般是遵守海关法律的，从而认为其监管风险较低。这些贸易商因而可被批准适用于特别业务或“快速通道”制度。这些制度几乎不要求海关干预货物的通关放行。

总附约第 3.32 条（过渡性标准条款）规定：对于符合海关规定标准的被授权人……海关应使用被授权人的商业记录自行估定税费，如可能，据以确保符合海关的其他要求；被授权人以在其商业记录中登入的方式作出货物申报，但应于日后补充申报。

加施海关标志或固定物不失为一项有效的风险管理措施，但这种情况应尽可能少。

专项附约E“转运”第一章“海关转运”第11条（建议条款）规定：如果货物的随附单证可以使货物准确无误地得到识别，货物运输时一般可不施加封志或固定物。但是在下列情况下，可以要求施加海关封志或固定物：——根据风险管理的要求，发运地海关办公机构认为有此必要……

五、信息保护原则（Information Protection）

商业秘密，是指不为公众所知悉、能为权利人带来经济利益、具有实用性并经权利人采取保密措施的技术信息和经营信息[①]。

许多国家都有保护商业秘密的立法。WTO《与贸易有关的知识产权协定》第39条也有对未公开的商业信息进行保护的规定[②]。

RKC要求海关应建立制度，确保在提供特定信息、决定或有约束力的裁定时，那些从贸易商那里得到的秘密或商业性敏感信息，以及可能会影响海关的信息不会被泄露给未经批准的人。总附约第9.6条（标准条款）规定：除非必要或经国内法授权，当海关提供信息时，他们应当保证不披露影响到海关或第三方的商业秘密。为此，WCO《全球贸易安全与便利标准框架（2021）》（以下简称《标准框架（2021）》）第三部分第2.6.9条规定：国家立法必须载有规定，明确由海关收集和/或传送的任何数据都必须经过保密和安全处理，并得到充分保护，而且必须给

① 根据《关于禁止侵犯商业秘密行为的若干规定》，1995年11月23日原国家工商行政管理局令第41号发布，1998年12月3日原国家工商行政管理局令第86号修订。

② 该条第2款规定：“自然人或法人应有可能防止他人在未经其同意的情况下以非诚信商业活动的方式……透露、获得或使用合法地处于其控制之下并满足下述条件的信息：

“——在如下的意义上是保密的，即对于通常涉及该类信息的同行业中的人来说，它不是以整体或者其组成部分的准确排列组合为这样的人所公知或者为这样的人所能获得；

“——由于是保密的，因而具有商业价值；并且

“——合法支配该信息的人采取了为具体情况所需有合理措施来保守秘密。”

予资料所属的自然人或法人某些权利。

各专项附约确立的海关制度对所需提交的数据、单证和相关信息的最低要求条款也体现了保护商业信息的精神，如上文提到的总附约第3.12条和第3.16条两个标准条款和专项附约J“特别制度”第四章第6、19条（标准条款）等。

六、应用信息技术原则（Application of Information Technology）

KC修订时正值信息技术突飞猛进发展的年代。贸易界率先使用了信息技术，随后一些主要国家海关也大力使用信息技术，改变了海关执行其传统的全国性监管和征税任务的方法，不断推动国际海关界从根本上调整向世界贸易和运输业提供服务的方式，从而使制度规则发生了改变。海关是国际贸易程序中的一个重要因素，各国海关运用现代化的工作方法来实施其操作，对最大限度推动贸易便利化发展具有重要意义。RKC将应用信息技术确定为简化和协调各缔约方海关制度的核心原则之一。

海关监管，特别是风险管理，需要大数据支撑，也需要信息技术提供帮助以不断优化稽查、守法衡量等风险分析方法。因此，总附约第6.9条（标准条款）规定：海关应尽最大可能应用信息技术和电子商务以加强海关监管。

总附约第七章用专章对海关应用信息技术作出原则规定。第7.1条（标准条款）规定：如信息技术对海关和贸易界既节省费用又有实效，海关应在业务活动中将其作为辅助手段而应用。海关应规定应用信息技术的条件。

应用信息技术一个最重要的方面是实现信息交换，这样就能保证加快所有货物的通关流程。总附约中多个条款确立了电子方式的法律地位。如：

总附约第3.18条（过渡性标准条款）规定：海关应准许申报人以

电子方式提交随附单证。

总附约第3.21条（过渡性标准条款）规定：海关应准许以电子方式提交货物申报。

特别是总附约第7.4条（标准条款）明确规定，新的国家立法或经修订的国家立法应规定：

——电子商务方式可替代纸质文件；

——电子文件与纸质文件的鉴别方法；

——海关有权保留信息自用，在适当情况下，有权与其他海关和其他所有法律许可的各方以电子商务技术手段交换此类信息。

总附约第9.3条（过渡性标准条款）还要求“海关应采用信息技术以改善信息的提供”。

关税征收、担保等也是海关应用信息技术的重要领域。

专项附约F“加工”第三章“出口退税”第8条（建议条款）规定：国家立法应规定使用电子转账支付退税。

七、应用国际标准原则（Application of International Standards）

为了便利国际贸易，各国海关所采用的货物申报格式的标准化是很重要的。RKC总附约第3.11条（标准条款）规定：……货物申报的纸质格式应与联合国单证标准格式一致……以电子方式作出的货物申报的格式应以海关合作理事会关于信息技术的建议书中所规定的电子信息交换的国际标准为基础。

又如，专项附约K“原产地”第二章“原产地证明文件”为各缔约方签发原产地证明文件提供了统一标准，规定：各缔约方如对现行原产地证的格式进行修改或另拟新格式时，应采用附件一的格式样本，依照附件二的注释，并考虑附件三中的规则。

对于贸易商和海关而言，有关电子信息的要求应该是推动国际标准化建设协调的一项关键要求。总附约第 7.2 条（标准条款）规定：海关在推行计算机应用时应采用有关的国际公认标准。

旅客通过网络以国际标准化形式预报规定的信息，海关通过在线获取这些信息（如机器读取护照、电子数据交换信息等），会使得费用最小化。

专项附约 J“特别制度”第一章“旅客”第 8 条（建议条款）规定：海关应……寻求使用可得到的国际标准化旅客预报信息，以便对旅客的海关监管以及旅客所携货物的通关。

又如，专项附约 J“特别制度”第一章“旅客”第 27 条（建议条款）规定：对暂准进口的非居民私人用运输工具，如果要求提供海关单证或担保，海关应接受国际标准单证及担保。

应用国际标准的原则在许多多边贸易协定中也有体现。《技术性贸易壁垒协定》（WTO TBT）、《实施卫生与植物卫生措施协定》（WTO SPS）中都有使用国际标准的条款[①]。《标准框架（2021）》第一部分第 1 条规定：本《标准框架》旨在制定为全球供应链提供安全与便利以促进可靠性和可预见性的标准。该框架附件Ⅳ进一步强调其终极目标是：实施 WCO 的一整套核心国际标准。

八、合作原则（Co-operation）

RKC 致力于构建新型的海关与各方的合作关系。这一原则的内涵在《标准框架（2021）》中进一步得到丰富。该框架确立了三大支柱性原则，即：加强海关与海关之间的密切合作，发展海关与贸易界之间的伙伴关系，推动海关与其他政府机构和政府间机构的合作。

---

① WTO TBT 第 2.4 条，WTO SPS 第 3 条第 1、2、3、4 款都有类似规定。

1．海关间的合作

为达到海关监管目的，海关之间互换和共享国际流动的信息十分必要。为此，RKC 规定海关之间应加强合作。

总附约第 3.4 条（过渡性标准条款）规定：有关海关在共同边界通道上应尽可能实施联合监管。

总附约第 3.5 条（过渡性标准条款）规定：各有关海关若计划在共同边界通道上开设新海关办公机构，应尽可能与对方海关合作建立并置的办公机构，以便于联合监管。

总附约第 6.7 条（标准条款）对海关为加强海关监管而进行合作作出了原则性规定：海关应寻求相互合作并签署行政互助协议以加强海关监管。

海关合作的一个重要领域是风险防控，合作的一项核心内容是信息交换。《标准框架（2021）》第三部分第 1 节强调，（海关合作的）宗旨在于提前使用电子信息来识别高风险的货物与运输工具。为此，应该为信息的自动交换作出规定。该框架的第三部分第 2.1.4 条规定：供应链上的海关必须考虑海关之间的信息交换，特别是对于高风险货物而言。

海关合作的另一个具体领域是对于监管的互认。专项附约 E“转运”第一章“海关转运”第 17 条（建议条款）规定：在海关转运作业中，应接受由外国海关施加的海关封志和识别标记……当外国海关的封志和固定物在某一关境已被接受时，在该关境内这些封志和固定物应如同该方海关封志和固定物而得到同等法律保护。《标准框架（2021）》第七部分第 1 节进一步倡议各海关建立相互承认“经认证的经营者”（AEO）验证、授权和海关监管结果的机制。

2．海关与贸易界的合作

为满足日益增长的国际贸易的需要，海关与贸易界的积极合作，进行有效沟通和密切交流，对于彼此之间相互配合和补充，实现有效监管与便利的平衡至关重要。

RKC 倡导海关将守法贸易者视为合作伙伴。总附约第 6.8 条（标准条款）规定：海关应寻求与贸易界合作并签署谅解备忘录以加强海关监管。

RKC 倡导贸易界参与规则的制定。总附约第 1.3 条（标准条款）规定：海关应建立并保持与贸易界的正式协商关系以增进合作，便利贸易界参与制定符合国内规定和国际协议的最有效的工作方法。

RKC 要求海关在制定和实施监管措施时，应考虑贸易界的需要。总附约第 3.1 条（标准条款）规定：……在决定……海关办公机构的职权、办公地点和办公时间时，应特别考虑到贸易界的需要。

海关应与贸易界合力开发现代化的方法。为达此目的，两者的磋商关系必不可少。总附约第 7.3 条（标准条款）规定：海关采用信息技术时，应尽最大可能征询受直接影响的有关各方的意见。

《标准框架（2021）》第四部分第 2 节将海关与贸易界的合作进一步具体化为以下主题：伙伴关系、安全、授权、技术、通讯及便利。

3．海关与其他政府机构和政府间机构的合作

RKC 对于海关与其他机构和政府间机构建立合作关系也有所规定。

比如，当有包括海关在内的一个以上的机构必须查验货物时，对于贸易商来说，只查验一次才是合理并切实可行的。总附约第 3.35 条（标准条款）规定：若其他主管机构必须查验的货物，海关也安排查验，海关应保证对查验进行协调，如有可能，应同时查验。

又如，鉴于旅客预报信息也有利于边境作业的其他部门（如移民管理当局）工作，专项附约 J“特别制度”第一章“旅客”第 8 条（建议条款）规定：海关应与其他部门和贸易界合作，寻求使用可得到的国际标准化旅客预报信息，以便对旅客的海关监管以及旅客所携货物的通关。

在 RKC 的基础上，《标准框架（2021）》进一步要求海关与民航当局、海事和港口安全当局、陆路运输当局、邮政运营商、客运监管机构的合作[①]，要求在国家层级和国际双多边层面上加强此类合作，并推荐了多种潜在的合作形式，如共享共同设施、设备、数据库，交换信息，共同进行目标 / 风险评估、方案验证或检查，还可能包括协调各机构的安全计划和控制措施，培训、技术援助和能力建设等[②]。可以说，《标准框架（2021）》进一步完善了 RKC 关于海关与其他机构和政府间机构合作的制度。

---

① 《标准框架（2021）》，第一部分第 1 节、第五部分第 2 节。

② 《标准框架（2021）》，第五部分第 1 节、第 2 节。

第二章
《经修订的京都公约》实施情况

第一节

《经修订的京都公约》缔约方和专项附约的接受情况

RKC要求缔约方在加入时必须加入主约并接受总附约，但并未要求缔约方必须接受某一项专项附约。换言之，某一缔约方可以不接受所有的专项附约。截至2022年6月25日，RKC的缔约方共有133个（见表2–1）。

表2–1 RKC缔约方

序号	缔约方（带*为KC的缔约方）	无保留签署或批准文件交存或加入日期	专项附约接受情况	专项附约保留情况
1	阿尔巴尼亚	04-06-2013	未明确	未明确
2	阿尔及利亚*	26-06-1999	专项附约A第一章、第二章；专项附约B第一章、第二章、第三章；专项附约C第一章；专项附约D第一章、第二章；专项附约E第一章、第二章、第三章；专项附约F第一章、第二章、第四章；专项附约G第一章；专项附约H第一章；专项附约J：第一章、第二章、第三章、第四章、第五章；专项附约K第一章、第二章、第三章	未明确

（续表 1）

序号	缔约方（带 * 为 KC 的缔约方）	无保留签署或批准文件交存或加入日期	专项附约接受情况	专项附约保留情况
3	安哥拉	23-02-2017	未明确	未明确
4	阿根廷	19-6-2015	未明确	未明确
5	亚美尼亚	19-07-2013	未明确	未明确
6	澳大利亚 *	10-10-2000	专项附约 A 第一章、第二章；专项附约 B 第一章，第二章、第三章；专项附约 C 第一章；专项附约 D 第一章；专项附约 E：第一章，第二章，第三章；专项附约 F 第一章，第三章；专项附约 G 第一章；专项附约 J 第一章、第二章、第三章、第四章、第五章	专项附约 A 第一章第 12 条；专项附约 B 第二章第 15 条，第三章第 7 条；专项附约 D 第一章第 7、8、9 条；专项附约 E 第一章第 7、18 条，第二章第 6 条，第三章第 4、6、9 条；专项附约 F 第一章第 17、25 条，第三章第 3、6、8、9 条；专项附约 G 第一章第 9、23 条；专项附约 J 第一章第 6、9、14、16 条
7	奥地利 *	30-04-2004	未明确	未明确
8	阿塞拜疆	03-02-2006	未明确	未明确
9	巴林	31-5-2012	未明确	未明确
10	孟加拉国	27-07-2012	未明确	未明确
11	白俄罗斯 *	20-12-2010	专项附约 A、B、C、E 和 G，以及专项附约 D 的第一章和专项附约 J 的第一章、第四章	未明确
12	比利时 *	30-04-2004	未明确	未明确
13	贝宁	05-01-2017	所有专项附约	
14	不丹	15-09-2014	未明确	未明确
15	博茨瓦纳 *	26-06-2006	未明确	未明确
16	巴西	05-09-2019	专项附约 A 第一章；专项附约 B 第一章；专项附约 C 第一章；专项附约 D 第一章；专项附约 J 第一章	未明确
17	保加利亚 *	17-03-2004	未明确	未明确
18	布基纳法索	08-07-2017	所有专项附约	

（续表2）

序号	缔约方（带*为KC的缔约方）	无保留签署或批准文件交存或加入日期	专项附约接受情况	专项附约保留情况
19	柬埔寨	28-06-2014	专项附约A第二章；专项附约B第一章；专项附约C第一章	未明确
20	喀麦隆*	18-11-2014	所有专项附约	
21	加拿大*	09-11-2000	未明确	未明确
22	佛得角	27-06-2013	未明确	未明确
23	中国*	15-06-2000	专项附约D第一章、第二章；专项附约F第一章、第二章；专项附约G第一章	专项附约D第一章第9条，第二章第6、9、10和18条；专项附约F第一章第4、6、7、10、11、13、18、22、23、25和26条，第二章第2、5、6、9、16、17和18条；专项附约G第一章第16、21条
24	科摩罗	09-03-2022	所有专项附约	
25	刚果（共和国）	14-12-2017	所有专项附约	
26	刚果（民主共和国）*	24-06-2009	未明确	未明确
27	库克群岛	13-05-2019	未明确	未明确
28	科特迪瓦	27-06-2013	所有专项附约	
29	克罗地亚*	02-11-2005	未明确	未明确
30	古巴*	24-09-2009	未明确	未明确
31	塞浦路斯*	25-10-2004	未明确	未明确
32	捷克共和国*	19-09-2001	未明确	未明确
33	丹麦*	30-04-2004	未明确	未明确
34	多米尼加共和国	28-6-2012	未明确	未明确
35	埃及*	08-01-2008	所有专项附约	
36	爱沙尼亚	28-07-2006	未明确	未明确
37	欧盟*	30-04-2004	未明确	未明确

（续表 3）

序号	缔约方（带 * 为 KC 的缔约方）	无保留签署或批准文件交存或加入日期	专项附约接受情况	专项附约保留情况
38	芬兰 *	30-04-2004	未明确	未明确
39	斐济 *	29-01-2010	未明确	未明确
40	法国 *	22-07-2004	未明确	未明确
41	加蓬	15-11-2012	所有专项附约	
42	格鲁吉亚	07-11-2018	未明确	未明确
43	德国 *	30-04-2004	未明确	未明确
44	加纳	29-06-2019	专项附约 A 第一章；专项附约 B 第一章；专项附约 C 第一章；专项附约 D 第一章；专项附约 E 第一章；专项附约 J 第五章	专项附约 A 第一章第 12 条；专项附约 D 第一章第 7 条；专项附约 E 第一章第 7、9、21 条
45	希腊 *	30-04-2004	未明确	未明确
46	危地马拉	10-03-2022	未明确	未明确
47	匈牙利 *	29-04-2004	未明确	未明确
48	冰岛	08-10-2015	未明确	未明确
49	印度 *	03-11-2005	未明确	未明确
50	印度尼西亚	22-08-2014	未明确	未明确
51	伊朗	23-02-2016	未明确	未明确
52	爱尔兰 *	30-04-2004	未明确	未明确
53	意大利 *	30-04-2004	未明确	未明确
54	牙买加	07-05-2021	未明确	未明确
55	日本 *	26-06-2001	专项附约 A 第一章、第二章；专项附约 B 第一章、第三章；专项附约 C 第一章；专项附约 D 第一章；专项附约 E 第一章、第二章；专项附约 G 第一章；专项附约 H 第一章；专项附约 J 第一章、第三章、第四章	专项附约 A 第二章第 3 条；专项附约 B 第三章第 7 条；专项附约 D 第一章第 7、8、9 条；专项附约 E 第一章第 17、25 条；专项附约 G 第一章第 5、9、16、20、21、22、23 条；专项附约 H 第一章第 15 条；专项附约 J 第一章第 15 条；专项附约 J 第一章第 6、7、15、16、17、26、37 条，第四章第 8 条

（续表4）

序号	缔约方（带*为KC的缔约方）	无保留签署或批准文件交存或加入日期	专项附约接受情况	专项附约保留情况
56	约旦	08-12-2006	专项附约A第一章、第二章；专项附约B第一章、第三章；专项附约C第一章；专项附约G第一章；专项附约H第一章	专项附约A第一章第10、11、12、14条，第二章第10、11条；专项附约G第一章第9、21、23条
57	哈萨克斯坦	19-06-2009	专项附约A、B、C、D、G和K；专项附约E第一章、第二章；专项附约F第一章、第二章、第四章；专项附约J第一章、第三章、第四章、第五章	未明确
58	肯尼亚*	25-06-2009	未明确	未明确
59	基里巴斯	11-06-2018	未明确	未明确
60	韩国*	19-02-2003	专项附约A第一章、第二章；专项附约B第一章、第三章；专项附约C第一章；专项附约D第一章、第二章；专项附约E第二章；专项附约F第三章；专项附约G第一章；专项附约J第二章、第三章、第四章、第五章	专项附约A第一章第7、11条；专项附约B第三章第7条；专项附约D第一章第7、8、9条，第二章第9条；专项附约F第三章第5、6、9条；专项附约G第一章第9、19、21、22、23条；专项附约J第五章第6条
61	科索沃	31-01-2020	未明确	未明确
62	科威特	14-04-2017	专项附约A	未明确
63	吉尔吉斯斯坦	17-11-2021	未明确	未明确
64	老挝人民民主共和国	16-07-2016	专项附约A、B、D、E、F、G、J	未明确
65	拉脱维亚*	20-09-2001	未明确	未明确
66	莱索托*	15-06-2000	未明确	未明确

（续表 5）

序号	缔约方（带 * 为 KC 的缔约方）	无保留签署或批准文件交存或加入日期	专项附约接受情况	专项附约保留情况
67	利比里亚	14-12-2020	专项附约 A 第一章、第二章；专项附约 B 第一章、第三章；专项附约 C 第一章；专项附约 D 第一章、第二章；专项附约 E 第一章、第二章；专项附约 F 第一章、第二章、第三章、第四章；专项附约 G 第一章；专项附约 J 第二章、第三章、第四章、第五章；专项附约 K 第一章、第三章	专项附约 B 第一章的建议条款；专项附约 E 第三章；专项附约 H 第一章；专项附约 J 第一章；专项附约 K 第二章
68	立陶宛 *	27-04-2004	未明确	未明确
69	卢森堡 *	26-01-2006	未明确	未明确
70	马达加斯加 *	27-06-2007	所有专项附约	专项附约 E 第三章；专项附约 F 第三章
71	马拉维 *	06-09-2013	专项附约 A 第一章、第二章；专项附约 B 第一章、第二章、第三章；专项附约 C 第一章；专项附约 D 第一章、第二章；专项附约 E 第一章、第二章、第三章；专项附约 F 第一章、第二章、第三章；专项附约 G 第一章；专项附约 H 第一章；专项附约 J 第一章、第二章、第三章、第四章、第五章；专项附约 K 第一章、第二章、第三章	专项附约 J 第一章第 37 条
72	马来西亚	30-06-2008	专项附约 B 第一章；专项附约 J 第二章	未明确
73	马尔代夫	19-10-2020	未明确	未明确
74	马里	04/05/2010	未明确	未明确
75	马耳他	11-05-2010	未明确	未明确

（续表6）

序号	缔约方（带*为KC的缔约方）	无保留签署或批准文件交存或加入日期	专项附约接受情况	专项附约保留情况
76	毛里求斯	24-09-2008	专项附约A、B、C、D、E、G、H、J；专项附约F第三章	专项附约C第一章第2条；专项附约D第一章第7、9条，第二章第9条；专项附约E第一章第7、18条；专项附约G第一章第16、23条；专项附约J第一章第14、26条
77	蒙古国	01-07-2006	未明确	未明确
78	黑山*	16-06-2008	未明确	未明确
79	摩洛哥*	16-06-2000	未明确	未明确
80	莫桑比克	11-07-2012	未明确	未明确
81	纳米比亚	03-02-2006	未明确	未明确
82	尼泊尔	03-02-2017	未明确	未明确
83	荷兰*	30-04-2004	未明确	未明确
84	新西兰*	07-07-2000	专项附约A第一章、第二章；专项附约B第一章、第二章、第三章；专项附约C第一章；专项附约E第一章、第二章、第二章；专项附约F第一章、第二章、第三章、第四章；专项附约G第一章；专项附约H第一章；专项附约J第一章、第二章、第三章、第四章、第五章；专项附约K第一章、第二章、第三章	未明确
85	尼日尔	13-02-2015	所有专项附约	专项附约E第一章第21、25条；专项附约F第一章第25、26条，第三章第3条；专项附约J第一章第15、37条，第三章第3、7、8条，第四章第7、8、11、18条
86	尼日利亚	28-6-2012	未明确	未明确

（续表 7）

序号	缔约方（带 * 为 KC 的缔约方）	无保留签署或批准文件交存或加入日期	专项附约接受情况	专项附约保留情况
87	挪威 *	09-01-2007	专项附约 A、C、E、G、H、J、K；专项附约 B（第一章、第三章）；专项附约 D（第一章）；专项附约 F（第一章、第二章、第三章）	未明确
88	阿曼	06-01-2015	专项附约 A	未明确
89	巴基斯坦 *	01-10-2004	专项附约 A 第一章；专项附约 B 第一章；专项附约 C 第一章；专项附约 J 第一章	未明确
90	巴布亚新几内亚	31-01-2014	所有专项附约	专项附约 E 第三章
91	菲律宾 *	25-06-2010	专项附约 A 第一章、第二章；专项附约 B 第一章、第二章、第三章；专项附约 C 第一章；专项附约 E 第一章、第二章；专项附约 F 第三章；专项附约 G 第一章；专项附约 J 第一章、第二章、第四章、第五章；专项附约 K 第一章	专项附约 A 第一章第 9、10、12 条，第二章第 10 条；专项附约 B 第一章第 2 条，第三章第 7 条；专项附约 F 第三章第 3、5、6、9、10 条；专项附约 G 第一章第 9、10、14、19、21、23 条；专项附约 J 第一章第 9、14、16、17 条，第二章第 9 条
92	波兰 *	09-07-2004	未明确	未明确
93	葡萄牙 *	15-04-2005	未明确	未明确
94	卡塔尔	13-07-2009	未明确	未明确
95	罗马尼亚	27-12-2010	未明确	未明确
96	俄罗斯 *	02-02-2011	未明确	未明确
97	卢旺达 *	21-11-2011	所有专项附约	专项附约 E 第一章第 7 条；专项附约 J 第一章第 26 条
98	萨摩亚	27-10-2016	未明确	未明确
99	圣多美和普林西比	08-05-2017	未明确	未明确
100	沙特阿拉伯 *	27-04-2011	专项附约 A	未明确

（续表8）

序号	缔约方（带*为KC的缔约方）	无保留签署或批准文件交存或加入日期	专项附约接受情况	专项附约保留情况
101	塞内加尔*	21-03-2006	未明确	未明确
102	塞尔维亚*	18-09-2007	未明确	未明确
103	塞拉利昂	12-06-2015	未明确	未明确
104	新加坡	25-06-2022	专项附约A、B、C、D、G和J；专项附约E第一章和第二章；专项附约F第一章和第二章	专项条款附约B第三章建议条款7；专项附约F第一章建议条款25和条款26，第二章建议条款18；专项附约J第四章建议条款4和条款18
105	斯洛伐克*	19-09-2002	未明确	未明确
106	斯洛文尼亚*	27-04-2004	未明确	未明确
107	南非*	18-05-2004	未明确	未明确
108	西班牙*	30-04-2004	未明确	未明确
109	斯里兰卡*	26-06-2009	未明确	未明确
110	苏丹*	16-08-2009	未明确	未明确
111	瑞典*	30-04-2004	未明确	未明确
112	斯威士兰	31-10-2012	未明确	未明确
113	瑞士*	26-06-2004	未明确	未明确
114	塔吉克斯坦	14-05-2020	专项附约A、B、C、D、G、H、J、K；专项附约E第一章、第二章；专项附约F第一章、第二章、第四章	未明确
115	泰国	12-06-2015	未明确	未明确
116	前南马其顿共和国	28-07-2009	未明确	未明确
117	多哥	28-06-2014	所有专项附约	
118	突尼斯	24-07-2017	未明确	未明确
119	土耳其*	03-05-2006	未明确	未明确
120	土库曼斯坦	03-02-2021	所有专项附约	
121	图瓦卢	13-05-2019	未明确	未明确

（续表 9）

序号	缔约方（带 * 为 KC 的缔约方）	无保留签署或批准文件交存或加入日期	专项附约接受情况	专项附约保留情况
122	乌干达 *	27-06-2002	所有专项附约	专项附约 D 第二章第 9 条;专项附约 F 第三章第 9 条;专项附约 G 第一章第 9 条
123	乌克兰 *	15-06-2011	所有专项附约	
124	缅甸联邦（共和国）	02-10-2020	专项附约 B 第一章、第三章;专项附约 D 第一章；专项附约 E 第一章、第二章；专项附约 F 第一章；专项附约 G 第一章;专项附约 H 第一章;专项附约 J 第一章、第二章、第五章	专项附约 E 第二章第 9、10、11 条
125	阿拉伯联合酋长国 *	31-06-2010	未明确	未明确
126	联合王国 *	30-04-2004	未明确	未明确
127	美国 *	06-12-2005	专项附约 A、B、C、D、E、G;专项附约 F 第一章、第二章、第三章；专项附约 J 第三章、第四章、第五章	专项附约 A 第一章第 12 条，第二章第 11 条；专项附约 B 第二章第 15 条，第三章第 7 条；专项附约 D 第一章第 7、8、9 条，第二章第 9、18 条；专项附约 E 第一章第 6、7 条；专项附约 F 第一章第 7、23、25、26 条，第二章第 16、17、18 条，第三章第 5、6、9、10 条；专项附约 G 第一章第 16、22 条;专项附约 J 第四章第 4 条
128	乌兹别克斯坦	16-02-2021	所有专项附约	专项附约 E 第三章
129	瓦努阿图	30-06-2018	未明确	未明确
130	越南 *	08-01-2008	未明确	未明确
131	也门	27-06-2013	专项附约 A	未明确
132	赞比亚 *	01-07-2006	未明确	未明确
133	津巴布韦 *	10-02-2003	未明确	未明确

资料来源：WCO 官方网站；截止日期：2022 年 6 月 25 日。

从表 2–1 可看出，截至 2022 年 6 月 25 日，明确表示接受数量不等的专项附约的缔约方有 45 个（其中 11 个缔约方接受全部 10 个专项附约），另有 88 个缔约方未明确表示接受任何专项附约。对于未明确表示接受或者保留某个专项附约或其中的条款的，WCO 默认为不接受。

根据《修正议定书》第 3 条第 3 款的规定，RKC 将于 40 个缔约方无保留地批准签署本议定书，或交存批准文件或加入书的 3 个月后正式生效。2005 年 11 月 3 日，WCO 秘书长收到了第 40 份加入书（印度提交），满足了 RKC 生效所需的缔约方数量，因此在收到该加入书的 3 个月后，即 2006 年 2 月 3 日，RKC 正式生效。

2006 年以来，各缔约方通过实施 RKC，不断简化和规范海关手续和业务制度，明确海关与其管理相对人的权利、义务、法律关系，提高海关立法和执法的透明度、公正性，便利了海关业务办理，提高了国际贸易效率，同时也暴露了 RKC 自身存在的和公约实施过程中产生的一些问题。这些问题在下文将有专题论述。

我国于 1988 年 8 月 29 日加入 KC。2000 年 6 月 15 日，我国签署了《关于简化与协调海关制度的国际公约修正案议定书》，并接受了 RKC 专项附约 D“海关仓库和自由区”的第一章“海关仓库”和专项附约 G“暂准进境”的第一章“暂准进境”。同时，对专项附约 D 中第一章第 9 条、专项附约 G 中第一章第 16 条和第 21 条作出保留。2016 年 7 月 14 日，我国海关再次向 WCO 秘书长交存接受书，接受了专项附约 D 第二章“自由区”，以及专项附约 F“加工”第一章“进口加工”和第二章“出口加工”。同时，对专项附约 D 第二章的第 6、9、10 和 18 条建议条款，专项附约 F 第一章的第 4、6、7、10、11、13、18、22、23、25 和 26 条建议条款，以及专项附约 F 第二章的第 2、5、6、9、16、17 和 18 条建议条款作出保留。截至 2019 年 4 月底，我国已经接受 RKC 要求成员方实施或建议实施的 478 条实质性条款中的 213

条，其中未提出保留的188条中已充分实施135条，提出保留的25条中已实施16条[①]。

从下节起，本章将对RKC有关申报、进出境邮件、原产地、风险管理、稽查、“单一窗口”、自由区和AEO 8项海关制度在全球主要经济体和我国的实施情况，以及存在的相关问题进行深入对比分析。

第二节 海关申报制度的实施情况

一、临时或不完整申报

（一）RKC关于临时或不完整申报的内容

关于临时或不完整申报，RKC总附约第三章第3.13条标准条款规定：如果申报人在货物申报时资料不全，海关认为理由正当，应准许申报人作出临时或不完整申报，但该申报须载有海关认为必需的内容，且申报人承诺在规定期限内作出完整申报。同一章第3.17条标准条款规定：如果在货物申报时，未能同时提交某些随附单证，海关认为理由正当的，应准许申报人在规定期限内补交。该条还对临时或不完整申报的

① 北京睿库贸易安全及便利化研究中心：《〈京都公约〉审议报告》，2019年4月25日。

关税待遇作出规定：如海关对临时的或不完整的货物申报予以登记，货物的关税待遇应与作出完整无误申报时货物的待遇相同。如对应征税费均已按要求提供担保，海关不应拖延放行货物。

RKC 的指南对上述条款进行了解读：“为方便货物的快速放行，标准条款第 3.13 条准许可以作临时申报或不完整申报”，“当申报人手中未掌握所要求的所有数据这个事实是一清二楚的，例如有关散装货的数据惟有卸下后才能确定其重量，海关应当准许作临时申报或作不完整申报”，“对于缺损的数据在日后再提供的途径很多。若未涉及诸如货物名称或货价等基本信息资料，海关可以准许以口头通知方式或以书面通知方式补齐所缺的数据。对于不完整申报，可以在相同的申报单上补齐缺损的数据或者通过补充申报予以补齐。若缺乏基本信息资料，海关可以要求申报人重新完整申报”，“若海关批准放行货物，海关应当确信有关的辅助单证客观存在并且有效。海关还可以要求申报人提供担保以便确保其在规定期限内呈送这些辅助单证”。[①]

（二）美国、欧盟临时或不完整申报制度实施情况

1．美国

美国海关以“二次申报”为常态，在进口货物通关中普遍应用二次申报制度[②]。第一次申报为入境概要申报，海关根据申报内容决定是否放行货物[③]；第二次申报为完整申报或定期总结陈述，海关根据申报内容充分评估货物涉及的税费、收集有关货物的精确数据，并决定该项

---

① 海关总署国际合作司 . 关于简化和协调海关制度的国际公约（京都公约）总附约和专项附约指南［M］. 北京：中国海关出版社，2003：20.

② Title 19, Code of Federal Regulations,（以下简称“19CER”）142.4(a).

③ Tariff Act, SEC.484.(a)(1)(A).

进口是否符合其他相关法律要求[①]。第一次申报时，纳税义务人应“预估”（Estimate）应纳税费并提供担保，也可以以现金或国债方式预付关税[②]；货物放行、第二次申报完成后，海关确定应纳税款并通知纳税义务人[③]，若前期已预付关税，海关就不足部分通知纳税义务人提交，或是就多余部分予以退还[④]。与我国海关相关制度比较，一是担保应用的广泛性。担保制度是分步申报得以实施的重要配套制度。在美国海关的二次申报制度中，担保是确保纳税义务履行的常规形式，在实践中普遍应用，预付税款则是例外和替代品。担保金额分为单笔担保和汇总担保，前者以单笔预估税额为基础，后者以过去一年内产生的税费总额为基础[⑤]。二是在担保形式上，美国未明确规定银行及金融机构保函等特定要求，而是将个人担保、公司担保作为两种主要形式。在个人担保中，美国要求担保人为两个居住于美国本土的美国公民，均具有所担保金额等值以上的财产，或是一个居住于美国本土的美国公民，具有所担保金额两倍以上的财产[⑥]。在公司担保中，美国财政部门建立了经授权的公司担保人名单，以及相关公司可担保的税款金额[⑦]。在应税货物价值2500美元以内、纳税义务人无违法交易记录等情形下，入境海关亦可免除其提供担保义务[⑧]。三是美国也有类似补充申报的制度安排，其关税立法设定了申报人的自我“协调”（Reconciliation）程序，该程序由申报人自主选择，需在申报人表明其合规意向后21个月内完成[⑨]。

---

① Tariff Act, SEC.484.(a)(1)(B).

② 19 CFR 113.40.

③ 19 CFR 24.3 (a).

④ 19 CFR 24.3 (b).

⑤ 19 CFR 113.13(b).

⑥ 19 CFR 113.35(b).

⑦ 19 CFR 113.37(a).

⑧ 19 CFR 142.4(c).

⑨ Tariff Act, SEC.484.(b).

2. 欧盟

欧盟海关允许申报主体在通关环节进行简化申报，后续予以补充申报。这一程序中，申报主体在通关环节可免予提供标准化申报的某些详细信息及随附单证，后续在特定期限内向海关补充申报完整信息，并持有必需的随附单证供海关验核[①]。海关对简化申报的放行亦以关税缴纳或税款担保为货物放行的条件[②]。补充申报可以是一般性、定期性或概括性的[③]，并可以通过海关登入申报人商业记录的方式替代[④]。与我国海关相关制度相比较，一是税款担保形式更为灵活多样。除保证金、保证人保函、有价证券等常规担保形式外，房屋土地等不动产的抵押或附属于不动产的权利、货物索赔权利、占有货物的抵押、国债登记证明、经批准的第三方连带债务责任等均可成为合法有效的担保[⑤]。保证人保函的担保形式下，保证人既可以是银行、金融机构，也可以是根据欧盟现行有效规定获得欧盟认证的信用机构或保险公司[⑥]。二是针对经常简化申报的主体，对总担保及其减少、免除作出了具体规定。欧盟关境内经常使用简化申报程序的主体，可对其一段时期内的纳税额申请办理总担保[⑦]。若其"关于商业记录及必要的运输记录的管理系统显示出其对业务和物流的高水平管控""该系统可供实施适当的海关监管措施""具有良好财务状况"，则可以获得批准降低金额总担保或者免除担保[⑧]。欧盟还详细规定了海关如何根据经营主体的内控机制、资金来源、信

---

① 《欧盟海关法典》第 166 条第 1 款、第 167 条第 1 款。
② 《欧盟海关法典》第 195 条第 1 款。
③ 《欧盟海关法典》第 166 条第 2 款、第 167 条第 1 款。
④ 《欧盟海关法典实施条例》第 225 条。
⑤ 《欧盟海关法典实施条例》第 83 条。
⑥ 《欧盟海关法典》第 92 条第 1 款。
⑦ 《欧盟海关法典》第 95 条第 1 款、第 39 条（a）。
⑧ 《欧盟海关法典》第 95 条第 2 款、第 39 条（b）（c）。

用记录、履行财政义务记录、商业系统安全等情况，分别按税赋义务50%、30%准予提交总担保以及免除担保的3类情形[①]。三是针对完税价格的准确申报，规定“如在海关申报之日无法量化，海关可以依申请授权准予其在特定标准的基础上确定”[②]，前提是“其使用了公认会计准确的会计系统”，通过该系统“保存历史数据记录以便从数据进入文件时提供稽查追踪[③]”。同时，对于补充申报环节涉及完税价格的随附单证，海关在认为正当合理的情况下，可以设定比货物放行120天更长的期限，允许申报人在该期限内获得、持有相关随附单证以供海关验核[④]。

（三）我国临时或不完整申报制度实施情况

为落实RKC制度安排，我国一是在2003年通过《中华人民共和国海关进出口货物申报管理规定》（海关总署令第103号）设定了补充申报制度，并先后在2005年《中华人民共和国海关进出口货物征税管理办法》（海关总署令第124号）及海关总署公告2009年第49号、2012年第42号中作了进一步明确；二是于2019年启动“两步申报”改革，先后发布海关总署公告2019年第127号、2019年第216号，明确了“两步申报”制度。

1．“两步申报”

第一步申报为概要申报，在舱单提前传输的前提下，由进口货物收货人向海关申报是否涉及禁限管理、是否需经法定检验或检疫、是否需缴纳税款等安全准入核心要素。申报项目仅有9~17项，其中的商品

---

① 《欧盟海关法典授权条例》第84条。

② 《欧盟海关法典》第73条。

③ 《欧盟海关法典授权条例》第71条。

④ 《欧盟海关法典授权条例》第147条第3款。

编码仅需填报世界通行的前6位。对于需缴纳税款的货物，企业需提前向注册地直属海关关税职能部门申请税款担保备案，并在概要申报时申报担保备案编号。海关根据舱单信息及概要申报信息开展风险分析，决定是否放行货物。同意放行的，企业即可提离，并于14天内完成第二步完整申报、办理实际纳税及其他通关手续。税款入库后，企业担保额度作相应恢复并可再次循环使用。

2. 补充申报

补充申报制度的核心内容包括：为审核确定货物归类、完税价格、原产地等，海关可在通关环节或放行后要求企业补充申报[①]；企业也可主动补充申报，但仅限通关环节，需在提交报关单的同时一并提交补充申报单，补充申报内容不得与报关单内容相抵触[②]。

3. 存在的问题

第一，“两步申报”。从制度设计上看，我国的“两步申报”完全符合RKC关于临时或不完整申报的规定，也与WTO《贸易便利化协定》（TFA）、《区域全面经济伙伴关系协定》（RCEP）关于“将货物放行与关税、国内税、规费及费用的最终确定相分离[③]”的原则相一致。但实践中，仍有部分企业没有选择“两步申报”，更倾向于传统的一次性申报。究其原因，首先在于第一步概要申报后，作为放行条件的税款担保制度相比一次性申报并不具有优越性。企业仍需按照《中华人民共和国海关事务担保条例》相关规定，提供现金、有价证券、银行或金融机构保函等实质性担保。往往大型生产型、供应链企业才有能力提供相应担

---

① 《中华人民共和国海关进出口货物征税管理办法》第七条、海关总署公告2009年第49号第二条。

② 《中华人民共和国海关进出口货物征税管理办法》第二十三条，海关总署公告2009年第49号第三、四条，海关总署公告2012年第42号第一条。

③ 《贸易便利化协定》第七条第一项、RCEP第十一条第四项。

保，但这些企业通常已经拥有成熟完整的报关体系，可以通过提前申报一次性提交完整的申报要素；大量中小微企业则受制于税款担保的困难无法享受此项红利。其次，由于概要申报数据项仅有 9~17 项，海关风险布控维度受限，在某些涉及安全准入的商品编码字段（如固体废物）会采取“广撒网”式布控，由此产生比一次性申报更高的查验率，导致企业获得感降低。

第二，补充申报。现行规章、公告将企业的主动补充申报限定于通关环节，未对通关环节无法完整申报纳税要素的情形作出制度安排。例如特许权使用费、运保费等由于商业实际和国际贸易惯例无法在通关环节作出完整申报的，企业无相应的二次申报渠道，只能选择以违规为前提的主动披露程序。

二、舱单法定申报

（一）RKC 关于舱单申报的内容

RKC 将舱单申报纳入专项附约 A 第一章“提交货物申报前的手续”。该章第 4 条（标准条款）规定：承运人应向海关承担义务，保证所有货物均被包括在载货申报中，或者以其他得到许可的方式使海关注意这些货物。

该章的指南指出，“为保障国家税收，并确保国家立法得以遵守，货物承运人应尽快向海关呈验货物及其运输工具。对进入关境货物实施的必要监管很大程度上取决于所处地理位置、海陆空运输方式以及运输工具载货量和进出境频率”“承运人向海关提交货物申报……是所有海关业务中十分重要的一部分，因为它们是识别进入关境的货物并将其置于海关监管之下必须完成的最初行为，同时也对简化海关手续、便利贸易起着重要作用”“这种先期信息使海关能够运用风险管理技术，并在货物到达前更好地调整监控目标，方便货物放行[①]”；指南倡导依托舱单信息分析提前放行海空运货物，“因为在空运或海运中，几乎不可能发生托运货物被调换的情况”，而“航空公司和船运公司广泛采用货物舱单自动化处理系统[②]”。

在监管手段方面，指南介绍：“足以识别货物内容的商业或官方文件……通常可以通过商业运输工具单证得到[③]。”“很多当局和承运人已开发了电子界面，海关可以借助该界面自动接收有关数据[④]。”“在某些情况下，海关并不运作自己的计算机货物库存监管系统而是依靠承运人、港口当局等的自动化系统。海关通过有效监督稽查手段来对上述系统进行监控[⑤]。”

（二）美国、欧盟舱单申报制度实施情况

1．美国

美国非常重视舱单管理和基于舱单的风险分析。“9・11”事件后，美国通过装船前24小时申报货物舱单法案，并已将其吸纳在《美国联邦法典》第19编[⑥]“海关职责”中。在该编中，美国一是建立了舱单法定申报制度，要求申报的舱单“必须合法且完整[⑦]”，运输负责人负有精准（Accurate）申报所载货物信息的义务[⑧]；所有承载货物必须进行申

① 海关总署国际合作司．关于简化和协调海关制度的国际公约（京都公约）总附约和专项附约指南［M］．北京：中国海关出版社，2003：205.

② 同①：26.

③ 同①：210.

④ 同①：208.

⑤ 同①：146.

⑥ 该编又称《美国海关法典》。

⑦ 19 CFR 4.7(a).

⑧ 19 CFR 4.7(c)(3).

报，无论是否在美国卸货，并单独列明不在美国卸货的外国货物[①]；货物必须对应提单号，提单编号规则固定且3年内不得重复[②]；申报项目包括承运货物的提单号、货物简要描述、货物数量、提单[③]显示的托运人完整名称和地址、提单显示的收件人完整名称和地址、输入美国前的最后一个港口等17个项目[④]。二是在申报主体和时间上，要求入境货物必须由承运人进行载货申报，必须于货物在境外港口装船的24小时以前向美国海关申报。三是在监管手段上，要求承运人通过美国海关“自动舱单处理系统（AMS）”，或是其他“经美国海关批准的电子数据交换系统”传输电子化载货申报信息[⑤]。如果承运人在其设备追踪系统上创制或收集入境集装箱状态信息，必须将信息传输给上述AMS或其他经批准的电子数据交换系统[⑥]。美国海关通过后续稽查验核承运人和进口商关于货物申报的一致性[⑦]。

2．欧盟

欧盟海关亦建立了舱单法定申报制度[⑧]。一是在申报途径和内容上，首先由各成员国依统一标准开发、使用电子信息和通讯系统，用于申报人提交舱单申报，以及海关处理、储存、交换申报信息[⑨]。舱单申报的项目包括“为安全目的开展风险分析所需要的详细信息[⑩]”。二是

---

① 19 CFR 4.7(c)(1).

② 19 CFR 4.7(c)(2).

③ 19 CFR 4.7(b)(2).

④ 19 CFR 4.7(c)(1)&(2)&(4).

⑤ 19 CFR 4.7(b)(2).

⑥ 19 CFR 4.7 d(a).

⑦ 19 CFR 4.7a(c)(2)(iii).

⑧ 根据《欧盟海关法典》第127条、第271条，欧盟海关的舱单申报制度以entry summary declaration及exit summary declaration的形式呈现。因直译名称“进境概要申报”“出境概要申报”易与前文“两步申报”制度中收发货人的概要申报相混淆，故本文以“舱单申报”代替。

⑨ 海关总署国际合作司 . 欧盟海关法典实施条例［M］. 北京：中国海关出版社，2016.

⑩ 海关总署国际合作司 . 欧盟海关法典［M］. 北京：中国海关出版社，2016.

在申报主体上，同样以承运人作为申报义务人[①]，规定舱单申报“应当由承运人提交[②]”，虽然其他能够呈验货物的主体也可提交舱单申报，但承运人以及签发（海运）提单/空运舱单的任何主体也须集中提供“有关主体的身份，即与其签订运输合同、已就相同货物签发提单并使其获得舱单申报详细信息的任何人[③]”，且当海关经风险分析有理由怀疑海运/空运货物具有严重安全威胁时，即会通知承运人采取相应措施[④]。三是在原始信息获取上，规定“如果商业、港口、运输信息系统中包含舱单申报所需的详细信息且上述信息可在特定期限内获取的，海关可接受使用上述系统在货物运入/出欧盟关境前提交舱单申报[⑤]”；“海关可接受以通知及访问经营者计算机系统获取舱单申报详细信息的方式代替提交舱单申报[⑥]”。四是在后续监管手段上，亦建立了对于舱单申报的放行后监管机制。规定“出于海关监管目的，海关可以审核舱单申报……的准确性和完整性，以及任何随附单证的完备性、真实性、准确性和有效性，并可以审查申报人的账户及与有关货物业务操作相关的其他记录，或者这些货物放行前后的商业活动的记录[⑦]”。

（三）我国舱单申报制度实施情况

1．舱单传输义务

《中华人民共和国海关法》规定，“进出境运输工具到达或者驶离设

---

① 《欧盟海关法典实施条例》第 184 条第 1 款、第 3 款。

② 《欧盟海关法典》第 127 条第 4 款、第 271 条第 2 款同时规定：“除承运人有申报义务外，进境/出境概要申报也可以由下列人员提交：（a）进口人、收货人或委托承运人以其名义或代表其行事的其他人；（b）能够自行或委托他人向进境海关呈验有关货物的任何人。”

③ 《欧盟海关法典实施条例》第 184 条第 1 款、第 3 款。

④ 《欧盟海关法典实施条例》第 184 条第 3 款、第 4 款、第 5 款。

⑤ 《欧盟海关法典》第 127 条第 7 款、第 271 条第 3 款。

⑥ 《欧盟海关法典》第 127 条第 8 款、第 271 条第 4 款。

⑦ 《欧盟海关法典》第 48 条。

立海关的地点时，运输工具负责人应当向海关如实申报，交验单证，并接受海关监管和检查[①]。”但申报的内容指运输工具本身的进出境（港）申报，而非对其所载货物内容的申报[②]。在《中华人民共和国海关进出境运输工具舱单管理办法》[③]中，设定了舱单传输义务：“进出境运输工具负责人、无船承运业务经营人、货运代理企业、船舶代理企业、邮政企业以及快件经营人等舱单电子数据传输义务人（以下统称‘舱单传输人’）应当按照海关备案的范围在规定时限向海关传输舱单电子数据[④]。”对于未依法履行舱单传输义务的，设定了入境拒止的法律后果[⑤]以及被处以警告、5万元以下罚款的违法责任[⑥]。

2．义务主体

《中华人民共和国海关进出境运输工具监管办法》[⑦]规定的舱单传输义务主体包括进出境运输工具负责人、货运代理企业、船舶代理企业等多主体[⑧]，而针对其中的“进出境运输工具负责人”还进行了进一步宽泛解释：“指进出境运输工具的所有企业、经营企业，船长、机长、汽车驾驶员、列车长，以及上述企业或者人员授权的代理人[⑨]。”

3．存在的问题

舱单作为货物和物流原始底账，本应成为海关有效开展风险分析、进行现代化监管的重要工具。因舱单数据由物流第三方提供，而报关单

① 《中华人民共和国海关法》第十四条。

② 《海关进出境运输工具监管办法》（海关总署令第196号发布，根据海关总署令第240号修正）第十三条、第二十五条。

③ 海关总署令第172号发布，根据海关总署令第235号、第240号修正。

④ 《中华人民共和国海关进出境运输工具舱单管理办法》第四条第一款。

⑤ 《中华人民共和国海关进出境运输工具舱单管理办法》第四条第三款。

⑥ 《中华人民共和国海关行政处罚实施条例》第二十二条第（四）项。

⑦ 海关总署令第196号发布，根据海关总署令第240号修正。

⑧ 《中华人民共和国海关进出境运输工具监管办法》第四条第一款、第二款。

⑨ 《中华人民共和国海关进出境运输工具监管办法》第四十条。

数据由收发货人提供，对二者进行印证比对本应起到有效防控各类安全风险的作用。在我国“两步申报”和提前申报的制度设计中，基于舱单数据的风险分析也是海关能够提前、及时放行货物的前提。但实践中，往往演变为“把报关单数据作为舱单数据再传输一遍”“造一份提运单作为随附单证”，舱单的真实性和附着的重要价值丧失，报关单与舱单数据的比对流于形式。究其原因，第一，我国尚未建立舱单法定申报制度，仅规定了进出境运输工具负责人的“舱单传输”义务——“传输”意味着从原始数据储存者处获取并传递，并不确保被传输数据的真实准确；第二，“运输工具负责人”的法定范围宽泛，未突出承运人作为掌握原始舱单数据主体应承担的首要责任，导致实践中进行舱单传输的主体多为船舶、货运代理人，这些代理人并不掌握物流源头信息和第一手资料，往往仅按照收发货人提供的货物申报信息进行舱单数据录入，甚至存在舱单数据经人工录入“清洗”的情况；第三，在管理手段上，我国尚缺乏依托承运人的舱单自动化处理系统实施监管的法律路径，也缺乏对舱单传输主体实施稽查的法律手段。《中华人民共和国海关稽查条例》规定海关有权对一系列与进出口货物直接有关的企业、单位实施稽查，但其中不包括运输工具负责人等舱单传输义务主体[①]。

三、海关限时审核义务

（一）RKC 及其指南相关内容

RKC 总附约第三章第 3.30 条（标准条款）明确了尽快审核原则：“海关应尽可能在对货物申报予以登记的同时或之后尽快审核。”RKC 的指南对此予以补充：“海关应该运用风险管理的原则来判断哪些申报

① 《中华人民共和国海关稽查条例》第三条。

需要审核[①]。”

（二）美国、欧盟限时审核义务实施情况

1．美国

美国联邦法规中以专章形式规定了“关税清算”（Liquidation）程序。该程序与“二次申报”制度紧密相连，覆盖所有进口货物[②]。关税清算等同于美国海关对申报内容、应纳税额的审核确定程序，亦对应RKC的“登记之后尽快审核”。在通关环节申报人自行估计税费的基础上，关税清算由美国海关对归类、价格等涉税要素进行最终评定并确定应纳税额。经清算应纳税额与申报人预估税额之间差额小于20美元的，则忽略不计；差额等于或大于20美元的，预估不足则由美国海关以债务形式通知申报人或担保人，预估溢余则予以退款[③]。这一清算程序须在货物进口后1年内实施，若未实施则海关丧失清算权力[④]。

2．欧盟

欧盟海关在通关环节可通过审核海关申报及随附单证、要求申报人提供其他单证等方式对申报信息的准确性进行审核[⑤]，并根据审核结果适用货物监管相关规定[⑥]。也可以无须审核接受申报，以该申报包含的详细信息为基础适用货物监管相关规定[⑦]。货物放行后，欧盟海关法规定了税款确定程序。税款确定应由货物申报地的主管海关在“获

① 海关总署国际合作司．关于简化和协调海关制度的国际公约（京都公约）总附约和专项附约指南［M］．北京：中国海关出版社，2003：30.

② 19 CFR 159.2.

③ 19 CFR 159.6.

④ 19 CFR 159.12(a).

⑤ 《欧盟海关法典》第188条。

⑥ 《欧盟海关法典》第191条第1款。

⑦ 《欧盟海关法典》第191条第2款。

得必要信息后尽快确定[①]”，确定后作为海关债“以规定形式通知债务人[②]”。

（三）我国限时审核义务实施情况

1. 基本情况

《中华人民共和国海关法》《中华人民共和国进出口关税条例》设定了海关对进出口货物商品归类、完税价格、原产地等税收征管要素的审核确定权[③]。《中华人民共和国海关进出口货物征税管理办法》（海关总署令第124号，2005年3月1日起施行）第八条第二款规定：“海关可以根据口岸通关和货物进出口的具体情况，在货物通关环节仅对申报内容作程序性审核，在货物放行后再进行申报价格、商品归类、原产地等是否真实、正确的实质性核查。”这一规定使海关能够有效平衡通关便捷与税收风险防控，大幅提升了进出口货物验放效率。目前99%的税收风险防控均采取“放行后实质性审核”方式。

2. 存在的问题

货物放行后的实质性审核缺乏时限约束和固化形式，集中反映在商品归类领域。目前海关对商品归类的事后审核机制已成为企业反映强烈的问题之一。《中华人民共和国进出口关税条例》第三十一条规定：“纳税义务人应当……对其申报的进出口货物进行商品归类，并归入相应的税则号列；海关应当依法审核确定该货物的商品归类。”可见，归类并非企业单方完成，而是经由企业报送、海关审核共同确定。《中华人民共和国海关进出口货物申报管理规定》也将申报的概念明确为收发货人

---

① 《欧盟海关法典》第101条第1款。

② 《欧盟海关法典》第102条第1款。

③ 《中华人民共和国海关法》第四十二条、第五十五条；《中华人民共和国进出口关税条例》第十八条、第二十六条、第三十一条、第三十二条。

报告货物情况“并且接受海关审核的行为”。在以往“审核后放行”模式下，企业能在通关环节得到一次被审核和纠正归类的机会；但在目前“放行后审核”的模式下，由于制度并未明确放行后海关审定商品编码的时限和形式，企业丧失了被及时纠正的机会。即使企业数年来对相同商品申报同一税则号列并获放行，也不代表海关认可其归类的正确性。企业不仅无法得知相关归类正确与否，还可能面临“聚沙成塔”式的处罚风险。这种无期限约束、无固化形式的“实质性审核”实质上妨碍了企业对正确归类的知情权，有悖于 RKC 要求缔约方贯彻海关法律法规适用、程序和实际操作具有“可预见性”“透明度”的原则。

第三节

海关邮件监管制度的实施情况①

一、RKC 海关邮件监管制度的规定

RKC 在专项附约 J“特别制度”的第二章“邮递运输”中，对海关邮件监管的基础制度作出具体规定，涵盖了海关邮件的监管原则、通关手续、转运便利和税费征收 4 个方面。其特点是，以万国邮政联盟法规为基础形成相对统一的特殊监管制度。例如，RKC 对“邮件”的定义，

① 鉴于 RKC 未将国际快件业务纳入其调整范围，本节不讨论国际快件业务海关监管制度的实施问题。

就援引了万国邮政联盟法规关于“邮件”的定义[①]。

二、RKC 海关邮件监管制度实施情况

澳大利亚、韩国、新西兰、挪威、瑞士等 33 个缔约方接受了专项附约 J 的“邮递运输”章；美国、英国、日本和中国均未接受该章。但鉴于世界上主要的发达经济体均为万国邮政联盟的成员，各国寄递物品监管制度均以万国邮联法规为基础，因而海关监管制度的区别主要体现在寄递物品价值限额、免税额度、征税规则和安全准入管理等方面。本节选取了虽未接受该章，但位于不同区域的我国主要贸易伙伴——日本（亚洲）、美国（北美洲）、英国（欧洲）——作为比较研究对象，开展对比分析。

（一）机构设置与制度体系

隶属于日本政府财务省的海关及关税局是负责进出境邮监督管理的行政机构，而境内邮政业务则由日本总务省下设的信息发布管理局担任主管部门。

1947 年，日本政府便制定了《邮政法》，确立了本国邮政业务的基本制度。针对国际邮件业务，总务省还专门出台了《国际邮政条例》进行规范。《海关法》《关税法》和《关税临时措施法》是日本关于海关行政管理和监管政策的主要法律。其中，对进出境寄递物品的监管主要由该国《海关法》第六章第八节“关于邮递物品等的特别规定”予以规定。税收管理方面，该国《关税法》明确了进境寄递物品适用简化关税税率的规则。

① 专项附约 J 第二章定义部分 E3：“邮件”指现行的《万国邮政联盟法》中所述的由邮政部门传递或为邮政部门传递的邮递信函和包裹。

美国海关和边境保护局（U.S. Customs and Border Protection）是主要负责进出境邮件监管的政府机构。此外，美国联邦政府设立了独立机构邮政监管委员会（Postal Regulatory Commission）对垄断开展美国邮政业务的美国邮政服务公司（United States Postal Service）进行监管。

《美国法典》（U.S. Code）第39编对美国邮政业务基本制度作出专门规定。与之对应，美国《联邦法规》（Code of Federal Regulations）第39编对美国邮政服务公司如何开展邮政业务进行了更具体的规范[①]。2006年，美国国会通过了《邮政责任加强法案》，确立了美国邮政服务公司改革方向，巩固其法定垄断经营地位，并明确了邮政监管委员会的管理权限[②]。

英国税务海关总署（Her Majesty's Revenue and Customs）是英国政府负责进出境邮件监管的机构，而通信管理局（Office of Communication）则负责监管邮件行业法规、政策的实施状况。

英国于2011年修订出台了《邮政服务法案》（Postal Services Act），提出了英国邮政企业——皇家邮政集团（Royal Mail Group）的改制方案，同时完善了邮政业务监管法规。为落实该法案相关要求，通信管理局相应制定了《邮政普遍服务法令》（Universal Postal Service Order），对皇家邮政提供的邮政普遍服务进行规范。

（二）价值限额与免税额度

根据日本《邮政法》《关税法》等相关法律规定，个人进出境寄递物品价值不得高于20万日元。物品总价值不超过1万日元的，免于征

① 《美国法典》第39编（U.S. Code Title 39 - Postal Service）、美国《联邦法规》第39编（Code of Federal Regulations Title 39-Postal Service）。

② 徐迅，谢墨梅．邮政改革的国际经验与启示［J］．中国发展观察，2021（24）．

收关税，但消费税等其他国内税另计。美国规定个人进出境寄递物品价值不得超过 2500 美元。物品总价值不超过 800 美元的，免于征收关税；物品总价值超过 800 美元的，按物品价值全额征税。英国则规定个人进出境寄递物品价值不得超 900 英镑，其中物品价值 135 英镑以下的，免于征收关税。

中国、日本、美国和英国进出境寄递物品价值限额对比见表 2–2，免税额度对比见表 2–3。

表 2–2 中国、日本、美国、英国进出境寄递物品价值限额对比表

国家	限额（折合人民币）①
中国	800/1000 元 ②
日本	11203 元
美国	15929 元
英国	7585 元

表 2–3 中国、日本、美国、英国进出境寄递物品免税额度对比表

国家	免税额度（折合人民币）
中国	应征税额 50 元及以下
日本	价值 560 元及以下
美国	价值 5097 元及以下
英国	价值 1138 元及以下

（三）关税税率对比

日本对进出境寄递物品总价值不超过 20 万日元的，采用简化的税

① 本文使用 2022 年 1 月份海关征税适用汇率（2021 年 12 月 15 日中国人民银行公布的外币对人民币的基准汇率）进行价值换算，下同。

② 《关于调整进出境个人邮递物品管理措施有关事宜》（海关总署公告〔2010〕43 号）规定，个人寄自或寄往港、澳、台地区的邮递物品，每次限值为 800 元人民币；寄自或寄往其他国家和地区的邮递物品，每次限值为 1000 元人民币。

目表（Simplified Tariff），按照物品价值全额征税[①]。美国实施3%的单一关税税率，但对于烟草制品和酒精饮料有单独的征免税规定[②]。英国根据物品价值把关税税率分为四档：价值135英镑以下的，免征关税；价值135~630英镑但属于个人收寄的礼品的，关税税率为2.5%；个人礼品价值超过630英镑的，以及其他不属于礼品的进出境寄递物品价值超过135英镑的，适用贸易税率[③]。

本节选取了服装、奶粉、化妆品、手表4类在跨境商贸流通中具有代表性的商品，以及香烟（烟草产品）、葡萄酒（酒精饮料）2类各国海关都重点关注的应税商品作为税率比较的对象，中国、日本、美国、英国关税税率对比见表2–4。

表2–4　中国、日本、美国、英国代表性寄递物品关税税率对比表[④]

商品	中国	日本	美国	英国
服装	20%	20%	3%	23%
奶粉	13%	10%+	3%	2.5%
化妆品	20%/50%[⑤]	5%	3%	23%
手表	20%/50%	5%	3%	23%
香烟	50%	5%	3%	1.8元/支 +16.5%
葡萄酒	50%	4.2元/升	3%	26元/升

（四）安全准入

《日本邮政法》第十二条以负面清单的形式规定了禁止寄递物品的

① 根据日本海关关税局官方网站（https://www.customs.go.jp）所载相关内容整理。

② 根据美国海关和边境保护局官方网站（https://www.cbp.gov）所载相关内容整理。

③ 根据英国税务海关总署官方网站（https://www.gov.uk/government/organisations/hm-revenue-customs）所载相关内容整理。

④ 马淑友，吕洪财，李向阳．中外进境行邮税征管制度比较研究［J］．海关与经贸研究，2018（5）．

⑤ 经海关审定的完税价格低于规定数额的个人物品（邮递物品）为普通商品，适用20%的行邮税税率；完税价格在规定数额及以上的为高档商品，适用50%的行邮税税率。下同。

范围，包括易燃、易爆及其他危险物品，有毒或强效药物或其他烈性物质，具有检疫风险的活病生物或生物制品，以及该国其他法律法规禁止寄递的物品 4 大类。日本对于禁止进出境商品出台了一系列的监管法案，涉及武器、有毒有害物质、爆炸物、麻醉药品（毒品）管控，以及检验检疫、野生生物保护、知识产权保护等①。对此，日本邮便株式会社专门制定了《国际宅急便条件表（禁运品）》② 对禁止进出境寄递物品情况进行了具体列名，该表所覆盖的安全风险领域与我国寄递安全准入风险管理基本一致。

美国海关和边境保护局受美国农业部、美国疾控中心、美国鱼类及野生动植物管理局等 40 多个政府机构委托，在进出境环节实施分散在百余部法律中的关于安全准入管理的相关规定，所防控的安全风险主要涵盖了毒品、环保、生物、文物、武器、生物检疫、食品安全、金融管制等方面③。美国关于禁止、限制进出境物品的规定都较为完备，尽可能地以具体列名方式清晰描述各类禁止 / 限制物品。

英国对于进出境物品的禁止、限制管理规定同样分散在《英国邮政法》等多部行政法规当中。根据皇家邮政集团和英国邮局公司所整理的禁止、限制进出境寄递物品清单④，主要涉及武器、毒品及药物、伪造货币及有价证券、生物制品、动植物及其产品、易燃易爆物品等方面。

总体来看，各国一致通过负面清单方式对寄递物品安全准入进行管

---

① 根据日本海关关税局官方网站（https://www.customs.go.jp/english/law/relatedlaws.htm）所载相关内容整理。

② 日本邮便株式会社：国际宅急便条件表（禁制品），载 https://www.post.japanpost.jp/int/UGX/common.pdf，最后访问日期：2022 年 7 月 21 日。

③ 根据美国海关和边境保护局官方网站（https://www.cbp.gov/travel/us-citizens/know-before-you-go/prohibited-and-restricted-items）所载相关内容整理。

④ 根据皇家邮政集团、英国邮局公司官方网站（https://personal.help.royalmail.com/app/answers/detail/a_id/96；https://www.postoffice.co.uk/mail/what-can-i-send#Anchor1）所载相关内容整理，最后访问日期：2022 年 7 月 21 日。

理，内容上也均由万国邮政联盟、国际民用航空组织等国际组织所规定的国际通行禁止运输物品种类和本国法律法规所规定的禁止、限制进出境物品种类共同组成。各国普遍由交通运输、农业生物、卫生检疫等多个政府部门通过立法方式确立特定领域禁止、限制进出境的监管规定，由海关机构具体实施进出境物品安全准入监管。

（五）海关申报

对于进出境邮件，日本、美国、英国均以万国邮政联盟法规所确立的 CN 22/23 格式单证作为海关申报单证。其中，日本、英国规定低于特定价值的邮递物品，寄件人使用 CN 22 格式单证向海关申报；反之则使用 CN 23 格式单证申报。美国在 CN 22 的基础上设计了本国邮递专用单证 PS Form 2976，但需要填报的邮寄信息并没有显著区别。

三、我国实施海关邮递监管制度情况

我国虽暂未接受 RKC 专项附约 J，但从海关监管实践来看，我国对于该章相关规定整体上具有较高的实施水平。

（一）制度体系

我国海关对进出境邮件（或称邮递物品）的监管职责和执法权力，在法律层面的主要依据是现行《中华人民共和国海关法》第四十条、第四十六条至第四十九条以及第五十一条、第五十三条至第五十六条、第六十二条等。同时，《中华人民共和国邮政法》也在相关条款中明确指出海关依照《中华人民共和国海关法》规定对进出境的国际邮袋、邮件集装箱和国际邮递物品实施监管和检疫；进出境邮递物品违反我国禁止或限制进出境等相关法律、行政法规规定的，由海关依法处置。规章层面，1984 年，海关总署公布了第一部关于进出境邮件监管的部门规章

《中华人民共和国海关对进出口邮递物品监管办法》，该办法以万国邮政联盟法规相关规定和要求为基础，确立了我国海关进出境邮递物品监管的基本制度，但已于2004年废止，后续再未出台相关的规章。

2010年，海关总署发布《关于调整进出境个人邮递物品管理措施有关事宜》（海关总署公告2010年第43号），对进出境邮递物品价值限额和免税额度进行调整。此外，海关总署还制定了《中华人民共和国进境物品归类表》和《中华人民共和国进境物品完税价格表》[①]指导行邮渠道进境物品进口税的征管工作，并于2012年发布的《关于修订〈中华人民共和国进境物品归类表〉和〈中华人民共和国进境物品完税价格表〉的公告》（海关总署公告2012年第15号）中，提出了现行的进境物品完税价格审定规则。

（二）进出境邮件的申报

我国海关在1984年制定颁布的《中华人民共和国海关对进出口邮递物品监管办法》第十条中援引了万国邮联法规的统一规范，规定："进出口邮包，必须具备报税单一份（进口小包可粘贴绿色验关签条），以供海关查核留存。寄件人在报税单（或绿色验关签条）上，应当如实填报内装物品的品种、数量、价值。"其中，"报税单"或"绿色验关签条"便是目前万国邮联制定的海关申报规范单证CN 22/23的前身。虽然上述监管办法已废止，但海关一直按上述规定精神，允许进出境邮件适用简易申报流程，即将境内外邮件寄件人填报CN 22/23格式的申报单证（俗称"邮件面单"）作为进出境申报单证。当从邮件面单及其随

---

① 首次颁布于2002年，旧称《入境旅客行李物品和个人邮递物品进口税税则归类表》和《入境旅客行李物品和个人邮递物品完税价格表》，2011年修订后更名为《中华人民共和国进境物品归类表》和《中华人民共和国进境物品完税价格表》。

附单证上足以得到监管需要的所有信息时，海关便直接采用邮件面单上记载的信息作为申报信息，邮件收寄件人或邮政企业无须在海关申报环节另行提供一份单独的申报单证，有效减少了邮政企业在进出境申报环节的工作量。

（三）征税

专项附约J“特别制度”第二章“邮递运输”第10条（标准条款）规定，各成员国海关对进出境邮件中的货物征收税费时，海关应尽可能做最简便的安排。对于应税邮递物品，我国海关在征税规则和流程上制定了丰富的便利化措施，以实现“尽可能做最简便的安排”。一是税种实现了最简化。相比于货物进出口可能涉及关税、增值税、消费税等多种税目，海关对应税邮递物品只课征行邮物品进口税单一种税费[①]。税率上，现行行邮进口税根据物品归类分为3%、13%、20%、50%四档，且大多数商品适用13%和20%两档税率，相比于货物贸易关税税率作了较大程度地简化。二是规定了免税额。《关于调整进出境个人邮递物品管理措施有关事宜》（海关总署公告2010年第43号）规定了个人邮递进境的物品应征进口税税额不高于人民币50元的予以免征，进一步降低了邮递物品的税负。三是设置简化的归类规则。现行的应税邮递物品归类依据《中华人民共和国进境物品归类表》[②]将各类物品的税号分为27大类，纳税义务人可以根据归类表及完税价格表非常便捷地对邮递物品进行归类，从而确定对应关税税率。四是提升信息化水平为税款缴纳提供便利。2021年8月，我国海关开始推行“行邮税电子缴

① 《中华人民共和国进出口关税条例》第五十六条规定：“进境物品的关税以及进口环节海关代征税合并为进口税，由海关依法征收。”

② 现行文件为《海关总署关于调整〈中华人民共和国进境物品归类表〉及〈中华人民共和国进境物品完税价格表〉的公告》（海关总署公告〔2019〕63号）。

库”改革，部署上线“行邮税征管应用系统”。纳税义务人可以通过手机支付方式自助缴纳税款，税费电子入库、纳税凭证自动核注，实现行邮税征缴全流程电子化，大大缩短了应税邮递物品通关时间。

（四）海关邮件监管改革情况

海关总署于2019年印发了《全国海关邮递物品监管改革方案》，对邮递物品监管进行自动化、信息化、规范化、集约化改革。从便利通关角度来看，该轮改革有以下几项成果。一是构建进出境邮递物品智慧监管模式。在全国海关范围内推广邮递物品管理信息化系统[①]，形成由海关总署与中国邮政集团公司以总对总对接方式全国联网电子化传输进出境邮递物品信息的数据管理模式，并配备智能审像设备、智能分拣设备、移动单兵设备等新型监管辅助智能设备，建立信息化监管作业模式，实现对进出境邮递物品监管的智能作业、智能分析、智能服务。二是建立健全进出境邮递物品信息化申报模式。由邮政企业负责采集邮件面单信息[②]，形成电子数据，并通过海关信息系统向海关传输，实现信息化电子申报。邮政企业办理邮件总包的进境、出境、转关海关手续，应通过海关信息系统传输总包路单等相关电子数据。三是明确邮递收寄件人和邮政企业的权利义务。海关总署在《关于启用进出境邮递物品信息化管理系统有关事宜的公告》（海关总署公告2018年第164号）中进一步明确了进出境邮递物品所有人应当承担邮寄进出境物品的海关申报责任。邮政企业负责采集邮件面单电子数据并向海关信息系统传输，代为完成邮递物品海关申报操作；进出境邮件面单数据不完整

① 根据海关总署《关于启用进出境邮递物品信息化管理系统有关事宜的公告》（海关总署公告2018年第164号），我国海关自2018年11月30日起在全国海关推广使用进出境邮递物品信息化管理系统。

② 邮件面单信息包括收寄件人名称，收寄国家（地区）及具体地址，邮递物品品名、数量、重量、价格（含币种）等。

的，由邮政企业通知境内收寄件人办理补充申报手续。四是推进邮递物品“互联网+”便民通关服务。以海关“互联网+”平台为依托，实现境内收寄件人足不出户即可向海关办理进出境邮递物品通关手续，实现“让信息多跑路，让群众少跑腿”，切实压缩进出境邮递物品通关时间。

（五）寄递物品安全准入管控

我国海关以“负面清单”对寄递物品实施安全准入管理，主要防范国家安全风险、涉枪涉爆涉毒风险、政治文化风险、金融管制风险、珍贵物资（文物、动植物）风险、生物检疫风险、侵犯知识产权风险等。具体制度包括:《中华人民共和国禁止进出境物品表》和《中华人民共和国限制进出境物品表》(海关总署令第43号，以下合称《禁止、限制进出境物品表》)，2013年以公告形式（海关总署公告2013年第46号）对部分物品种类归入《禁止、限制进出境物品表》进行补充解释，实质上增加了禁止、限制进出境物品的种类;《中华人民共和国禁止携带、寄递进境的动植物及其产品和其他检疫物名录》(农业农村部　海关总署公告第470号）细化了检疫标准入负面清单。

《禁止、限制进出境物品表》具体分为禁止进境、禁止出境、限制进境、限制出境4张表格，表格中并未对禁止、限制进出境的物品进行全面、具体的列名，而是根据物品属性和部分代表物品列名进行笼统的归类。以进境物品为例,《禁止进境物品表》包含武器，伪造货币及有价证券，对我国政治、经济、文化、道德有害的内容载体，烈性毒药，毒品，有害动植物及其产品，有害食品、药品或其他物品7大类;《限制进境物品表》包括了无线通信设备、烟酒、濒危及珍贵动植物、国家货币和兜底的其他物品5大类，2013年公告增补了微生物、生物制品、血液及其制品、人类遗传资源、管制刀具、卫星电视接收设备6大类，合计11大类。

《中华人民共和国禁止携带、寄递进境的动植物及其产品和其他检疫物名录》最新修订于2021年，主要围绕涉及检疫风险的各类检疫物。名录分为动物及其产品类、植物及其产品类，以及其他检疫物类3大类检疫物，根据检疫物属性具体分为17种检疫物，最后一种为兜底的“其他动植物、动植物产品和其他检疫物”。根据《中华人民共和国知识产权海关保护条例》相关规定，我国禁止个人携带或者邮寄超出自用、合理数量且侵犯知识产权的物品进出境[①]。此外，邮政企业和快件运营人对寄递物品的安全准入管理还需要遵从《国家邮政局 公安部 国家安全部关于禁止寄递物品管理规定》（国邮发〔2016〕107号）等安全管理要求。

（六）存在的问题

1．邮件法律制度体系有待整合

自《中华人民共和国海关对进出口邮递物品监管办法》废止以来，海关总署虽然根据经济社会发展持续以公告方式对邮递物品税收征管的指导性文件进行修订，但海关进出境邮递物品监管制度体系缺乏部门规章及以上等法律效力层级较高的纲领性监管规定。

2．法律义务主体规定有待完善

《中华人民共和国海关法》明确“进出境物品的所有人”是进出境物品的申报主体，该规定与监管实践存在脱节。一是监管现场受通关时效和监管手段的制约，无精力也无法判别进出境物品的实际所有人。二

① 《中华人民共和国知识产权海关保护条例》第三条规定，国家禁止侵犯知识产权的货物进出口。第三十一条规定，个人携带或者邮寄进出境的物品，超出自用、合理数量，并侵犯本条例第二条规定的知识产权的，按照侵权货物处理。

是有关“快件运营人”“跨境电子商务企业”等第三方运营主体的申报义务散落于相关公告中，法律位阶不高，申报主体地位未充分确立。三是海关总署《关于启用进出境邮递物品信息化管理系统有关事宜的公告》（海关总署公告 2018 年第 164 号）关于“进境邮件以寄件人在邮件面单填写信息为申报内容，境内收件人可以补充邮件的有关申报内容，并对补充信息的真实性负责”的规定，突破了《中华人民共和国海关法》规定，容易引发争议，且在邮件尚未交付、所有权尚未转移的情况下，海关也难以直接追究收件人的法律责任。

3．对进出境寄递物品的价值限额较低

我国对于可通过寄递渠道进出境的个人物品价值限额远远低于其他国家所规定的价值限额。即便是折合人民币后价值限额较低的英国，所规定的限额也比我国高出 6 倍。这对于我国寄递渠道的通关便利程度有较为直接的影响，尤其是考虑到当前的经济发展和物价水平，偏低的价值限额会导致大量商品被挤出邮递渠道，只能寻求其他渠道进出境。

4．对进出境寄递物品关税优惠政策红利有限

从免税额度角度来看，以《中华人民共和国进境物品归类表》中最多商品税号适用的 20% 关税税率计算，应征税额 50 元相当于免税额度为人民币 250 元，相比表 2–3 中其他国家设定的免税额度也是较少的，只有日本免税额度的不到一半、美国免税额度的 5%。从免税额度来看，我国为进出口寄递物品提供的税费优惠的力度相较对比国家而言也是比较有限的。

从关税税负角度来看，我国对表 2–4 选取的几类代表性商品所征收的寄递物品关税税率，基本上是对比研究的 4 个国家里最高的。这体现出在我国海关监管中，进出境寄递物品所承担的关税税负是比较重的，容易造成寄递物品通关成本的增加，引发收寄件人瞒报寄递物品价值的

监管风险。

5．寄递渠道安全准入管理制度较为碎片化

自2018年国务院机构改革后，我国进出境寄递物品安全准入监管的职责已由海关独立承担。然而，寄递物品安全准入管理的法规依据依然沿用了海关与原进出境检验检疫机构并行的法律体系结构，由《禁止、限制进出境物品表》《中华人民共和国禁止携带、寄递进境的动植物及其产品和其他检疫物名录》同时进行规范。两者对物品种类划分的颗粒度并不一致，且对禁止进境物品的要求存在一定的交叉，不利于全国海关执法统一性。

6．进出境物品税款担保放行立法有待完善

《中华人民共和国海关法》《中华人民共和国海关事务担保条例》规定："国家对进出境货物、物品有限制性规定，应当提供许可证件而不能提供的，以及法律、行政法规规定不得担保的其他情形，海关不得办理担保放行。"从反面理解，进出境物品只要不涉证，也不属于法律、行政法规规定不得担保的其他情形，纳税义务人即可选择担保放行。目前跨境电商零售进口模式已经引入担保放行制度，但与《中华人民共和国海关法》第六十条第三款第三项"进出境物品的纳税义务人，应当在物品放行前缴纳税款"的规定相冲突，亟须在《中华人民共和国海关法》中明确进出境物品税款担保放行制度。

7．进出境禁限物品认定及查处存在困难

一是禁限属性认定难。《海关禁止进出境物品表》和《海关限制进出境物品表》于1993年制定，与国家主管部门的规定时有矛盾。例如《中华人民共和国濒危野生动植物进出口管理条例》所规定的管制对象为濒危野生动植物及其产品。其中，象牙、虎骨、犀牛角等制品更是被严格禁止进出口，但上述两个物品表从未将濒危动植物的制品列入禁限目录（仅将濒危野生动植物及标本、种子和繁殖材料列入管制范围）。

二是禁限物品鉴定难。现场查获的禁限物品鉴定往往需要国家相关主管部门的配合，由于缺少联合出台的鉴定操作规范，一些稀有物品难以确定该找哪个部门鉴定；有的部门鉴定耗时较长，造成部分行邮物品长期滞留海关现场，导致海关执法行为的合法性、合理性遭受质疑。三是禁限物品后续查处难度大。目前对有关禁限物品的处罚及处置主要是依据《中华人民共和国海关行政处罚实施条例》第十九条第（三）项、第二十条，监管中诸多复杂情形没有涉及。收缴、没收、责令退回、在海关监管下予以销毁、进行技术处理等处理方式在实践中如何选择适用等，均缺乏明确的规定和程序规范，导致自由裁量权过大。

第四节 原产地制度的实施情况

1948 年生效的《关税及贸易总协定》首次提出原产地规则①，但未受到重视②，直到 1973 年 KC 就原产地规则首次达成统一意见③。GATT 乌拉圭回合谈判就非优惠原产地规则形成了《原产地规则协定》，但由

① GATT 第 9 条“原产国标记”规定：“每一缔约方在标记要求方面给予其他缔约方领土产品的待遇不得低于给予任何第三国同类产品的待遇。”

② 海关总署深圳原产地管理办公室编译：《世界海关组织原产地手册》，第 12 页。

③ KC 的附约 D1 中将原产地规则定义为“按照国家法令或国际协定确立的原则制定，并由一国实施以确定货物原产地的特别规则”，该定义被 RKC 沿用。

于乌拉圭回合谈判后建立的WTO多边贸易体制发展迟缓，难以适应国际贸易发展要求，各国纷纷通过双边或区域自贸协定建立自由贸易区，给予协议国远优于WTO的贸易政策，优惠原产地规则逐渐成为核心的制度安排。

一、RKC原产地规则

RKC基本继承了KC关于原产地规则的相关内容。专项附约K中，将原产地即“货物原产国”定义为“生产或制造某一产品的国家。其目的是为实施海关税则、数量限制或与贸易有关的其他任何措施”。专项附约K第一章“原产地规则”规定了原产地判定的两个核心标准，即完全获得标准和实质性改变标准。完全获得标准指“全部在一指定国内生产的货物应认为系产自该国”。该规则属于原产地判定最基础的标准，适用于货物的原材料及生产加工程序均只涉及一个国家（地区）的产品，通常适用于初级农产品或矿产品等以自然资源为基础的产品，或由这些原材料生产出来的产品。当两个以上国家（地区）参与商品生产过程时，则需要运用实质性改变标准来确定原产地。RKC列举了实质性改变的3种标准：税则品目改变、从价百分比达到特定阈值、特定制造或加工工序。

RKC原产地规则未区分非优惠原产地规则和优惠原产地规则，且对缔约方缺乏普遍约束力，各缔约方保留了制定原产地规则的自主权。

二、主要经济体原产地规则实施情况

（一）欧盟：多元化和精细化

《欧盟海关法典》第二编对货物原产地进行了专章规定，介于税则归类和海关估价之间，分为 3 节共 10 条[①]。通常所说欧盟原产地规则，是指在泛欧—地中海地区的国家签订的双边自由贸易协定文本中统一适用的原产地规则的法律文本，包括非优惠原产地规则和优惠原产地规则。

1．非优惠原产地规则

法规体系较为完备。欧盟在非优惠原产地规则方面基本采纳了 RKC 确立的标准。在 KC 原产地规则“完全获得”“最后实质性改变”的基本框架下，为实质性加工加入了“经济合理性”的要求；制定了基于 4~6 位税号的产品规则清单，其中结合商品特性为每章制定了详细补遗规则。

法律约束和官方指引互补。法律文本内容构成欧盟非优惠原产地规则的基本核心，但涉及的具体产品范围很小；产品规则清单大部分内容是非约束性的官方指引。这种模式在很大程度上保证了基于法律核心的执法统一性、透明度；同时，官方指引可以避开烦琐漫长的立法过程，应诉求及时修改完善，具有一定的灵活性和生命力。

便利认证和强化核查。欧盟海关的非优惠原产地制度是“便利认证、申报人自行举证担责、海关必要情况下履行核查”的管理模式，申报人只需正确申报原产地，并具备佐证文件，不需要为非优惠原产地货物提交第三国原产地证书。

2．优惠原产地规则

2011 年，欧盟理事会授权签署了泛欧—地中海区域优惠原产地规则公约，以单一的区域性公约代替原来基于不同贸易伙伴各自条约基础的泛欧—地中海区域的原产地规则体系。

---

① 《欧盟海关法典》第二编第二章，分为 3 节，依次规定非优惠性原产地、优惠原产地、特定货物原产地的确定。

优惠原产地规则法律体系的严密性。欧盟的优惠原产地规则法律体系分为单边和协定的优惠协议，每个协议都有自己的法律基础。单边优惠性协议是欧盟单方面给予的非互惠的便利措施，如普惠制（Generalised System of Preferences，GSP）①、海外国家和领土优惠性协议②、《洛美协定》③等，规定了受益国享有优惠准入的条件。欧盟的互惠协议以自由贸易区为基础，包括泛欧—地中海区域公约、新加坡—欧盟自由贸易协定、欧盟—日本经济伙伴关系协定（EPA）等。大多数优惠原产地协定都有一些共同原则，包括原产地资格（Originating Status）④、累积规则（Cumulation）⑤、微小加工（Minimal Operations）⑥、容忍规则（General Tolerance Rule）⑦、无退税规则（No-drawback Rule）⑧、属地原则（Principle of Territoriality）⑨、直接运输规则（Direct Transport Rule）、原产地证明（Proof of Origin）、经核准的出口商（Approved Exporter）⑩等⑪。

原则项下认定标准的灵活性。虽然所有优惠原产地协定总的原则基

① 普惠制，即发达国家（地区）成员给予发展中国家（地区）成员出口的制成品和半制成品普遍的、非互惠的和非歧视的一种关税优惠制度。

② 海外国家和领土优惠性协议，指为促进海外国家与领土的经济与社会发展，与这些国家和欧共体整体之间建立紧密的经济关系而建立的，对原产于海外国家与领土的所有产品给予单方面贸易优惠。

③ 《洛美协定》是欧共体与非洲、加勒比海沿岸和太平洋地区的一些发展中国家（简称非加太国家）在多哥首都洛美签订的贸易和经济协定。2000 年 6 月，第 5 期《洛美协定》在科托努签署，称为《科托努协定》。《洛美协定》就此宣告结束。

④ 原产地资格，指产品必须具有原产地才能获得优惠待遇。

⑤ 累积规则，指确定产品原产地时，把该产品生产过程中涉及的若干个国家（地区）视为一个统一的经济区域，在该经济区域内对货物进行生产加工时产生的价值可视为原产成分进行累积。

⑥ 微小加工，指不影响货物基本特征的非充分加工，它们要么是被认为不足以赋予原产地的操作，要么是必须累积进行的最小处理水平。

⑦ 容忍规则，又称为微小含量规则，指允许制造商使用不超过特定百分比的非原产材料。

⑧ 无退税规则，指禁止退还已缴纳的进口货物关税。

⑨ 属地原则，指工作或加工必须在各方领土内进行。

⑩ 经核准的出口商，指在一定条件下允许自主声明出具原产地证明。

⑪ 以上引自厉力：《原产地规则的原理与实践 13：欧盟的原产地规则解析》，https://mp.weixin.qq.com/s/Esl3ojDjpwfkupZnabH21A，访问时间：2022 年 7 月 18 日。

本一致，但在具体条款的安排上却不尽相同。例如，“最后的实质性加工或制造”标准下，早期的欧盟优惠性原产地规则一般将“税则归类改变”作为主标准，辅以针对特定产品的例外规定；而后期的优惠原产地规则均使用“列表标准（List Rules，又叫‘清单规则’）”，通过确定成品的税则归类，对照检查该品目成品所使用的非原产材料以及对非原产材料进行的生产或加工工序是否符合所列的合格程序的要求，满足列表标准则可以获得原产资格。非列表标准所列生产加工工序，但如果非原产材料的价值不超过容忍规则，产品可能获得原产地资格[①]。

“完全累积”原则的便捷性和灵活性。2020 年，欧盟针对泛欧—地中海地区出台新的区域贸易便利化一揽子改革措施，在原产地货物生产和加工环节引入了新的完全累积原则，即商品货物可以在泛欧—地中海区域公约涉及的欧盟周边 20 个邻国和地区[②]分散生产和加工，并且累积成分包括非原产材料，而最终在对欧出口中仍可按优惠原产地规则享受关税优惠。通过对原产地规则的调整，进一步扩大欧盟与区域国家间的经贸往来，提升区域经济一体化程度，也使区域内供应链的整合更加有效。

（二）北美：严苛性和特别保护

1.“完全获得”规则的突破及税则归类改变的要求。1994 年 1 月 1 日《北美自由贸易协定》（North America Free Trade Agreement, NAFTA）在加拿大、美国和墨西哥之间实施。与欧盟成员国之间实行产品自由流通的方式不同，NAFTA 成员国需提供满足原产地规则的原产地证书才可以享受进口成员方提供的免税待遇。因此，NAFTA 第 4 章专门规定

---

① 欧盟官方网站：https://taxation-customs.ec.europa.eu/customs-4/international-affairs/origin-goods_en。

② 欧盟周边 20 个邻国和地区。除冰岛、挪威、瑞士等欧洲自由贸易联盟成员国外，还包括土耳其、埃及、以色列、黎巴嫩等地中海沿岸国家和塞尔维亚、阿尔巴尼亚、黑山等西巴尔干国家和地区，以及格鲁吉亚、乌克兰等欧盟“东部伙伴关系国”。

“原产地规则”，同时在附件401中详细列出协调制度第1~97章产品的原产地规则[①]。

2. NAFTA的原产地标准分为“完全获得原产品”和“含有进口成分的原产品”两种。完全获得原产品的原产地规则有两个特点，一是允许在多个缔约方内实现“完全获得”，突破了传统意义上完全获得必须全部来源于一个缔约方的局限；二是由缔约各方及其法人和自然人从外层空间获得的产品，未经非缔约方加工的，也视为完全获得货物。含有进口成分的原产地规则以税则归类改变为基础，规定“在一个或一个以上成员国领土上所生产的产品中，如含有非原产成分时，只有当非原产成分在北美地区经过了实质性改变，即所含的进口成分的税则归类与最终产品的税则归类不同时，才被视为产自于北美地区[②]”。在税则归类改变标准之外，NAFTA还在某些特定情况下，规定适用区域价值成分[③]标准、累积规则和微小含量规则[④]和资格丧失条款（微小加工或处理[⑤]、规避产地[⑥]）。

3. NAFTA对汽车产品和纺织品等重点产业实施特别保护。对这两类产品，NAFTA制定了比其他产品更加严格和复杂的原产地规则。比如规定汽车产品在满足税则归类改变标准之外，还应满足严格的区域累

---

① 厉力．北美自由贸易区的原产地规则问题研究［J］．上海交通大学学报，2011（6）．

② 厉力．北美自由贸易区的原产地规则问题研究［J］．上海交通大学学报，2011（6）．

③ 区域价值成分，指出口货物离岸价（FOB）扣除该货物生产过程中该成员国或者地区非原产材料价格后，所余价款在离岸价（FOB）中所占的百分比。

④ 微小含量规则，又称为容忍规则，指在适用税则归类改变标准时，某项进口原来在区域内的加工未满足特定的税则归类改变标准，但该进口原料的价值占最终产品的价值的比例低于某一特定百分比，则该产品仍可被视为区内的原产产品。

⑤ 有些自贸区的原产地规则会详细列举所有属于微小加工或处理的情形，有些则采用简明方式规定，NAFTA属于后者，仅规定单纯以水或其他物质稀释的产品不能取得原产资格。

⑥ 规避产地，指一国商品在被另一国实施贸易管制措施的情况下，为了规避被采取相关措施而实施的各种方法。

积标准，并针对不同的汽车产品制定了不同的区域价值成分的详细规定，引导汽车产业链更多的采用区域内零部件。纺织品方面，规定以税则归类改变为主、加工工序标准为辅的方式，对制衣过程中裁剪、缝制等加工工序给出了明确要求。

《美墨加协定》(US-Mexico-Canada Agreement，USMCA) 严格认定标准以防第三国“搭便车”。2020 年 7 月 1 日生效的 USMCA，被称为 NAFTA2.0 版。USMCA 许多条款都重复了 NAFTA，在原产地规则方面也基本沿用。但 USMCA 引入了全新的劳动价值含量规则，要求符合 USMCA 原产标准的汽车必须含有特定比例 (30%~40%) 的发生在自贸区内的使用高工资生产成本[①]，确保汽车产业的部分工序必须发生在美国，以保障美国汽车产业的利益。另外，USMCA 在部分农产品和机电产品原产地确认时排除适用微小含量规则，如使用进口乳粉的儿童奶粉制品即使进口乳粉比例不足 7%，也不视为区内原产产品。美国通过设置苛刻的原产地认定标准来杜绝第三方利用 USMCA 的协定税率，以“搭便车”的形式进入北美市场[②]。

（三）RCEP：规则的创新与突破

1. 原产地规则的重要性和复杂性。RCEP 不是传统意义上的多边协议，各缔约方之间采用双边两两出价的方式达成关税承诺表。为了精准执行关税减让措施，必须准确确定货物原产地。RCEP 原产地规则包括“区域内原产资格”和“原产国”两层概念，符合协议第三章原产地

---

① 高工资生产成本，即规定一定比例的汽车生产必须由最低工资为每小时 16 美元的工人完成。

② 京杜律师事务所：《从含有“毒丸”的美墨加自由贸易协定说开去——聊聊美国的原产地规则》，https://www.lexology.com/library/detail.aspx?g=3e214e93-dfb2-4be8-8a2a-b237dae5e4cf，访问时间：2022 年 7 月 20 日；陈永健：《从〈北美自由贸易协定〉》到〈美墨加协定〉》，香港贸易发展局经贸研究，https://research.hktdc.com/sc/article/MzE4MjExOTM2，访问时间：2022 年 7 月 20 日。

规则即可享受协定项下的原产资格，符合附件一“关税承诺表”中附录“第二章第六条（关税差异）第三款”的附加条件则确定哪个缔约方为原产国，进而确定最终适用的税率，以此防止货物在区域内通过简单加工规避不同的优惠关税待遇。

2. RCEP 第三章“原产地规则”仍然遵循国际普遍适用的“完全获得”和“实质性改变”两大标准。完全获得标准与 RKC 的十项标准基本一致。在实质性改变标准方面有 4 种不同标准：一是区域价值成分标准，即当货物的区域价值成分不少于 40% 时，可以获得区域内原产资格；二是税则归类改变标准，包括章改变（2 位税号变化）、品目改变（4 位税号变化）和子目改变（6 位税号变化）；三是加工工序标准，RCEP 只采用了“化学反应（包括生物化学反应）”这一种加工工序标准，即如果货物是在一缔约方通过化学反应制备的，则应当视为原产货物；四是选择性规则，即一项货物同时满足两种以上实质性改变标准时，企业可以自行选择适用哪一种标准来确定原产地。其中，选择性规则突破了传统的实质性改变规则，即对于非完全获得的货物，RCEP 采用 3 种标准任意组合择其一的选择性规则。

3. 引入多项原产地补充规则。RCEP 规定了累积、微小加工和处理、微小含量、包装及包装材料和容器的处理、附件备件和工具、间接材料[①]、可互换货物或材料[②]、生产用材料、标准单元等原产地补充规则。与其他自贸协定相比，RCEP 的原产地规则引入了“生产用材料”

① 间接材料，又称为中性成分，RCEP 第三章第十条描述为，在另一货物的生产、测试或检验过程中使用，但物理上未与该另一货物结合的货物，或在货物生产过程中用于维护厂房建筑或运行设备的货物。不论在何处生产，间接材料应当视为原产材料，并且其价值应当为该货物生产商依照公认会计准则在记录中登记的成本。

② 可互换货物或材料，是指为商业目的可互换的货物或材料，其性质基本相同，仅靠视觉观察无法加以区分。在确定货物是否为原产货物时，可互换材料可以通过物理分离，或者运用出口缔约方的公认会计准则认可的库存管理方法在整个会计年度内使用加以判定。

及“标准单元”条款[①]。第三章第十二条对生产用材料规定：“如果非原产材料经过加工后符合本章要求，则无论该材料是否为后续货物的生产商生产，在确定后续生产货物的原产资格时，该材料应当被视为原产材料。”在加工流程中，如果中间产品依据原产地规则已具备原产资格，则在确认最终产品的原产地时，就不再将中间产品中最初的非原产材料作为非原产材料考虑。第三章第十三条对标准单元定义为确定货物原产地的基本单元，即归类时视为基本单元的特定货物。

三、我国的原产地制度体系

（一）整体框架

目前，我国建立了“1+1+22”（即 1 部法律、1 部行政法规和 22 部部门规章）的原产地法律制度体系。1 部法律即《中华人民共和国海关法》，其中第四十一条规定“进口货物的原产地按照国家有关原产地规则的规定确定”。该条所指的“国家有关原产地规则”即 1 部行政法规《中华人民共和国进出口货物原产地条例》和 22 部部门规章制定的规则。22 部部门规章中有 3 部具有普适性，即海关总署《关于非优惠原产地规则中实质性改变标准的规定》（海关总署令第 122 号发布，第 238 号修正）、《中华人民共和国海关进出口货物优惠原产地管理规定》（海关总署令第 181 号）和《中华人民共和国海关关于最不发达国家特别优惠关税待遇进口货物原产地管理办法》（海关总署令第 231 号）；另外 19 部为优惠原产地规则，立法目的在于落实我国签订的自由贸易协定项下进出口货物原产地管理的要求。

① 目前我国已签署的自贸协定，仅 RCEP 引入了“生产用材料”条款，仅中瑞自贸协定和 RCEP 有“标准单元”条款。

（二）优惠原产地规则

1.《中华人民共和国海关进出口货物优惠原产地管理规定》（海关总署令第 181 号）适用于海关对优惠贸易协定项下进出口货物原产地管理，是对我国各自贸协定项下原产地规则运用总的规定。明确进口货物享受贸易协定对应的协定税率或特惠税率的条件为：从优惠贸易协定成员国或者地区（以下简称成员国或者地区）直接运输进口、在成员国或者地区完全获得或者按照对应的优惠贸易协定原产地规则确定原产地为成员国或者地区、货物申报进口时主动申明适用协定税率或者特惠税率，并同时提交有效的原产地证明文件及商业发票等。

2.《中华人民共和国海关最不发达国家特别优惠关税待遇进口货物原产地管理办法》（海关总署令第 231 号）适用于与我国建交的最不发达国家进口并享受特别优惠关税待遇货物的原产地管理。其原产地规则也同样遵循完全获得标准和实质性改变标准。实质性改变标准除《与我国建交的最不发达国家产品特定原产地规则》另有规定外，适用四位数级税则归类改变标准和区域价值成分不低于所得货物价格的 40% 的从价百分比标准。

3. 自由贸易协定及优惠贸易安排下的原产地管理制度。截至 2021 年 2 月，我国已经与 30 个国家和地区签署 20 个自由贸易协定及优惠贸易安排。除中国—马尔代夫自贸协定外，均制定了单独的原产地管理办法，如《中华人民共和国海关〈区域全面经济伙伴关系协定〉项下进出口货物原产地管理办法》（海关总署令第 255 号），详细规定了 RCEP 项下对进出口货物原产地管理的要求。

（三）非优惠原产地规则

我国在非优惠原产地规则方面的规定与 RKC 专项附约 K 的内容基本

一致。《中华人民共和国进出口货物原产地条例》适用于非优惠性贸易措施的原产地确定，明确了完全获得标准和实质性改变标准。实质性改变以税则归类改变为基本标准；税则归类改变不能反映实质性改变的，以从价百分比、制造或者加工工序等为补充标准。同时对微小加工和处理、间接材料、包装及包装材料和容器的处理、附件备件和工具、规避等作出明确规定。

《关于非优惠原产地规则中实质性改变标准的规定》（海关总署令第122号发布，第238号修正）对非优惠性贸易措施项下涉及两个以上国家（地区）参与生产货物，如何运用实质性改变标准确定原产地进行了进一步细化。明确在非优惠原产地规则下，“税则归类改变”标准为4位数级税目归类发生变化，即品目改变；“制造、加工工序”标准，是指赋予制造、加工后所得货物基本特征的主要工序；“从价百分比”标准，对增值部分界定为超过了所得货物价值的30%。同时，以《适用制造或者加工工序及从价百分比标准的货物清单》列明适用以制造、加工工序和从价百分比为标准判定实质性改变的货物，未列入该清单的货物的实质性改变适用税则归类改变标准。

（四）存在的问题

原产地规则法律体系碎片化和不协调。在法律层面，仅《中华人民共和国海关法》第四十一条“进出口货物的原产地按照国家有关原产地规则的规定确定”作了概况授权，立法授权层次不清晰，而且没有涉及原产地规则的主要原则。在部门规章层面，各个自由贸易协定的原产地规则尚未整合，尤其是后期的自贸协定中发展的新的原产地规则尚未转化为统一的优惠原产地规则。

优惠原产地规则的多样性、灵活性不足。我国在RCEP以前的自贸协定，存在原产地规则单一、灵活性不足的问题。如我国与东盟的自由贸易协定，在纺织品的原产地认定方面，采用实质性改变的规则，规定必须经过特定的加工工序才能取得原产资格。这类相对单一的原产地规则，会限制区域内各方间的合作力度，对贸易产生不利影响。

在保护及支持重点产业发展方面力度不够。截至目前，我国开展自由贸易协定谈判时，基本是本着开放合作的原则，以促进区域经济一体化为目标，几乎没有严苛的原产地规则。如未对不同产业的商品制定宽严程度不同的原产地规则，阻碍了原产地规则对本国重点、敏感产业保护、促进作用的发挥。又如未对出口配额产品制定较严的原产地标准，使得高进口成分的加工贸易出口商品多数能获得中国出口货物原产地证书，不仅占用了有限的、本应由“中国制造”产品独享的被动配额，也使我国在贸易统计中背上沉重的“顺差”包袱。

非优惠原产地规则亟待修订。当前我国主要贸易伙伴中，美国、欧盟等国际主要经济体短期大概率不会与我国签署自贸协定，非优惠原产地规则仍将长期作为我国实施各项贸易政策的重要抓手，在最惠国关税待遇、贸易统计、反倾销反补贴等场合中扮演重要角色。据统计，尽管近年来我国适用优惠原产地规则的贸易规模不断增长，但仍小于适用非优惠原产地规则的贸易规模①，而我国现行非优惠原产地规则项下的实质性改变标准已经滞后于不断发展的国际原产地技术，难以适应国内外经贸、产业日趋复杂的发展要求。

---

① 根据统计数据，2022 年 1—10 月，我国对优惠贸易协定（安排）国家的进出口额占比 46.76%，对非优惠贸易协定（安排）国家的进出口额占比 53.24%。

第五节
海关风险管理制度的实施情况

一、RKC 海关风险管理的制度框架[①]

（一）定义

RKC 风险管理内容集中在总附约第六章“海关监管”中。RKC 的指南明确了“风险”及相关的风险分析、风险范围、风险评估、风险指标、风险管理、风险档案等术语的定义，其中“风险”是指违反海关法的潜在威胁，范围包括海关制度和国际运输过程中出现的风险。海关根据已有信息确定一系列标准、指标，综合分析后建立档案，以在有限资源的约束下最大限度实现贸易便利化和海关法及相关法律法规的实施之间寻求平衡。

（二）流程

海关风险管理大致分为以下步骤：（1）确定风险管理内容（确定战

---

① 海关总署国际合作司 . 关于简化和协调海关制度的国际公约（京都公约）总附约和专项附约指南［M］. 北京：中国海关出版社，2003：65—95.

略及领域、制定评估标准、确定分析机制）；（2）风险识别（产生何种风险、为何产生及如何产生）；（3）风险分析（发生的可能性大小、危害结果及其程度）；（4）风险评估和重点确定（普遍来说会分为高、中、低 3 个等级，并不断监控相关因素的变化情况）；（5）风险处置（考虑人力、财政、技术方面的资源，监控 / 接受 / 管理风险）；（6）监控和评估风险管理；（7）风险档案管理。

（三）目标

海关监管的最终目标是令贸易商和进出口货物完全遵守贸易法。为达到这一目标，海关使用随机抽样技术判定参与进出口贸易的主体（贸易商、承运人）和客体（货物）遵守海关法律、法规的程度，即风险测量。通过在单证、管制、税收、运输等方面应用守法衡量的系统方案，海关得以确定集中使用资源的优先领域——风险最大的制造商、进出口商和货物。

（四）组织机构

通过建立优化组合的监管机构实施有效的海关监管，包括资源支持、结构化的风险管理方法、实现集中和分散管理之间的平衡、建立“总部 + 地方”的管理结构，并建立人力资源开发、联署办公、行政互助、业界合作等机制。

（五）法律授权

海关权力来自国家法律授予，应根据新的威胁或对便利的要求进行调整，并根据风险管理有选择地使用，包括查验、进入、提取货样、扣留、后续稽查、互换信息、索取和保护资料、授权协助等。

（六）申报及单证审核

为了确保单货相符，以实施监管和保证与执行海关法有关的所有规定均得到遵守所必需的为限，海关规定货物运抵前需进行申报，提交发票、原产证、许可证等随附单证；推进信息技术应用，使用自动系统选择过滤申报内容，以确定需要进一步检查的申报内容；在一定条件下，海关可以允许“不完整申报 + 补充申报”的申报方式。

（七）实际查验

单证经审核显示须对货物进行实际查验时，海关以核实货物和运输工具的实际情况与申报单证是否一致为目的，依照货物类型和涉嫌违反海关法的行为类别，对货物实施一般查验或彻底查验。

二、欧美实施海关风险管理的情况

（一）美国

1．制度体系[①]

美国是世界范围内率先将风险管理的理念、方法和技术引入海关领域的国家之一，在 20 世纪中后期即获得成功，同步推动了风险管理在各类国际公约中的应用。1993 年，为有效解决监管资源与不断增长的贸易量及复杂性之间的突出矛盾，美国国会通过《美国海关现代化法案》，其核心理念是海关要和进出口商在追求最大限度的贸易守法过程中共同承担责任，并应用信息技术促进贸易便利。1998 年，美国海关形成了全国统一、完整的风险管理体系。值得注意的是，RKC 中关于

① 张旭，许健，佟仁城．美国海关风险管理过程研究及启示［J］．工业技术经济，2005（24）．

风险管理的内容正是源于《美国海关现代化法案》中守法便利的理念，美国海关风险管理制度也被作为最佳实践在 RKC 的指南中作了详细介绍[①]。

2．机构设置[②]

美国国土安全部作为海关管理机构，下辖海关与边境保护局（CBP），建成全国统一、完整的风险管理体系，采取集中、集权式的风险管理模式，将全面维护国家安全、保障国家利益放在绝对首位；实行一体化的中央风险管理模式，设立国家风险布控中心（National Targeting Center，NTC），主要任务是为反恐工作提供支持，在制度建设、管理系统应用等方面具有高度全球性，对先进技术的研发使用、对情报资源的整合研判具有较为成熟先进的经验。

3．国际合作和部门联动[③]

美国海关通过贸易界反恐伙伴计划（C-TPAT）、空运货物预先筛选倡议（ACAS）、集装箱安全倡议（CSI）以及开发全球自动布控系统（ATS-G）、自动商业环境系统（ACE）等，与国际贸易相关方建立国际供应链安全管理系统、筛选高风险货物、预先识别潜在风险；对外向合作伙伴提供技术援助，将相关系统存储库提供给 WCO，具有强烈的扩大贸易"朋友圈"和持久影响力的战略意图；对内通过海关与联邦调查局等 17 个不同机构联合开展进出境货物风险评估等方式强化信息共享，减少重复查验，提高执法效率。

---

① 周阳 . 试论美国海关法全球化的典型路径［J］. 法学评论，2014（3）.

② 王雅丽，詹金良 . 美国海关风险管理一探［J］. 中国海关，2022（3）：72-73.

③ 同②.

（二）欧盟

1. 制度体系

欧盟海关监管的法律框架由《欧盟海关法典》（UCC）及其实施条例、授权条例中所载的细则组成。《欧盟海关法典》立法性法令第（5）条[①]指出，“为了保证本条例实施条件的统一，应当赋予欧盟委员会实施权力，目的在于……确定共同的风险标准、监管措施及重点监管领域。”据此，《欧盟海关法典》第一编总则第一章“海关法规的范围、海关的使命和定义”第5条“定义”界定了“风险管理（Risk Management）系指包括利用随机抽查的方式对风险的系统化识别，以及实施一切必要措施以防控风险”[②]，并在第二章“海关法规相关主题的权利与义务”第七节“货物监管”中以专门条文（第46条）规定“风险管理与海关监管措施”[③]。《欧盟海关法典授权条例》[④]并未对《欧盟海关法典》第46条进行细化规定，只规定了给予经认证经营者的便利措施须通过特定程序的安全风险评估[⑤]、为开展安全风险分析规定提交数据的方式[⑥]，同时通过专门条文（第三节“经认证的经营者”第24条）明确与风险评估和监管有关的更多优惠待遇[⑦]。

2. 信息技术运用与数据共享[⑧]

信息技术应用方面，欧盟海关监管通过17个电子业务系统（截至

---

① 海关总署国际合作司．欧盟海关法典［M］．北京：中国海关出版社，2016：2.

② 同①：14.

③ 同①：30.

④ 海关总署国际合作司．欧盟海关法典授权条例［M］．北京：中国海关出版社，2016：2.

⑤ 同④：4.

⑥ 同④：5-8.

⑦ 同④：20-21.

⑧ 孙志敏．《欧盟海关风险管理战略和行动计划》执行终期报告（来源：欧盟委员会官网）。

2021 年，其中 8 个系统已部署并正在运行，另外 9 个仍在开发中）全面实施风险管理；数据分析与共享方面，欧盟海关通过“重点监管领域（PCA）”工具协调欧盟在主要风险领域的海关行动（包括 2020 年的新冠肺炎疫情），通过建立共同的金融风险标准（FRC，一套包含大多数已知金融风险的规则）以制定统一监管措施，允许成员国海关通关系统识别带有潜在税收风险的交易并实施进一步的审查和监管，成员国能够以同等方式解决外部边境的税收风险而不会给合法贸易带来不适当的负担，并根据风险的范围和性质以及数据和文件的可用性确定最合适的监管时间和地点；建立海关风险管理系统（CRMS）公共数据库，成员国可以通过查询该系统确定哪些信息需要引入本国风险分析系统并进行相互沟通。

3．内外联动①

行政互助方面，欧盟海关通过成立专项工作组来处理关键问题，完善海关监管和风险管理能力，并致力于促进成员国和欧盟层面的海关与其他部门的部门间在安全、知识产权、改善与执法部门的合作、欧洲安全议程等方面的合作和信息共享。与贸易界合作方面，欧盟海关和企业一起继续开发支持 UCC 实施的信息技术系统以确保获取供应链数据；加强欧盟 AEO 方案，在贸易者门户上运行电子 AEO 模块，帮助贸易商协调使用不同的欧盟海关系统。

三、我国实施海关风险管理情况

（一）“三智”倡议推动风险管理的国际合作新模式

2021 年 2 月，习近平主席在中国—中东欧国家领导人峰会上提出

① 孙志敏.《欧盟海关风险管理战略和行动计划》执行终期报告（来源：欧盟委员会官网）。

“深化海关贸易安全与通关便利化合作，开展‘智慧海关、智能边境、智享联通’（以下称‘三智’）合作试点”的重大倡议，为我国海关落实总体国家安全观、促进贸易安全与便利指明了方向。

“三智”倡议强调运用智能技术，推进“智慧海关”建设——通过应用人工智能、大数据、云计算等技术，持续改进海关风险管理，加快低风险货物快速放行，完善高风险货物系统智能甄别。

（二）《“十四五”海关发展规划》对风险管理谋划深远

《“十四五”海关发展规划》进一步强调了风险管理对海关履行维护国门安全职责的作用，在建立机制、体系、制度方面提出了明确的要求，比如，提出海关要参与“构筑与更高水平开放相匹配的监管和风险防控体系”；全面落实总体国家安全观，构建以风险管理为主线的国门安全防控体系；在生物安全、税收风险防控、口岸公共卫生安全、动植物检疫、进出口食品安全、进出口商品质量安全方面强化风险管理制度机制等。

（三）海关重大改革丰富了风险管理执行机制

机构改革后，海关监管实现了从组织机构、职能职责、监管流程、监管系统、单证管理、查检检疫、处置处罚等全链条、全方位的整合优化。2019年3月，海关总署印发《海关全面深化业务改革2020框架方案》，明确“两步申报”“两轮驱动”“两段准入”“两类通关”等改革项目的任务节点、完成时限，强调突出科技支撑作用、强化大数据应用。其中“两步申报”“两段准入”等改革项目已得到全面推广应用。以上改革以风险管理为主线，积极回应了RKC对货物电子清关、简化申报、非侵入性检查和基于数据分析的风险管理的要求。

（四）RCEP 等自贸协定对风险管理的明确

截至 2021 年年底，我国和东盟 10 国、韩国、澳大利亚、新西兰已实施 6 项自贸协定（《亚太贸易协定》、中国—东盟自贸协定、中国—澳大利亚自贸协定、中国—韩国自贸协定、中国—新西兰自贸协定和中国—新加坡自贸协定），为我国与相关国家建立紧密的贸易往来及产业链、供应链合作关系发挥了积极作用。中国、东盟 10 国、日本、韩国、澳大利亚和新西兰共 15 个亚太国家签署的 RCEP 也已于 2022 年 1 月 1 日实施，形成当前世界上人口最多、经贸规模最大、最具发展潜力的自由贸易区。RCEP 致力于推动成员降低关税和非关税壁垒，促进贸易便利化和降低交易成本，深化亚太地区区域价值链合作。其中第四章“海关程序与贸易便利化”第十四条专门明确了风险管理的要求，包括建立用于海关监管的风险管理制度、实施风险管理的方式、将货物按风险高低分类实施监管的原则、风险评估的选择性标准[①]。

（五）海关风险管理机构的日益健全、立法基础日渐完善

机构设置方面，我国海关已经在全国建立“1+3+42”的风险管理结构框架。海关总署风险管理司和 3 个海关总署风险防控局对内统一协调各直属关开展跨区域风险联合防控，对外和日、韩、澳等主要贸易伙伴国海关机构开展风险合作；42 个直属海关风险防控部门统筹关区业务风险，实现与职能部门、业务现场的有机衔接。2022 年 7 月，海关总署成立海关风险管理委员会，防范化解跨部门、跨关区、跨渠道的重大、系统性业务风险，统一研究部署全国海关业务风险管理。立法方面，《中华人民共和国食品安全法》《中华人民共和国食品安全法实施条

① 《区域全面经济伙伴关系协定》（RECP）第四章第十四条。

例》《中华人民共和国进出口商品检验法实施条例》都有涉及风险管理的条款，如《中华人民共和国食品安全法实施条例》规定国家出入境检验检疫部门根据风险管理需要，可以对部分食品实行指定口岸进口；《进境动物和动物产品风险分析管理规定》《进境植物和植物产品风险分析管理规定》《进出口工业品风险管理办法》3部规章明确不同商品风险管理的具体要求；同时《海关风险管理实施办法》已纳入2022年立法计划，包括总则、风险信息收集、风险分析、风险评价、风险处置和附则等内容，采取“规章先行”的路径为《中华人民共和国海关法》中增加风险管理篇章做好制度准备。

（六）存在的问题

1. 我国海关对RKC风险管理部分条款实施还不充分

有研究指出[①]，我国海关对RKC中关于风险管理的相关条款实施并不充分，如总附约第6.3条（标准条款）“海关实施监管时应采用风险管理”在现行《中华人民共和国海关法》中没有体现或作出规定。

2. 我国海关风险管理立法存在滞后性

现行海关法律制度体系缺乏实施风险管理的理念、原则、机制等的系统规定，特别是跨部门联防联控、大数据应用等海关风险管理迫切需要的机制缺少法律层面的支持和制度安排。目前，《中华人民共和国海关法》尚未明确规定风险管理的要求，仅通过行政法规、部门规章、规范性文件[②]等方式对风险管理的部分机制、措施进行明确，较为碎片

① 北京睿库贸易安全及便利化研究中心.《〈京都公约〉审议报告》，2019年4月25日。

② 如《中华人民共和国海关稽查条例》第九条规定，海关应当根据企业进出口风险状况等因素确定稽查重点；《中华人民共和国海关企业信用管理办法》第三条明确，海关按照守法便利、失信违法惩戒原则对认证企业、一般信用企业和失信企业分别适用相应管理措施；《海关总署公告2007年第72号（关于在全国各对外开放口岸实行新的进出境旅客申报制度）》进一步明确进出境旅客“红绿通道”申报条件等。

化。相较而言，风险管理理念在我国其他部门立法中越来越受重视，法律层面即有 10 部对海关风险管理职能提出要求[①]，海关风险管理立法应当进一步强化。

3．非传统安全领域的安全职能对我国海关风险管理提出新命题

我国海关落实总体国家安全观的任务更加艰巨，在履行监管、打私、征税、统计等传统职能的基础上，还必须强化在缉毒、反恐、知识产权保护、意识形态安全、环境保护等非传统安全领域的职能，机构改革后管理范围扩展至卫生检疫、进出口食品安全、动植物检疫、商品质量等领域，必须通过构筑安全准入风险防控体系来保障我国经济、政治、社会与贸易安全，促进经济贸易发展。鉴于上述安全准入职能的跨领域融合特点，我国海关还缺乏海关风险管理整体规划，安全标准、管理措施和处置方式的系统性不足，需要融合产品合规、安全准入、税收等风险管理思路。同时，与其他政府部门、外国海关机构及业界、贸易界的合作需进一步强化[②]。

① 如《中华人民共和国国家安全法》专设章节（第四章“国家安全制度”第三节“风险预防、评估和预警”）规定了预案、调查评估、预防预警等风险管理制度；《中华人民共和国反恐怖主义法》要求海关发现涉恐融资要立即通报，《中华人民共和国生物安全法》要求海关对进出境和国境生物安全风险进行处置。

② 侯彩虹．海关两个中心建设背景下对“安全准入”基本问题的思考［J］．海关与经贸研究，2017（4）．

第六节
海关稽查制度的实施情况

一、RKC 海关稽查制度概述

（一）稽查的定义

RKC 总附约第 6.6 条（标准条款）明确了“海关监管制度应包括稽查”。RKC 的指南规定海关稽查是海关通过审查账簿、商业信息和数据等方式，核实企业进出口活动的真实性与合法性的一种监管手段。指南对总附约第 6.6 条有如下解读：为适应全球范围的贸易增长，向贸易商提供更大便利，海关可利用贸易商的商业运作体系，加大对稽查技术的依赖。管理方式包括单纯的后续稽查，或贸易商的自我评估。后续稽查是海关监管的有效工具，它通过国际贸易商的账簿和记录向海关提供了一个清晰全面并与海关有关联的交易情况，使各国海关能以简化制度的形式为贸易商提供便利的措施。

（二）后续稽查[①]的流程

后续稽查包括 4 部分内容：稽查前方案的制订（包括确认进出口商、价值、报关行及承运清单等，为稽查行动提供指南）；在针对估价、原产地、归类、减免税等风险分析的基础上选择稽查对象；对所在的稽查单位评估资源和工作量制订本单位年度稽查计划；稽查程序（包括稽查前的背景调查、稽查的通知、稽查问卷与实施、发现涉嫌违规行为启动正式调查，稽查结果的告知、执行情况的跟踪）。

（三）针对贸易商系统的稽查

RKC 对于符合海关规定标准的被授权人，提供了“针对贸易商系统的稽查”的思路[②]，其目的是确保特定活动或过程的规范性，使贸易商可以运用计算机系统准备和提交逐票或定期申报，以及进行自我评估。系统稽查与后续稽查同样作为指南中海关稽查的工具，相较于侧重单证审查的后续稽查而言，系统稽查的成套步骤可以使贸易商系统过程自动化，对其新的应用程序发展也有很大的好处，确保其符合海关监管要求。

（四）倡导推行主动披露制度

指南指出：“海关应鼓励稽查对象在可能的情况下事先进行自查。”海关应当允许企业在《稽查通知书》送达之前或者《稽查通知书》送达之后开展实地稽查之前开展自查，对企业自查发现的非主观故意问题，

---

① 《关于简化和协调海关制度的国际公约（京都公约）总附约和专项附约指南》总附约第六章指南 7.2.1。

② 同上，7.2.2：“通过计算机系统考察贸易商的整个商业记录和生产经营活动的规范性，验证其内部管理制度是否健全。”

允许企业在一定期限内纠正整改，减少或消除不规范问题带来的危害和影响。明确企业在规定期限内完成整改的，原则上不予行政处罚，鼓励企业加强自我规范管理。

二、欧美等实施海关稽查制度的情况

（一）美国

1．稽查目的

美国海关稽查业务采用基于风险管理的方法，评估企业遵守贸易法律法规的情况，同时还与国土安全调查部门以及其他政府机构密切合作，旨在保护政府财政收入，促进企业守法，震慑违法，保护本国业界免受不公平贸易侵害，促进合法贸易。

2．稽查事项

美国海关把事后审计列为反价格瞒骗的首要查获方法，同时将货物通关时的未确定因素，如辅件的应税性质、关联企业之间转运货物的估价，以及佣金的处理等问题提交后续稽查处理，以此提高海关通关效率。

3．稽查职权

美国海关稽查和海关扣留没收货物的运作，海关行政执法的复议、申诉等均对外给予较高的透明度；要求相对人应向海关提供真实、准确、充分和有效的信息，同时要求相对人保存通关文件至少 5 年[①]，以便海关稽查。

---

① 《美国海关法典及条例》规定了当事人应建立、保存并且向海关提交供检查的相关记录，且向海关提交以供检查的任何必备记录均应从进口之日起保存 5 年的义务。

4．主动披露

1993年，《美国法典》第19编对主动披露制度通过问答的形式介绍了该制度的概念、内容以及程序。主动披露必须是由申报人的疏忽、重大过失或是欺骗行为所导致的，如低估价格、高估价格、商品描述不准确等不实申报行为。披露须在海关正式调查之前，或是不知海关已经启动正式调查的情况下进行。应提交相关材料，以供海关确认事实并作出处理。主动披露的企业可以获得减轻处罚。

（二）欧盟（以德国海关为代表）

1．稽查目的

德国海关稽查（外部审计）业务围绕德国税法开展，关税、消费税的稽查管辖交由德国联邦实施，德国的税务管理实行税务征收、税务稽查和税务违法案件调查分立的征管模式，德国海关对稽查的职能定位是打击和惩戒税收犯罪。

2．稽查事项

德国海关核实关税和消费税的征收、优惠政策的实施及货物原产地的申报是否真实、准确；核实对外贸易的有关禁限规定，如许可证、配额、禁运或支付规定等；核实欧共体市场组织法，如出口退税、补贴和生产环节的税收等。

3．稽查职权

德国海关检查报关单或报告所载信息的准确性、完整性，随附文件是否存在、真实、准确和有效；可以检查报关人的财物账目，以及涉及被查货物的业务或与该货物有关的贸易业务；查验货物、提取货样；同时要求相对人保存报关文件至少3年[①]及信息以备海关稽查。

---

① 《欧盟海关法典与规则》规定了当事人应当保存文件，且最少保存3个日历年的义务。

（三）欧亚经济联盟

欧亚经济联盟对于海关稽查提出了室内海关稽查的方式[①]，通过研究和分析被稽查人在根据海关要求或通关过程中提交的申报单或商业单据、运输单据及其他单证、成员国相关资料，以及海关掌握的单证资料，海关不前往被稽查人生产经营场所，在海关办公地点开展室内海关稽查。可以结合室内稽查结果，指定外出海关稽查。

（四）海关稽查制度发展趋势

稽查作为世界海关的通行做法，各国海关稽查制度的特征、变化展现了较为突出的“共性”。

1．通关制度与监管重点变化

为了方便货物的快速放行，RKC 准许作临时申报或不完整的申报[②]。外向型经济发达的国家或经济体更加重视在口岸一线放开，在后续监管环节通过稽查的实施使海关角色从传统的“管货者”向“监督者”转变，使海关监管的标准不因通关过程中监管的简化而降低，反而更加科学、有效。

2．稽查事项以涉税领域为主

目前，国际上海关法体例结构可分 3 类：第一类是以通关制度为标准的立法体例，如 RKC 提供的模式；第二类是以关税制度为核心的立法体例，如美国海关法主要是指《美国法典》第 19 编“关税”的第 4 章《1930 年关税法》，该法主要包括海关通关制度、反倾销和反补贴

① 《欧亚经济联盟海关法典》第 322 条。

② 参见本章第二节。

等[①]；第三类是折中的立法体例，代表性的有欧盟等，特点是海关法中包含关税法的内容并被放在重要位置。欧盟海关与美国海关稽查重点偏向涉税要素稽查，一般未涵盖检验检疫等领域。美国检验检疫职能部门涉及农业部、人类健康服务部、环境保护局、商务部和司法部。欧盟海关则将卫生与动植物检疫、商品检验和食品安全从政府行政职能中剥离，采取政府购买服务方式，交由中介组织完成。

3．鼓励企业自我规范

各国海关法重视企业的主体地位，通过各种方式鼓励企业提升规范化水平，避免因工作疏漏、认知盲区给企业经营带来无谓损失。综合各国海关及国内主动披露基准实践，存在以下可借鉴之处：一是在立法原则方面，除公平、公正、公开、教育和处罚相结合等基本原则外，还提出过罚相当、比例原则等，并公开处置标准；二是在考量因素方面，涵盖违法事实、性质、情节及社会危害程度 4 个方面，对企业修复和容错度较高；三是结合风险管理，可以不制发海关开展室内海关稽查决定的报送式稽查。

4．非传统职能管理逐渐成为海关稽查重要内容

随着欧共体内部市场的逐步协调和统一，欧盟海关有相当一部分稽查业务是为了保证欧盟有关规定的顺利实施，尤其在欧盟农业政策、关税、特殊监管手续等领域，欧共体立法更为优先，出口禁限类稽查业务正呈现出上升的趋势[②]。而美国则受“9・11”事件影响，海关进入职能转移的发展阶段，即以税收为核心的传统职能相对萎缩，而以安全为核

---

① 19 U.S. Code Chapter 4-TARIFF ACT OF 1930，https://www.law.cornell.edu/uscode/text/19/chapter-4，访问日期：2022 年 8 月 8 日。

② 欧洲议会和理事会第 952/2013 号条例（EU）2013 年 10 月 9 日制定联合海关法典，https://eur-lex.europa.eu/legal-content/EN/TXT/HTML/?uri=CELEX:32013R0952&from=EN，访问日期：2022 年 8 月 8 日。

心的非传统职能日益扩张[①]，维护供应链安全逐步成为后续监管部门的重要内容之一。美国海关稽查部门的一项重要职责是“通过评估进口国的供应链安全程序向进口商提出潜在的风险”。

三、我国海关稽查制度实施情况

（一）历史沿革

海关稽查作为先进管理手段，是我国海关多次改革的突破口。为了适应日渐增长的进出口量与管理资源不足矛盾日益突出的客观形势，海关总署于1994年设立海关稽查机构，开始全面推行海关稽查制度。2010年，稽查、减免税核查和保税中后期核查管理职责归口稽查司负责。2018年《全国通关一体化关检业务全面融合框架方案》拓展“多查合一”，整合后续监管职责。2021年深入推进稽查业务改革，树立“以查发为导向”的稽查理念，实行不事先通知稽查，推进跨关区稽查，开展涉税和涉检领域稽查等。海关总署对下一步海关稽查发展方向提出了明确意见：落实国家全面禁止进口固体废物政策，保持打击“洋垃圾”入境高压态势；开展涉税领域稽查打击偷逃税走私违法行为；开展涉检安全准入领域稽查，构建有效的涉检稽查工作机制。

（二）制度体系

1．“3+n”制度体系

“3”指三部法律法规。一是《中华人民共和国海关法》。《中华人民共和国海关法》第四十五条赋予了海关稽查的权利，是最基本的执法依据；《中华人民共和国海关法》对于海关及管理相对人一般性权利与义

① 周阳．美国海关法律制度研究［M］．北京：法律出版社，2010：307.

务、法律责任等规定，同样适用于稽查。二是《中华人民共和国海关稽查条例》。2016 年新修订的《中华人民共和国海关稽查条例》明确了主动披露、引入中介机构、贸易调查等制度，对促进海关全面深化改革、优化监管服务发挥重要作用。三是《〈中华人民共和国海关稽查条例〉实施办法》细化了稽查程序、权利义务、主动披露等内容。

两个海关总署公告：一是关于公布《〈中华人民共和国海关稽查条例〉实施办法》所涉及法律文书格式有关问题的公告；二是关于处理主动披露涉税违规行为有关事项的公告。

《海关稽查操作规程》和《海关专项稽查作业标准》等内部工作制度提升了稽查执法的规范性和统一性。

2．制度目标

监督企业进出口活动的真实性、合法性和规范性，提高海关后续管理效能；查处各类违法违规行为，使国家各项进出口管理政策规定能得到有效实施，保障国家税收，维护正常的进出口秩序；发现海关管理的薄弱环节，及时提出改进建议，完善海关内部管理。

3．稽查内涵和期限

进出口货物放行之日起 3 年内，或者保税货物、减免税进口货物在海关监管期限内及其后的 3 年内，海关对与进出口货物直接有关的企业、单位的账簿、单证等有关资料和有关进出口货物进行核查，监督其进出口活动的真实性和合法性①。

4．稽查流程

稽查准备，结合信用等级、贸易调查或风险分析，选定稽查对象；稽查实施，组成不少于 2 人的稽查组，采取专项稽查的方式对企业进出口活动实施稽查；稽查审核，审核查发事实、收集证据、处理意见；稽

① 参见《中华人民共和国海关稽查条例》。

查处理，征求当事人意见，作出追补税、涉嫌违法移交相关部门等处置意见，将稽查成果提供其他部门决策参考。

（三）执行机制

1. 专项稽查

专项稽查以查发企业各类问题，保障海关监管、税收和贸易安全，防范走私违法活动为目的，以风险程度较高或政策敏感性较强的行业、企业、商品为重点。专项稽查的时间和业务范围根据指令要求确定。海关稽查改革取消了全面体检式的常规稽查。

2. 企业主动披露制度

企业主动报告其违反海关监管规定的行为，海关从轻、减轻或者不予行政处罚。对于主动披露并补缴税款的，海关可以减免滞纳金。企业走私违法行为、报告前海关通知稽查、报告前海关已掌握违法线索以及企业隐瞒其他违法情事的，不认定为主动披露行为。

3. 引入社会中介机构提供服务

海关根据工作需要，可以委托会计师、税务师事务所等专业机构，对被稽查人进行审计、评估、鉴定等，并为稽查处理提供依据。该制度是海关落实放管服改革要求，运用市场配置管理资源的实践，对构建海关、企业、社会共治具有重要意义。

4. 贸易调查

海关为了解商品、行业进出口贸易状况，通过实地查看、走访咨询、书面函询、网络调查和委托调查等方式，向行业协会、政府部门和相关企业等收集分析有关信息。该制度在服务国家宏观经济决策，提高海关监管效能等方面发挥着重要作用。

（四）存在的问题

1. 稽查内涵和外延未与海关改革保持一致

现行《中华人民共和国海关法》以进出口货物放行之日为稽查的起始点。机构改革后，我国海关稽查制度的内涵、外延均发生了变化。从原聚焦通关环节监管，向前延伸至申报前商品的准入评估和管控，向后延伸至货物进入国内市场后的安全监管。检验检疫的部分业务存在无明确监管年限，部分检验检疫法律法规[①]对放行和办结手续的定义不同，监管期间起算时间节点不以货物放行为标准等情形。在“两步申报”通关模式下，企业作第一步概要申报后，如果货物不需查验，即可提离；涉税货物已经提交税款担保的，或按海关要求完成货物查验的，可以提离放行。第二步在规定时间内补充申报其他项目，办理缴纳税款等通关手续。对“两步申报”制度下的附条件提离、检验检疫领域货物已提离但海关手续未办结等情形，海关是否能够对企业实施稽查存在争议。同时，部分检验检疫规章[②]规定企业保留单证 2 年，与《中华人民共和国海关稽查条例》单证保管 3 年期限的要求不一致，给稽查操作带来困难。

2.“主动披露”制度适用范围较窄

RKC 中强调了企业合规性教育的重要性。《“十四五”海关发展规

---

① 《中华人民共和国进出口商品检验法实施条例》第十六条规定：“法定检验的进口商品的收货人应当持合同、发票、装箱单、提单等必要的凭证和相关批准文件，向报关地的出入境检验检疫机构报检；通关放行后 20 日内，收货人应当依照本条例第十八条的规定，向出入境检验检疫机构申请检验。法定检验的进口商品未经检验的，不准销售，不准使用。”

② 《进出口饲料和饲料添加剂检验检疫监督管理办法》（原质检总局第 118 号令，根据海关总署第 243 号令第四次修订）第二十七条规定：“进口企业应当建立经营档案，记录进口饲料的报检号、品名、数 / 重量、包装、输出国家或者地区、国外出口商、境外生产企业名称及其注册登记号、《入境货物检验检疫证明》、进口饲料流向等信息，记录保存期限不得少于 2 年。”

划》提出推行和完善主动披露制度，促进企业规范经营、守法自律。主动披露制度起源于《中华人民共和国行政处罚法》第三十三条，违法行为轻微并及时改正，没有造成危害后果的，不予行政处罚。这意味着主动披露制度在适用范围上具有立法空间。但在实施过程中，海关总署仅通过规范性文件对涉税违规行为的主动披露作出了较为明确的规定，包括时限、金额等，法律依据位阶较低，适用范围较窄，无法满足检验检疫领域等非涉税违规行为有关企业主动披露的需求。此外，“针对贸易商系统的稽查”制度尚未在我国转化实施。

3．稽查领域的数据治理制度化水平不高

RKC 提出了“针对贸易商系统的稽查”，强调“海关应尽最大可能应用信息技术和电子商务以加强海关监管[①]”。近年来，我国海关开展“互联网 + 稽查”改革试点，是探索实现“智慧海关”建设目标的手段，实现了“低干预、高能效”的精准监管。但目前我国海关稽查领域还缺乏数据治理、数据安全的配套制度，与 RKC 等国际规则的标准还存在差距。

4．稽查领域的行政执法互助较为薄弱

一个典型是：粤港澳大湾区面临着“一个国家、两种社会制度、三个法系、三个关税区”的复杂现状。近年来大湾区经济交流进程加快，关联企业影响成交价格、转移定价等问题跨关境取证难，价格稽查难以查清事实。大湾区行政执法互助机制不不够健全，运行还不够顺畅。

① RKC 总附约第 6.9 条（过渡性标准条款）。

第七节 “单一窗口”制度的实施情况

“单一窗口”制度是指允许贸易和运输相关各方通过单一接入点递交满足所有进口、出口和转口相关监管规定的标准资料和单证的一项措施[①]。各相关方也可统一通过“单一窗口”得到监管部门的信息反馈，从而实现贸易监管的简化、协调与高效。

一、RKC 对“单一窗口”的制度安排

RKC 虽然没有明确“单一窗口”制度，但在总附约第三章“通关与其他海关手续”及总附约第七章“信息技术应用”中分别对“单一窗口”制度潜在的海关监管要求及方式作出了规定。其中总附约第三章第 3.18 条和第 3.21 条明确了国际贸易的电子申报形式[②]，这是当今各国实施“单一窗口”制度的一个前提条件。除此之外，总附约第七章对海关监管中信息技术的应用作出了规定，第 7.4 条（标准条款）规定：“新的国家立法或经修正的国家立法应规定：电子商务方式可替代纸质文

---

① 联合国贸易便利化和电子商务中心：第 33 号建议书《建立单一窗口的建议书及指南》（UN/CEFACT Recommendation No.33-Single Window Recommendation）。

② 第 3.18 条（过渡性标准条款）规定：“海关应准许申报人以电子方式提交随附单证。”第 3.21 条（过渡性标准条款）规定：“海关应准许以电子方式提交货物申报。”

件；电子文件及纸质文件的鉴别方法；海关有权保留信息自用，在适当情况下，有权与其他海关和其余法律许可的各方以电子商务技术手段交换此类信息。”上述条款都是与“单一窗口”的发展所需法律框架和技术要求一致的。

《全球贸易安全与便利标准框架（2005）》（以下简称《标准框架（2005）》）在RKC的基础上，对海关参与实施“单一窗口”提出了建议。该框架的附件一“关于海关和海关合作网络的技术细则”明确了海关是参与“单一窗口”建设和实施的重要政府监管部门[①]。

二、欧盟、美国、新加坡“单一窗口”制度实施情况

（一）欧盟

欧盟最早于2008年提出推进“单一窗口”服务框架建设、打造欧盟电子海关环境的理念。目前，《欧盟海关法典》《欧盟海关“单一窗口”环境建设和制度修订工作条例》是欧盟“单一窗口”建设的主要法律依据。欧盟的“单一窗口”建设主要有两个方面：一是强制成员海关使用欧盟海关“单一窗口”单证交换系统，确保涵盖欧盟层面的法律法规要求；二是在成员海关层面建立“单一窗口”环境，为企业和有关机构提供统一数据接入端口。欧盟海关可通过“单一窗口”接收其他进出口贸易主管部门负责的监管单证信息，自动核查并反馈核销和监管结果，以实现进出口货物通关流程的全自动化。2013年制定的《欧盟海关法典》中明确海关与经营者之间的所有信息交换和信息存储，均应使

① 《标准框架（2005）》的附件一“关于海关和海关合作网络的技术细则”规定：“政府应当在海关和其他与国际贸易有关的政府机构间建立合作机制，促进国际贸易数据的顺畅流转，在这种机制下贸易商只需以电子形式向一个指定机构（最好是海关）一次性递交进出口所需信息。”

用电子数据[①]。2020 年 10 月，欧盟委员会提出了欧盟海关“单一窗口”环境建设规划建议，制定了《欧盟海关“单一窗口”环境建设和制度修订工作条例》，该条例旨在促进“单一窗口”平台扩大数据共享，提高执法效能[②]。

（二）美国

20 世纪 90 年代，美国开始建设其“单一窗口”，即国际贸易数据系统，并在 2006 年发布的《美国港口安全法》中规定了这一系统，指出国际贸易信息系统是企业为货物进出口向参与的机构传输其所需要数据的“单一窗口”。美国实施“单一窗口”的主要法律依据为《美国港口安全法》。美国的“单一窗口”建设采取的是单一自动系统模式，企业只需一次性向系统提交数据，由系统负责收集、处理和发送数据至相关监管部门，再由各部门通过自有系统处理相关问题。2014 年美国政府发布了 13659 号行政命令，成立了督促该项目建设的边境机构间执行委员会，并要求在 2016 年年底前完成国际贸易信息系统并在全国范围内使用[③]。

（三）新加坡

新加坡自 20 世纪 80 年代末开始运用基于电子数据交换的 TradeNet 系统实施“单一窗口”制度，采取政商合作的建设模式，由新加坡贸易发展局牵头成立由政府和贸易协会组成的管理委员会，以解决“单一窗口”制度部门间协调和整合的问题。新加坡主要制定了《电子交易法》

---

① The Union Customs Code, https://eur-lex.europa.eu/legal-content/EN/TXT/?uri=CELEX%3A32013R0952&qid=1658081108194,July 17,2022.

② 《欧盟海关“单一窗口”环境建设和制度规划》。

③ 梁丹虹 . 美国单一窗口 ACE/ITDS 的实施及启示［J］. 海关与经贸研究，2016（3）.

和《海关法》等法律来保障“单一窗口”的运用。新加坡的“单一窗口”采取了信息自动处理模式，“单一窗口”与监管部门系统相连接，实现了一个平台下的各个部门机构和服务功能的整合，企业可以通过“单一窗口”一次性提交数据并得到一次性反馈。《电子交易法》在法律上对电子签名、电子文件备案、电子记录的保存和使用等作出了规定①。新加坡《海关法》也在第12部分计算机服务项下对电子数据、信息的效力、保存等作出了规定②。

三、我国“单一窗口”制度实施情况

（一）历史沿革

我国自1998年始建电子口岸，这是我国现行的“单一窗口”的前身。2014年年初，海关总署国家口岸管理办公室牵头成立了由公安部、交通运输部、海关总署、国家质检总局、上海市政府共同组成的国际贸易“单一窗口”试点建设工作组，选取上海（中国）自贸试验区启动国际贸易“单一窗口”建设试点，并在上海试点基础上将“单一窗口”建设先推广至广东、天津和福建自贸试验区，以及江苏、浙江、山东、辽宁、海南等沿海地区，陆续实现了国务院提出的我国在“2015年底在沿海口岸建成‘单一窗口’”的目标。目前，“单一窗口”已实现了多个监管部门间的互联互通，提供800多个服务事项，基本满足企业“一站式”业务办理需求，极大地促进了贸易便利化。此外，我国正在推进“单一窗口”与民航、港口、铁路、公路等行业机构及仓储、运输、场所经营单位合作对接，与银行保险等金融机构的合作对接，实现

① “Electronic Transactions Act 2010”, http://sso.agc.gov.sp//Act/EAT2010, July 17, 2022.

② “Custom Act 1960”, http://sso.agc.gov.sp//Act/CA1960, July 17, 2022.

跨境收结汇、贸易融资贷款、保险业务、理赔结算、贸易风险提示等功能。

同时，我国加强与境外“单一窗口”互联互通，持续推动与相关国家和地区签署“单一窗口”合作框架协议。中新（加坡）“单一窗口”合作开展了企业申报数据复用、通关物流状态信息服务、“单一窗口”互联互通联盟链等示范合作项目。根据海关总署《“十四五”海关发展规划》，到2025年我国与境外“单一窗口”互联互通国家（地区）数量将达到15个。

（二）机构设置和职能分工

根据2016年《关于国际贸易“单一窗口”建设的框架意见》，国务院口岸工作部际联席会议统一承担全国及各地方电子口岸建设业务指导和综合协调职责。我国“单一窗口”的特点是分为中央和地方两级平台，中央层面由国家口岸管理办公室牵头，公安部、交通运输部、海关总署等组成建设工作组负责统筹规划、统一业务规范和技术框架，目前我国已建成“单一窗口”门户网站，整体命名为“中国国际贸易单一窗口”。地方层面则以省（区、市）为单位，建立省域“单一窗口”，命名为“中国（XX）国际贸易单一窗口”，由各省（区、市）人民政府牵头实施，探索建立符合不同地区特色外贸业务的区域“单一窗口”，企业端可选择登录不同省域的“单一窗口”，完成进出口货物电子申报、运输工具及舱单的申报、监管证件的申领、缴税等手续，实现全国通关一体化。

（三）“单一窗口”现状

1. 国家层面为“单一窗口”实施提供了强有力的政策支持

2016年《中华人民共和国国民经济和社会发展第十三个五年规划

纲要》提到我国要“建立便利跨境电子商务等新型贸易方式的体制，全面推进国际贸易单一窗口、一站式作业、一体化通关和政府信息共享共用、口岸风险联防联控”。2021年《中华人民共和国国民经济和社会发展第十四个五年规划和2035年远景目标纲要》中强调要继续深化国际贸易“单一窗口”建设。2016年海关总署国家口岸管理办公室在借鉴国际上“单一窗口”经验基础上制定了《关于我国国际贸易“单一窗口”建设的框架意见》，该框架意见对“单一窗口”建设的指导思想、建设目标、基本原则、建设内容及阶段予以说明。上述政策文件仅作为“单一窗口”实施的指导思想性的文件，不具有法律约束力。

2.《中华人民共和国海关法》等法律制度为“单一窗口”建设奠定了实施条件

虽然海关在“单一窗口”制度的实施中处于主导地位，但“单一窗口”制度并不仅是一项海关监管制度，而是被看作一种可以使海关监管程序更加安全、便捷和简化的机制。目前，《中华人民共和国海关法》对实施“单一窗口”制度所必需的电子申报制度及无纸化的要求有所规定。现行《中华人民共和国海关法》第二十五条规定：“办理进出口货物的海关申报手续，应该采用纸质报关单和电子数据报关单的形式。”《中华人民共和国海关进出口货物申报管理规定》明确了电子数据报关单和纸质报关单均具有法律效力，规定申报人应当以电子数据报关单形式向海关申报，只有在特殊情况下经海关同意，才允许先采用纸质报关单形式申报，电子数据事后补报。这一规定已将电子数据报关单确定为优先于纸质报关单的申报形式。无纸化要求方面，自2012年起海关总署在全国12个海关试点启动通关作业无纸化改革，此后海关总署陆续以公告形式公布通关无纸化要求的规定及相关标准，为“单一窗口”制度奠定了基础，但相关公告中并未明确无纸化申报的途径为通过“单一窗口”申报。

（四）“单一窗口”法律环境建设方面仍然存在的问题

1. “单一窗口”建设在法律强制力方面仍显不足

目前我国“单一窗口”制度尚未上升到法律层面予以规范，而是更多地通过政府部门政策性文件明确操作要求。《中华人民共和国海关法》亦未明确“单一窗口”的法律地位，仅在2020年1月1日起开始实施的国务院《优化营商环境条例》（中华人民共和国国务院令第722号）第四十五条规定：“政府及其有关部门应当按照国家促进跨境贸易便利化的有关要求，依法削减进出口环节审批事项，取消不必要的监管要求，优化简化通关流程，提高通关效率，清理规范口岸收费，降低通关成本，推动口岸和国际贸易领域相关业务统一通过国际贸易‘单一窗口’办理。”该条款并未具体规范“单一窗口”本身的制度内容和要求，“推动”一词也表示这一制度的执行并不具有强制力。目前无论相对于国外“单一窗口”制度的立法情况，还是相对于国内日趋完善的“单一窗口”实践，我国“单一窗口”立法的滞后都已日益明显。

2. “单一窗口”作为申报平台的法律地位需要通过修订《中华人民共和国海关法》进行明确

目前，海关已将进出口申报各环节及流程嵌入国际贸易“单一窗口”平台，并已通过“单一窗口”全面实现电子数据报关单及随附单证无纸化。“单一窗口”事实上已成为企业完成进出口贸易各项电子数据申报的唯一途径，但“单一窗口”作为申报平台的法律地位还未在《中华人民共和国海关法》中予以明确。同时，有关“单一窗口”平台的服务或执法性质，有偿性或公益性平台定位，与国家政务服务平台的关系，与包括海关在内的各部门推进“互联网+”建设的关系等，目前都没有明确规定。

3．信息技术条件下的数据安全配套制度还有待进一步完善

现行《中华人民共和国海关法》第七十二条第（五）项规定："海关工作人员不得泄露国家秘密、商业秘密和海关工作秘密。"《中华人民共和国知识产权海关保护条例》和《中华人民共和国海关统计条例》也规定了海关应保守商业秘密。但商业秘密并不能涵盖海关所获取的全部电子数据和信息。现行《中华人民共和国海关法》中也缺少海关在信息技术应用方面的具体规定，包括在何种条件下应用信息技术，以及采用何种标准的信息技术。

第八节 自由区制度的实施情况

一、RKC 的自由区制度

RKC 中与自由区有关的条款规定在专项附约 D"海关仓库和自由区"的第二章"自由区"（Free Zones），包括定义、原则、设立和监管、货物的准入、担保、授权作业、自由区内消费的货物、存放期、所有权的转让、货物的运出、税费的估定、自由区的退出等 21 个条款。

（一）自由区的法律性质

自由区的定义是理解自由区法律性质的基础。RKC 关于自由区的

定义是缔约方自由区制度最为权威的国际法渊源，也是指导各国设立和运营某种类型自由区的国际法律依据和海关业务参考。根据 KC，自由区是指“缔约方境内的一部分，进入这一部分的任何货物，就进口税费而言，通常视为在关境之外[①]”。

进口税费视为“关境之外”是自由区制度的核心，是自由区海关制度区别于其他海关监管制度最重要的特征，意味着自由区实施一种特殊的关税制度。与同样在进口税费方面具有特殊性的海关仓库和加工贸易制度相比，自由区有以下特点：其一，自由区在进口税费方面被视为关境之外，而海关仓库或加工贸易在税费方面没有关境外的属性；其二，货物进入自由区即免税，无须最终出境或者提供担保，而海关仓库或加工贸易货物是建立在后续出境或提供担保基础上的保税；其三，货物可以在自由区内无限期存放，区内货物所有权的转让无须征税，而海关仓库或加工贸易货物的存放有规定期限；其四，货物在保税区内的物流运输、加工、生产或消费都可以免除税费，而海关仓库及加工贸易的功能有限[②]。

进口税费方面视为“关境之外”不等于自由区属于“境内关外”。由于 WCO 对自由区的定义使用了“关境之外”的表述，该定义在理解上容易产生歧义。有些国家认为自由区就属于关境之外，从而免除一切海关监管[③]。有些国家认为 RKC 仅明确自由区就免于缴纳进口税费而言属于海关关境之外，至于其他海关监管制度是否仍然适用不作强制要求，交由各缔约方自行立法规定。实际上，根据专项附约 D 第二章第 1 条（标准条款），“自由区适用的海关规定受本章条文约束，并在可适

① 海关总署国际合作司．关于简化和协调海关制度的国际公约（京都公约）总附约和专项附约指南［M］．北京：中国海关出版社，2003：262.

② WCO 2019 年发布的第 47 号研究论文，第 7 页。

③ 同上。

用的范围内，适用总附约。”鉴于总附约规定了海关通关、税费、监管等制度，该条款说明海关仍然保持对自由区的管理权。为消除认识误区，强化海关监管，WCO于2020年在《自由区实践指南》中进一步明确自由区“位于关境之内”的属性。

（二）海关对自由区的监管权力

专项附约D的“自由区”专章第2、3、4、6条（标准条款）基本概括了海关对自由区的监管权力和职责范围。海关可以成为自由区的管理主体。其中第2条规定了由国家立法规定自由区的设立、允许进入自由区的货物种类以及自由区内货物应遵守的作业性质等要求。其中第2条的指南中指出：“自由区可以由海关管理，也可以由其他机构管理，或者由二者共同管理。日常管理可以由一机构本身负责，或者由规定的私营企业负责。”

由于海关具备专业的货物监管能力，RKC授权海关对自由区适用、建造、布局，以及货物流动的监管权。该章第3条（标准条款）规定：“海关应对海关监管的安排作出规定，包括有关自由区的适用、建造和布局的适当要求。”同时指出，海关可以要求自由区场所为封闭性的，应当确保货物安全以及记账管理；可以对货物入区工具以及业务设立时长作出限制；可以对场所设施和入区工具开展永久或间隔性监管；可以要求入区货物所有人做好库存管理（可以通过特别注册、相关申报或者通过计算机），从而可以监管货物流动。第4条（标准条款）规定：“海关有权随时对自由区中存储的货物进行检查。”同时指出，海关有权随时对货物作实地核对，以确保货物符合库存管理要求，只能在授权后开展业务，未经授权的货物不允许入区或者出区。因此，根据RKC，虽然自由区不一定由海关管理，但海关对自由区拥有监管权力，自由区内业务的开展需要满足海关的监管要求。

（三）自由区的海关手续

自由区在进口税费方面视为“关境之外”的属性，决定其适用简化的海关手续。RKC 专项附约 D“海关仓库和自由区”第二章“自由区”的第 9、10、18 条（建议条款）规定了自由区货物相关的海关手续。境外与自由区之间进出的货物，适用简化的海关手续。其中第 9 条规定：“货物直接从国外进入自由区，如果从随附单证上已获信息，海关不应要求货物申报。”该条的指南规定：“如果从随附单证上已获所需的信息，则对直接从国外进入自由区的货物不应要求提交货物申报单。”随附单证包括“商业发票、运货单、提单、发货通知单”等。同样的情形也适用于从自由区直接运往境外的货物。第 18 条规定：“如果从自由区直接运往境外的货物必须向海关交验单证，海关不应要求已从随附单证上获得的信息以外的更多信息。”此外，第 10 条规定：“海关对准予货物进入自由区不应要求担保。”

由以上可知：一是 RKC 只对货物进出自由区设立了申报制度；二是对于货物从境外进入自由区或从自由区运往境外的情况，海关要求企业申报的货物信息是有限的；三是自由区内的货物可无限期存放，意味着区内货物可以无限期在区内企业间频繁转让，而无须缴纳增值税、消费税等环节税。

二、各国（地区）自由区制度实施情况

截至 2022 年 6 月，RKC 133 个缔约方中有 33 个接受了专项附约 D 的“自由区”专章，其中新加坡等 27 个缔约方无保留地接受了“自由区”专项附约，中国、美国、韩国、乌干达、菲律宾以及毛里求斯在加入的同时提出了保留条款。美国于 2005 年加入 RKC，接受了“自由区”专章，但对第 9、18 条（建议条款）提出保留。欧盟、爱尔兰于

2004 年加入 RKC，但未接受“自由区”专章。自由区的设置通常与一国的政治经济政策相关，RKC 的缔约方的自由区制度也不尽相同。

（一）各国（地区）对自由区的定义不同

关于自由区到底是关境内还是关境外，是否适用海关法，各国（地区）的认识存在差异。根据《自由区实践指南》，WCO 把全球各国（地区）的自由区按照关境属性和监管制度适用分成了 4 类（见表 2–5）。

表 2–5 自由区模式列表

模式	关境属性	海关监管制度的适用
模式一	被视为关境内	海关监管制度适用自由区
模式二	只在关税方面，被视为关境外	海关监管制度适用自由区
模式三	被视为关境外	根据国内法明确规定海关监管制度适用自由区
模式四	被视为关境外	海关监管制度不适用自由区

欧盟将自由区定义为关境内，给予进出口最大限度自由。根据《欧盟海关法典》第 243 条，成员国可以指定关境内的一部分为自由区，进出自由区的人员、货物以及交通工具可以接受海关监管。美国将自由区定义为出于缴纳关税目的而被视为海关关境之外的实施特殊监管的区域。在美国，自由区称为“对外贸易区”（Foreign Trade Zone），是指在进口口岸或其毗邻地区内设立的一片限制进入的地理区域。由于美国的“关境”是指关税法所实施的区域，因此，对外贸易区有时也被视为处于“关境之外”。实际上，对外贸易区仍是在美国领土和司法管辖范围之内，接受美国海关边境保护局的监管。新加坡、西非国家倾向于将自由区理解为关境外，不受海关法管辖。根据《新加坡自由区贸易区法案》[①]，

① “customs territory” means Singapore and the territorial waters of Singapore but excluding any free trade zone——FREE TRADE ZONES ACT 1996（2020 Revised Edition）.

关境是指新加坡和新加坡领海，自由贸易区除外。根据《非洲大陆自由贸易协定》，产于出口加工区的货物不能享受自由贸易协定下的原产地优惠税率。

（二）各国（地区）海关对自由区的参与程度普遍不高

由于各国（地区）的国情和体制不同，以及对自由区关境属性的认知不同，不同国家（地区）的海关对自由区的参与程度也有很大的差别。根据 WCO 的调研报告，全球自由区海关的参与程度普遍不高①。主要体现在：

许多国家（地区）的自由区是由主管经济发展的部门批准设立或发挥主导作用。在全球有将近 40% 的自由区，海关不参与其设立；将近 50% 的受访自由区，海关不参与企业审批程序。在一些国家，海关甚至无权取消企业在自由区内的经营权，尤其是对被指控在区内从事非法活动的企业。境外的自由区企业不需要在海关建立账册，企业也不需要向海关提交库存情况，甚至有些自由区的库存情况是向自由区主管部门或运营机构提供而不是提供给海关。

美国、新加坡、欧盟等发达国家和地区的海关参与自由区程度较高。在美国，对外贸易区由对外贸易区委员会批准设立，而对外贸易区的启用和运营还应经过海关的正式批准。只有海关正式批准后，货物才能以对外贸易区货物的身份运入区内。美国海关负责监管自由区货物的进出，执行所有与自由区相关的海关法律。口岸海关关长负责监管货物进入自由区，自由区内货物的处置，以及自由区货物的运出。值得注意的是，进口口岸的海关关长同时也是对外贸易区委员会的地方代表，在必要时可以召集联邦政府其他机构的地方代表共同商议经营、维持及管

① WCO 2019 年发布的第 47 号研究论文，第 21 页。

理对外贸易区的相关事宜[①]。在新加坡，在批准自由区企业之前，自由区经营者与新加坡海关共同对相关行业和人员进行筛选。自由区经营者定期向海关提供区内企业的最新名单。区内企业开展制造活动应获得新加坡海关的批准。此外，企业开展进出口活动应向新加坡海关注册。为提升海关监管的有效性，新加坡还将“经认证经营者（AEO）”框架应用到区内符合条件的企业。

（三）各国（地区）自由区的海关手续相对简化

根据 WCO 的调查研究，大部分国家（地区）在自由区采取简化的海关手续。例如，对于货物从境外进入自由区，各国（地区）普遍认为，货物进境时并不构成进口，因此货物在进境时并不需要申报。也有的国家仅要求从陆路进入自由区的货物向海关申报，而海运货物在承运人提交货物清单以外，无须再向海关申报。除了降低申报要求，对于区内货物的监管，有的国家海关只有在货物进出自由区时才有权检查，在自由区内巡查和核查的权力非常有限，只有在有充分证据表明企业有违法嫌疑的前提下海关才能进入自由区。

为有效监管货物的流动，部分国家海关会要求自由区内企业定期向海关报告，以及对区内企业实行计算机联网管理，以便掌握企业货物的进出数据。在新加坡，自由区内的企业应保存包括销售、会计、银行等与交易相关的单证至少 5 年以上。新加坡海关可基于执法或调查的目的调取相应的单证。海关还可以直接获取自由区企业的系统数据。

三、我国自由区制度实施情况

我国于 2016 年接受 RKC 专项附约 D“海关仓库和自由区”第二

① 周阳．美国对外贸易区法律问题研究［M］．北京：法律出版社，2015：95.

章“自由区”，并对其中第6、9、10和18条（建议条款）提出保留。尽管我国接受“自由区”专章的时间较晚，但从1990年建立第一个保税区——上海外高桥保税区开始，我国逐步建立了一系列以保税为目的的海关特殊监管区域，包括保税区、出口加工区、跨境工业区、保税港区、保税物流园区域、综合保税区、特殊综合保税区等。2020年6月1日，中共中央、国务院印发了《海南自由贸易港建设总体方案》，决定在海南建设中国特色自由贸易港。至此，海南自由贸易港成为我国目前开放程度最高的自由区。我国现有的各类海关特殊监管区域属于RKC“自由区”的范畴。

（一）自由区的法律性质

相比美国、欧盟、新加坡、韩国等国家和地区，过去我国没有关于自由区的基本法律。我国的自由区制度是以《中华人民共和国海关法》为核心，行政法规、海关规章、地方性法规等多层共存、金字塔式的框架体系[①]。针对不同种类的海关特殊监管区，我国采取单独立法的形式，分别出台《保税区海关监管办法》、《保税区检验检疫监督管理办法》（海关总署令第243号）、《中华人民共和国海关综合保税区管理办法》（海关总署令第256号，简称《综合保税区管理办法》）、《中华人民共和国海关对洋浦保税港区监管办法》（海关总署公告2020年第73号）等行政法规、部门规章及规范性文件，以规范海关对特殊监管区的监管。2021年6月10日，全国人大制定并公布《中华人民共和国海南自由贸易港法》（简称《海南自由贸易港法》），这是我国第一部关于自由区的专门法律。

长期以来，一些媒体对海关特殊监管区域采用“境内关外”的表

① 周阳．美国对外贸易区法律问题研究［M］．北京：法律出版社，2015：176.

述。事实上，这种表述并不准确。《海南自由贸易港法》第十一条规定：“国家建立健全全岛封关运作的海南自由贸易港海关监管特殊区域制度。在依法有效监管基础上，建立自由进出、安全便利的货物贸易管理制度，优化服务贸易管理措施，实现贸易自由化便利化。”《中华人民共和国海关法》第三十四条规定：“经国务院批准在中华人民共和国境内设立的保税区等海关特殊监管区域，由海关按照国家有关规定实施监管。”不论是开放程度最高的自由贸易港还是一般的海关特殊监管区，两部法律虽未指出自由区位于关境内，但明确了海关对海关特殊监管区域的监管权力，海关监管制度适用自由区。

RKC 总附约规定，关境是指缔约方海关法适用的地域。总附约还规定，海关法是指明确由海关负责执行的有关货物进口、出口、移动或储存的法律或法规的条款，以及由海关根据法定权力制定的任何规章。根据以上定义，由于我国的自由区适用我国海关法，因此理应被认为属于关境之内。换言之，如果自由区被视为关境之外，那么我国海关法不可能适用该区域，海关在自由区内也无任何监管权力。

（二）海关对自由区的监管权力

我国海关对自由区设立的参与程度非常之高。海关立法在自由区法制保障中发挥重要的作用。不同类型的海关特殊监管区域均有相应的海关监管办法，明确货物进出境、进出区及在区内的相关监管规定。在设立审核方面，根据《海关特殊监管区域设立审核办法》，海关总署会同国务院有关部门对拟申请设立的海关特殊监管区域情况开展研究审核、部门会商或实地调研。在征求各部门意见之后，由海关总署起草向国务院的请示，会签相关部门后上报国务院审批。由此可见，海关在自由区的设立审核中发挥了牵头作用。海关总署还制定了《综合保税区适合入区项目指引》等，为各地开展综合保税区申建、产业规划、招商引资等提供参考。在建设标准方面,《综合保税区基础和监管设施设置规范》规定，海关特殊监管区域与关境内的其他地区之间应当设立符合海关监管要求的卡口、围网、视频监控系统以及海关监管所需的其他设施。《综合保税区管理办法》规定，综合保税区的基础和监管设施应经过海关会同有关部门验收合格，方可开展相关业务。

（三）自由区的海关手续

我国海关特殊监管区的监管模式以海关为主导，监管措施严密，通关程序复杂。例如，特殊监管区域与境外之间进出的货物，由企业向海关申报进出境备案清单。海关根据布控指令对一线通关监管货物实施查验。海关办理完结通关手续后，货物正常进出特殊监管区。区内企业应当取得市场主体资格，并依法向海关办理注册或者备案手续。海关对区内企业实施电子账册管理，货物入区后处于海关的严密监管下，如果货物出现短少或丢失，企业需向海关补缴税款或接受行政处罚。区内企业转让、转移货物的，双方企业应当及时向海关报送转让、转移货物的品名、数量、金额等电子数据信息。以上监管手段与 WCO 近年来对自由区的监管理念相一致，在一定程度上有效打击了自由区内的走私违法活动。

我国率先在海南洋浦保税港区试行“一线放开、二线管住”的货物进出境管理制度。在“分步申报[①]”基础上，进一步放开海关特殊监管区域与境外之间进出货物的申报要求。根据《中华人民共和国海关对洋浦保税港区监管办法》，洋浦保税港区与境外之间进出的货物，属于需要检验检疫的，企业应向海关办理申报手续；不属于的，海关径予放行。径予放行意味着无须向海关申报，实际上洋浦保税港区的开放程度

① 《中国（上海）自由贸易试验区条例》第十九条：“境外进入区内的货物，可以凭进口舱单先行入区，分步办理进境申报手续。”

已超过了 RKC 建议条款的规定。

四、存在的问题

（一）海关特殊监管区域的法律内涵不清晰

现行《中华人民共和国海关法》第三十四条规定："经国务院批准在中华人民共和国境内设立的保税区等海关特殊监管区域，由海关按照国家有关规定实施监管。"自由区最核心的特点是实施特殊的关税制度，而该定义没有明确自由区实施特殊关税制度的属性。随着自由区海关监管改革的深入推进，《海南自由贸易港法》从立法层面首次提出"海关监管特殊区域"制度，《综合保税区管理办法》构建了"综合保税区"的制度，这些制度与《中华人民共和国海关法》框架下的"海关特殊监管区域"制度之间的法律关系应当予以澄清。此外，上述定义以列举的方式定义"海关特殊监管区域"，区域的名称类型如果发生变化将直接影响该定义的内涵。比如在过去的 30 年中，海关特殊监管区域从最初的保税区增加到保税区、出口加工区等 6 种，再通过整合优化到目前主要的综合保税区和保税区两种，区域类型持续发展变化，现有的列举式定义不足以充分阐述海关特殊监管区域的法律属性。

（二）海关特殊监管区域法律制度的碎片化和滞后性

我国自由区的建立主要采取"先设区后立法"的模式[①]。法律层面，"海关特殊监管区域"的规定仅出现在《中华人民共和国海关法》第三十四条。海关特殊监管区域的关税、许可证件、检验检疫等海关监管要求则由法律授权行政法规、部门规章（如《综合保税区管理办法》）

① 海南自由贸易港是我国第一个采用国际惯例"先立法后设区"模式的自由区。《海南自由贸易港法》是第一部国家立法层面的自由区法律，属于海南的特殊政策。

制定。同时，《海南自由贸易港法》、《中华人民共和国海关对洋浦保税港区监管办法》（海关总署公告2020年第73号）、《中华人民共和国海关对洋山特殊综合保税区监管办法》（海关总署公告2019年第170号）等适应改革需要的创新立法丰富了我国海关对自由区监管权及监管方式的内涵，但"径予放行""不单独设立海关账册"等新机制对现行海关法律制度造成冲击，使得我国自由区海关监管制度呈现碎片化，缺乏系统性。

在特殊区域监管上，新海关的职能还没有实现真正的有机融合。例如，尽管《综合保税区管理办法》衔接并及时完善了一线检疫的规定，但对检验则明确了"进出综合保税区货物的检验按照相关规定执行"。这里的"相关规定"主要指《保税区检验检疫监督管理办法》。该规章以"一线检疫、二线检验"为原则，规定海关对通过"一线"进入海关特殊监管区的食品和商品不实施检验，在"二线"进入国内流通市场时才实施进口检验，已超过了传统的自由区关税领域"视为在关境之外"范畴。一方面，"二线检验"发挥了海关特殊监管区域的制度优势，促进了跨境贸易便利化；另一方面，"二线检验"可能引发区内监管缺位、职能交叉等风险，现行制度已经无法回应并满足海关监管所面临的挑战。

此外，有关法律法规在海关特殊监管区域适用的配套制度还不健全。例如，知识产权保护是海关的一项重要职能，法律法规对海关实施知识产权保护的范围有明确规定，其中《中华人民共和国海关法》规定"海关依照法律、行政法规的规定，对与进出境货物有关的知识产权实施保护"，《中华人民共和国知识产权海关保护条例》规定"海关对与进出口货物有关并受中华人民共和国法律、行政法规保护的商标专用权、著作权和与著作权有关的权利、专利权（以下统称知识产权）实施的保护"。但除此之外，现有的海关特殊监管区域法律文件中没有明确海关在保税区、综合保税区等特殊监管区域具体如何开展知识产权保护的职责，比如海关是在一线进出境环节还是二线进出区环节监管，海关在区内发现侵权货物应当如何处置等。

（三）现行海关特殊监管区域的监管手续不够简化

现行的海关特殊监管区域监管制度依赖大量的海关单证。在境外与区域之间流转的货物，企业应向海关申报进出境备案清单、保税核注清单、舱单、核放单等单证。虽然境外与区域之间货物的流转是“备案制”，但进出境备案清单具备等同于报关单的法律效力，备案清单和报关单除少数栏目不同外，整个报备过程已构成完整申报，在删改单、查验管理、案件处罚等方面与正常报关没有区别，且对备案清单的处罚较报关单的处罚更重，给区内企业增加了通关成本。

此外，境外货物进入特殊监管区域后，在区内实施保税管理。一旦货物发生丢失、短少、记录不真实的情况，企业如不能提供正当理由，将受到海关的行政处罚。生产过程中常常会出现实际单耗与向海关申报的单耗不一致的情况，企业很难做到保税料件与出口成品数量的实时平衡。在电子账册中对每一项料件的品名、税号、数量、归并关系等内容进行申报，并按生产经营情况实时更新，所耗费的管理成本对企业也是一项不小的负担[①]。

① 周和敏，赵德铭，陈倩婷．海关法论文（第 4 卷）[M]．北京：法律出版社，2014：47.

第九节

AEO 制度的实施情况

一、RKC 关于 AEO 制度的规定

RKC 未将 AEO 作为海关的基础制度予以规定，但在总附约第一章“总则”规定“海关应建立并保持与贸易界的正式协商关系以增进合作[①]”，在第六章“海关监管”中规定“海关应寻求与贸易界合作，并签署谅解备忘录以加强海关监管[②]”。此外，RKC 在多处[③]规定了经授权的人（Authorized Person）的权利义务，为 AEO 制度的应运而生奠定了基础。基于 RKC，WCO《标准框架（2005）》发展了 AEO 制度，将海关与企业合作伙伴关系作为两大支柱之一[④]，促进供应链的安全和便利，抵御恐怖主义及其他刑事犯罪的威胁。

---

① RKC 第 1.3 条（标准条款）。

② RKC 第 1.3 条（标准条款），总附约第 6.8 条（标准条款）。

③ RKC 第 1.3 条（标准条款），总附约第 3.1 条（过渡性标准条款）、专项附约 E 第 1 章的附件、专项附约 J 第 1 章第 13 条（标准条款）等。

④ 2021 年，WCO 对该框架进行了更新，“两大支柱”发展为“三大支柱”，海关与企业合作伙伴关系为三大支柱之一。

（一）AEO 制度的执行标准

最新版的 AEO 制度主要由《标准框架（2021）》作出原则性规定，同时 WCO 出台了《AEO 执行和认证指南》（以下简称《认证指南》）、《互认安排 / 协议战略指引》、《AEO 申诉程序范例》等政策工具。《标准框架（2021）》[①] 从 13 个方面对 AEO 的认证标准进行了详尽规定，并在《认证指南》中，通过举例等方式细化了操作指引。《标准框架（2021）》强调风险分析是验证工作的基石，WCO 提供的这一套标准属于最佳做法和最优安全认证标准，允许各国灵活地运用和参考。认证标准主要涵盖了以下领域：符合海关要求的守法记录，具备满足商业记录管理要求的体系，财务偿付能力，供应链安全。

（二）AEO 制度鼓励各类型、各规模企业参与

WCO 鼓励处于国际供应链所有类型企业参与 AEO，以确保供应链的安全[②]。在其便利措施的设置上，针对出口商、进口商、报关中介企业、物流企业、承运人等 8 类贸易主体制定了便利的措施指引。WCO 认为中小企业在供应链中担当着非常重要的角色，在有些情况下是主要的组成部分。只有清晰、明确的便利措施，以及合乎比例的确保供应链安全的成本费用，才能充分推动中小企业参与 AEO。但《认证指南》等政策工具尚未针对中小企业细化认证标准。

---

① 见《标准框架（2021）》附件四。

② WCO SAFE Package，http://www.wcoomd.org/en/topics/facilitation/instrument-and-tools/frameworks-of-standards/safe_package.aspx，访问日期：2022 年 7 月 12 日。

（三）AEO 企业享受的便利措施

《标准框架（2021）》将 AEO 的便利分为普惠便利和特定便利。普惠便利包括加快货物放行、缩短运输时间和降低储存成本；便利邮件放行的措施；贸易中断或威胁加剧时期有关的特别措施；优先参与新的贸易便利化计划或倡议；享有其他政府机构提供的便利措施；享有 AEO 互认安排或协议便利措施等。特定便利措施方面，《标准框架（2021）》对进口商等 8 类贸易主体实行差异化管理，结合不同的贸易类型给予便利措施。

（四）海关对 AEO 企业验证方式多元且灵活

《认证指南》中明确了两种验证方式：实地验证（Physical Validations［on-site］）和远程验证（Virtual Validations［remote］）。一方面，实地验证能够最大限度了解企业整体架构、进行现场测试、视察场所，询问企业在实际操作和风险执行方面的问题。《认证指南》确认实地验证是评估 AEO 申请人的首选验证方法。另一方面，《认证指南》认为远程 AEO 验证方式可以减少行政负担，支持对供应链的风险管理。这种方式不能替代所有面对面的海关实地验证程序，而是在前者不可行或者非必要时采取；也不能作为对新申请者的验证方式，除非海关和企业均认为适宜。为应对新冠肺炎疫情带来的挑战，WCO 建议加强远程验证方式的运用，为临近复核期的企业提供验证条件，使其能够继续享有便利措施。

（五）保障 AEO 企业的申诉权

WCO 制定了 AEO 申诉程序范例。当 AEO 企业认证资格被否定、暂停、撤销、撤回时，成员方应为企业提供救济途径。救济程序包括以下：暂停/撤消认证资质前的磋商；送达暂停/撤销资质的通知文书，说明撤销的理由；告知企业申诉的权利；企业可申请听证；企业可发起申诉后的行政上诉；赋予企业申请司法复核的权利。上述范例作为参考程序，由成员方通过国内法自行选择作出制度安排[①]。总体而言，WCO鼓励成员方完善程序，保障企业的救济渠道。

二、美国实施AEO制度的情况

截至2022年3月31日，共有172个国家/经济体表达了执行《标准框架（2021）》的意愿。本节重点介绍美国实施AEO制度的情况。

（一）制度系统规范

源于“9·11”事件后反恐需要，美国于2002年4月正式实施C-TPAT，通过与国际贸易相关方合作建立国际供应链安全管理系统，以确保供应链从起点到终点的运输安全、安全信息和货况的流通，从而阻止恐怖分子的渗入[②]。反对恐怖主义、确保供应链安全是C-TPAT的核心价值。在制度体系构建方面，《2006年港口安全与责任法案》（以下简称《2006年法案》）、《2015年贸易促进和便利化法案》对C-TPAT的制度建立、合作方要求、便利措施、违反规定的后果、申诉等方面作出了明确规定。在授权立法方面，《2006年法案》授权执行部门根据本法案制定认证指南、细化便利措施，体现了立法权限的清晰边界。美国C-TPAT是WCO《标准框架（2021）》参考的主要范本，吸收了美国C-TPAT中安全和风险管理的理念。在执行保障方

① Model AEO Appeal Procedures，WCO SAFE Package http://www.wcoomd.org/en/topics/facilitation/instrument-and-tools/frameworks-of-standards/safe_package.aspx.

② 王雅丽.美国C-TPAT制度与我国AEO制度对比分析及启示［J］.中国海关，2021（9）：78-81.

面，《2006 年法案》[①] 明确了 C-TPAT 由美国海关与边境保护局负责执行，并规定每 5 年需要对 C-TPAT 的实施效果、目标、方式作出规划。同时，明确应当制定资源管理及人员编制计划，以满足 C-TPAT 的战略目标。因此，无论在机构设置、职能划分、具体职责，还是在人力资源配备、财政预算上，上述法案都予以了明确的法律支持。为了充分与国际规则接轨，2020 年 3 月，美国新设立 C-TPAT 贸易合规部，标志着美国 C-TPAT 项目转变为包括安全和贸易合规的 AEO 项目 [②]。

（二）参与主体广泛

自启动初期，美国 C-TPAT 项目就不仅适用于境内贸易主体，而且能够涵盖境外贸易主体，辐射供应链上下游企业。合作伙伴包括：美国进口商、出口商、美国 / 加拿大高速公路运输公司；美国 / 墨西哥高速公路运输公司；铁路和海运承运人；获得许可的美国报关行；墨西哥和加拿大制造商；墨西哥长途承运人等。自 2001 年 11 月成立以来，超过 11400 名跨越贸易界的认证合作伙伴参与 C-TPAT，认证成员的进口额相当于美国总进口额的 52% 以上 [③]。该制度适用于境外贸易主体，具有域外管辖功能，有利于美国政府收集供应链上下游企业信息，为强化风险管理提供信息基础和相互验证的可能性，但在执法边界上已经超出属地原则，按照国际法的通用规则，应当通过双边协议等获得属地国的事前同意。在中小企业扶持方面，以进口商的认证标准为例，相比大企业，“最低安全标准”（Minimum Security Criteria）指南“安全远景与责

① Subtitle B—Customs–Trade Partnership Against Terrorism under TITLE II—SECURITY OF THE INTERNATIONAL SUPPLY CHAIN, SECURITY AND ACCOUNTABILITY FOR EVERY PORT ACT OF 2006.

② 王雅丽 . 美国 C-TPAT 制度与我国 AEO 制度对比分析及启示［J］. 中国海关，2021（9）：78-81.

③ CTPAT: Customs Trade Partnership Against Terrorism. https://www.cbp.gov/border-security/ports-entry/cargo-security/CTPAT，June 19th, 2022.

任”标准明确了小企业可以创建一个相对简单的针对供应链安全计划的定期评估方法；“场地实体门禁管制”标准规定对于较小的公司来说，员工之间相互了解，不需要识别系统。一般来说，对于超过 50 名员工的企业，需要一个身份识别系统。

（三）安全准入严格

美国 C-TPAT 的企业认证引入了“最低安全标准”的概念，结合企业属性设定了 12 类主体的要求。以进口商的认定标准为例，包括风险评估、业务伙伴、网络安全、交通运输工具和国际运输工具的安全、程序安全、农业安全等 12 项要求。其中，风险评估及农业安全标准的独特性尤为突出。进口商的“最低安全标准”指南的“农业安全”版块指出，农业是美国最大的产业和就业领域，它也是一个易受到外来动植物污染物威胁的行业……[①] 指南要求参与企业必须按照他们的商业模式，制定书面程序防止肉眼可见的害虫污染；要求在供应链中必须始终对进口货物的木质包装材料（WPM）采取预防措施，满足《国际植物保护公约》（International Plant Protection Convention, IPPC）项下的国际木质包装检疫措施标准（ISPM 15）。指南“风险评估”版块指出，“当一家公司拥有多个与众多商业伙伴的供应链，它在保护这些供应链方面面临着更大的复杂性……”。为此，C-TPAT 制定了五步风险评估指南，帮助参与企业进行总体风险评估：对会员供应链安全实践、程序和政策的自我评估；国际风险评估，根据会员的商业模式和角色识别供应链的地理威胁。以进口商为例，其进行风险评估的第一步，就要从货物运送

① CTPAT-Minimum Security Criteria-U.S. Importers, https://www.cbp.gov/sites/default/files/assets/documents/2022-May/CTPAT%20U.S.%20Importers%20MSC%20October%202021%20%28508%29.pdf, Page30, June 19, 2022.

的起点到终点，识别经营业务的所有合作伙伴，并向美国海关提供上述企业的详细清单，包括公司名称、在供应链上的业务角色、公司注册地址、是否为 C-TPAT 成员或其他国家（地区）的 AEO 企业[①]，供美国海关验证。

（四）便利措施以风险管理为前提

《2006 年法案》规定的便利措施包括：减少海关检查次数、可能免除分层考试、缩短在边境的等待时间、被与美国签署互认协议的外国海关认定为可信赖的贸易伙伴，美国政府其他试点项目的资格等[②]。同时，对应美国 C-TPAT 参与企业的三个级别，区分了便利措施，逐级降低美国的风险管理系统“自动锁定目标系统”（Automated Targeting System，ATS）设定的风险系数[③]，从而将风险管理与信用管理紧密结合，提升管理的协同性和有效性。在 AEO 互认方面，截至 2021 年 9 月，美国已与新西兰、加拿大、欧盟等 14 个国家和地区签署了互认协议[④]。

（五）程序权利完备

《2006 年法案》赋予美国海关可以对 C-TPAT 项目参与企业的境外

---

① “C-TPAT’s Five Step Risk Assessment”, https://www.cbp.gov/sites/default/files/documents/C-TPAT%27s%20Five%20Step%20Risk%20Assessment%20Process.pdf, Page 15, June 19, 2022.

② “CTPAT: Customs Trade Partnership Against Terrorism”, https://www.cbp.gov/border-security/ports-entry/cargo-security/CTPAT.

③ Sec. 214.-216. , Subtitle B—Customs–Trade Partnership Against Terrorism under TITLE II—SECURITY OF THE INTERNATIONAL SUPPLY CHAIN, SECURITY AND ACCOUNTABILITY FOR EVERY PORT ACT OF 2006.

④ CTPAT: Customs Trade Partnership Against Terrorism, https://www.cbp.gov/border-security/ports-entry/cargo-security/CTPAT.

供应商开展境外实地认证的权力[①]，并授权海关制定程序，规定当参与企业不再符合最低安全标准时，可以部分或全面停止企业享受项目提供的便利措施；如果参与企业在认证过程中对海关虚假陈述，海关可以暂停或剥夺企业在合理期间内参与项目的资格，履行告知程序，并可向社会公开涉及企业名单。在争议解决和权利救济方面，企业依法可以针对上述权利的丧失，分别在 90 日、30 日内向海关提出申诉，海关应当在受理之日起 180 日内作出决定[②]。在信用修复方面，由于 C-TPAT 项目没有设定失信、严重失信企业，修复的目的是恢复便利措施，不具有撤销惩戒的性质，如果企业能够修复不符合最低安全标准的情形，海关将恢复其便利措施，没有严格的期间限制和禁止修复的情形。

三、我国 AEO 制度的实施情况

（一）海关信用管理制度立法层级低、碎片化

2005 年，我国加入《标准框架（2005）》。我国海关对企业的管理侧重于通过信用等级分类给予差别化的便利措施。2014 年《中华人民共和国海关企业信用管理暂行办法》（海关总署令第 225 号）正式确立了中国经认证的经营者的地位。国家逐步建立健全了信用承诺、信用修复、守信联合激励、失信联合惩戒等信用管理机制[③]。在此背景下，我国海关的企业信用管理制度逐步迈入法治轨道，建立了以“诚信守法便

① SEC. 215. TIER 2 PARTICIPANTS IN C–TPAT，Subtitle B—Customs–Trade Partnership Against Terrorism under TITLE II—SECURITY OF THE INTERNATIONAL SUPPLY CHAIN, SECURITY AND ACCOUNTABILITY FOR EVERY PORT ACT OF 2006.

② SEC. 217. CONSEQUENCES FOR LACK OF COMPLIANCE，Subtitle B—Customs–Trade Partnership Against Terrorism under TITLE II—SECURITY OF THE INTERNATIONAL SUPPLY CHAIN, SECURITY AND ACCOUNTABILITY FOR EVERY PORT ACT OF 2006.

③ 《国务院关于印发社会信用体系建设规划纲要（2014—2020 年）的通知》等指导意见。

利、失信违法惩戒”为立法原则，以《中华人民共和国海关注册登记和备案企业信用管理办法》(海关总署令第251号，以下简称《企业信用管理办法》)为核心，《海关高级认证企业标准》等规范性文件细化操作要求的“1+n”制度体系。但是，《企业信用管理办法》未明确海关实施信用管理的机构设置、具体层级以及认证人员资质要求，而是通过内部操作规范明确了隶属海关负责信用培育、申请受理；直属海关组建认证组实地认证，对高级认证企业的认定作出最终决定；海关总署负责制定相关法律制度及相关政策；明确认证人员应取得企业认证专业资质，认证组不少于2人。

美国C-TPAT项目的构建以法律为基础，机构、职能、标准均由法律作出原则规定，执行措施通过授权立法实现。相比之下，我国海关的AEO信用管理制度尚停留在海关规章层面予以规制，并通过规范性文件细化认证标准、便利措施，具有标准明确、操作性强的特点，但也存在立法层级低、尚未在《中华人民共和国海关法》等基础法律制度中予以规定的问题。而且机构设置、职能划分、部门联系配合机制等均无明确的法律依据，而是通过内部文件、各部委联合发文明确执行要求。这使得我国海关的信用管理制度呈现碎片化、系统性薄弱的特点，弱化了信用管理制度在海关履行进出关境监督管理职能方面的地位和作用发挥。立法资源配置上的缺失，也会导致AEO制度执行保障机制的不足，对内影响高级认证企业培育及认证队伍的建设，对外不利于海关争取其他管理部门行政资源的的支持，从而影响海关信用管理制度的韧性和张力。

（二）海关信用管理制度尚未完全具备域外管辖功能

我国高级认证企业认证标准与《标准框架（2021）》衔接，结合商业模式明确了加工贸易以及保税进出口、卫生检疫、动植物检疫、进出口食品、进出口商品检验、跨境电商平台、外贸综合服务等 10 类业务的认证标准。在等级分类上，《企业信用管理办法》取消了一般认证企业的分类，纳入海关信用管理的企业划分为高级认证企业、实施常规管理措施的企业以及失信企业，其中失信企业存在涉及进出口食品安全等违法行为将被列为严重失信主体名单，以此与国家社会信用体系的原则性分类相衔接。我国高级认证企业以大型企业为主，没有针对中小企业的认证标准，但在单项标准中，除了针对加工贸易、卫生检疫、动植物检疫、进出口食品、进出口商品检验等多个业务类型制定了能够鲜明体现海关管理要求的内容外，还对对外综合服务企业、跨境电商制定了单项认证标准，突出了支持新兴业态发展的政策倾斜特点。

2022 年 1 月 1 日，我国开始对进口食品境外生产企业、物流企业实施注册登记全覆盖[①]，强化了进口食品的源头管理。但《企业信用管理办法》规定：“海关注册的进口食品境外生产企业和进境动植物产品国外生产、加工、存放单位等境外企业的信用管理，由海关总署另行规定[②]。”这意味着目前我国海关暂未对处于供应链上游的境外生产企业、物流企业实施信用管理，海关信用管理制度体系的域外管辖配套制度尚未建立。在这方面，美国 C-TPAT 通过立法明确了海关域外执法的权力。C-TPAT 延伸到供应链上游的境外生产商、承运人，对供应链安全形成了闭环管理，具备了“长臂管辖”功能。

（三）对高级认证企业的安全准入要求尚不完善

我国的认证标准原则上衔接了《标准框架（2021）》。《海关高级认证企业标准》（海关总署公告 2022 年 106 号）明确了通用标准和单项标

① 《中华人民共和国进口食品境外生产企业注册管理规定》第二条。

② 《企业信用管理办法》第三十六条。

准，通过制定量化指标明确认证要求，“守法规范”“管理要求”标准尤其严格。包括企业相关人员 2 年内未因故意犯罪受过刑事处罚、企业 1 年内无违反海关的监管规定被海关行政处罚金额超过 5 万元的行为、报关单涉税要素申报不规范指标达标等要求；还涉及“企业和企业相关人员 2 年内均未被列入国家失信联合惩戒名单”等外部信用指标。而在供应链安全方面，我国虽然对人员、场所、货物、商业伙伴安全等指标均有规定，却都比较原则，尤其是确保商业伙伴安全的认证标准以参与企业提供的合同及协议为主要依据，缺乏海关的监督程序，比如海关没有对上游企业实施实质性延伸考察的法定权限。机构改革后，海关涉及安全准入的职责扩大，上述公告在单项标准中规定了卫生检疫、动植物检疫、进出口食品、进出口商品检验的认证指标，比如出入境特殊物品的安全管理制度、动植物及其产品检疫监管的台账制度、一年内食品进口商未被总署列入不良记录名单、进出口商品检验监管的台账制度等①，体现了信用管理制度上的深入融合。

美国 C-TPAT 通过衔接国际标准强化检疫准入，从而保障农业等重点产业发展。我国通过设定守法规范等指标，确保企业守法，着力维护系统安全，涉税风险防范指标尤为突出。但在国境卫生检疫风险持续增加、外来入侵物种扩散途径更加多样化、隐蔽化②的形势下，我国认证指标在维护生物安全、防止外来物种入侵、防范国境卫生检疫风险方面的刚性要求不足、重点不突出，安全准入的指标设定还比较原则。此外，美国 C-TPAT 通过企业认证获取供应链企业信息，为美国法律域外适用提供了强大的数据支持和制度保障。我国海关对企业管理贯彻的

---

① 海关总署公告 2022 年 106 号附件 1、附件 2。

② 《海关如何实施〈外来入侵物种管理办法〉》，https://mp.weixin.qq.com/s/kas1tFo6lzU0b0_0GsuAKw，2022 年 6 月 23 日。

是“守法便利”原则，对高级认证企业违反海关法律法规的次数、罚款金额有非常严格的限制，但对供应链安全的要求刚性不足，缺乏延伸考察、境外执法的制度设计。

（四）便利措施与风险管理的紧密度还不充分

我国对高级认证企业明确了降低进出口货物平均查验率、降低出口货物原产地调查抽查比例、优先办理出口货物通关手续、优先向其他国家推荐食品出口企业注册、向海关申请免除担保等 12 类管理措施[①]。《海关认证企业管理措施目录》进一步细化便利措施，充分融合了涉检类业务的特点，比如降低进出口货物检验检疫抽批比例、进出口货物实施“先放后检”、实施企业信用承诺和“线上”“线下”相结合的监管模式等。同时，海关总署还通过与国家发展改革委、中国人民银行等 39 个部门建立联合激励机制[②]，深化了海关高级认证企业制度与国家社会信用体系的融合。截至目前，中国已经与新加坡、欧盟、南非等 22 个经济体签署 AEO 互认协议，覆盖 48 个国家（地区），互认国家（地区）数量稳居世界首位[③]。

我国的便利措施是全方位的，既包括提高通关效率的便利，也涵盖了节约通关成本的措施，还兼顾到涉及检验检疫类货物的便利措施。但便利措施以业务条线的职能设定，缺乏统一的风险管理原则支持。而美国 C-TPAT 给予企业的便利措施是递进式的，逐级降低风险系数及查验比例，体现了信用管理和风险管理的制度整合。

---

① 《企业信用管理办法》第三十条。

② 《关于对海关高级认证企业实施联合激励的合作备忘录》（发改财金〔2016〕2190 号）。

③ 中国－俄罗斯 AEO 互认安排签署，“海关发布”，https://mp.weixin.qq.com/s/PJNKxsuTHPX2XOGCP7R1Hg，2022 年 6 月 16 日。

（五）对企业信用管理的程序权利保障存在薄弱环节

《企业信用管理办法》部分衔接了 WCO 的程序指引，规定了企业书面申请、实地认证、审核期间、认证文书的送达、认证有效期等。对拟认定为失信企业或拟列入严重失信企业主体名单的决定，企业依法享有陈述、申辩权；涉及严重失信的，还应告知惩戒措施提示、移出条件、移出程序及救济措施。但该办法没有明确规定对严重失信企业的救济措施包含复议、诉讼。在信用修复方面，《企业信用管理办法》的信用修复，针对未列入严重失信主体名单的失信企业，区分企业不同的违法违规情形明确企业申请修复的期限，还规定上述企业 2 年内未发生违法情形的，海关应当主动作出修复决定。广义的修复，还包括明确了 1 年内不得再次提出高级认证企业认证申请的限制。

我国高级认证企业信用下调至常规管理时，没有法定的陈述、申辩权，企业的救济措施仍有欠缺。在这一点上美国 C-TPAT 对企业的救济措施更为完善。在信用修复方面，我国制度对企业的合规要求较为严格、细化，从情形上、时限上均有限制。

第三章
对我国海关制度建设的建议

习近平总书记指出："中国走向世界，以负责任大国参与国际事务，必须善于运用法治[①]。"在党的二十大报告中，习近平总书记进一步强调："推进高水平对外开放……稳步扩大规则、规制、管理、标准等制度型开放。""加强重点领域、新兴领域、涉外领域立法，统筹推进国内法治和涉外法治，以良法促进发展、保障善治[②]。"

本章从 RKC 的核心原则和先进管理理念出发，以习近平法治思想为引领，结合中华民族伟大复兴战略全局和世界百年未有之大变局，基于我国国情、国家立法以及海关改革发展现状，统筹发展和安全，平衡贸易安全与便利、海关监管与服务的关系，研究如何将 RKC 的核心原则引入《中华人民共和国海关法》，并就 RKC 各业务门类的具体制度和做法研究提出完善海关法律规范体系的立法建议，推动我国海关法律制度更好地与国际接轨，促进高水平制度型开放，推动构建更加开放、包容、普惠、平衡、共赢的经济全球化体系。同时，围绕反制裁、反干涉、反制"长臂管辖"等，充实我国应对挑战、防范风险的法律"工具箱"，为维护国家主权、安全和发展利益提供法律支撑。

---

① 习近平：《在中央全面依法治国委员会第一次会议上的讲话》，2018 年 8 月 24 日。

② 习近平：《高举中国特色社会主义伟大旗帜　为全面建设社会主义现代化国家而团结奋斗——在中国共产党第二十次全国代表大会上的报告》，第四、第七部分。

第一节
从《经修订的京都公约》到海关制度建设

RKC作为当前唯一一部综合性、多边的海关国际硬法，全面、系统且有重点地协调规范了海关事务的各项制度，是各缔约方制定海关制度的重要参考。20多年来，RKC有效地推动了各个经济体海关制度与实践朝着高度简化、协调统一方向发展，已成为全球贸易治理体系的重要组成部分。

“条约必须信守”是国际法的一项重要原则，也是维护国际关系和国际法律秩序稳定性的基础。我国缔结或参加的国际条约（声明保留的条款除外）体现了我国的意思自治，对我国具有国际条约法上的拘束力[①]，我国应当履行相应的国际义务。RKC总附约第一章第2条规定：“本附约和各专项附约中规定的制度和做法所需满足的条件和需完成的海关手续，应当在国家立法中作出规定。”这就意味着，各缔约方必须在立法中体现总附约和已接受的各专项附约的核心原则以及具体规定。

① 根据《维也纳条约法公约》，凡有效之条约对各当事国有约束力，必须由各国善意履行，一当事国不得援引其国内法规定为理由而不履行条约。

我国于2000年加入RKC后，认真履行公约义务，将RKC的有关原则和规定融入2000年修正的《中华人民共和国海关法》以及其他海关法律制度中。这部《中华人民共和国海关法》在改革开放不断深化、对外贸易迅速增长、政府管理职能转变的时代背景下，衔接RKC、WTO协定等国际义务，创设了一系列适应贸易便利化新需求的海关监管制度，对于促进对外贸易发展、建立现代海关制度发挥了重要作用。

20多年来，我国海关业务改革不断推进，海关法律制度不断完善，营商环境持续改善。从某种意义上说，这正是逐步接受和实质融入RKC规定的制度和原则，同时体现中国海关管理特点的过程。比如：查验前修改申报单、申报前查看货物和提取货样、担保制度、通关一体化、电子申报、政务公开、压缩申报信息、AEO制度改革等，都是对RKC总附约规定的原则的积极响应。实践证明，加入RKC极大地促进了我国海关管理制度与国际惯例接轨，对于推动我国海关制度建设发挥了积极作用。

同时也应看到，《中华人民共和国海关法》作为规范我国海关制度的一部基础性法律，自1987年实施后，经过2000年大修和历次修改，虽然体现了便利贸易的方向和根本原则，起到了促进开放发展的作用，但总体来看，这种作用发挥还不够充分，还有很大的完善空间。此外，近年来海关的业务改革，大多数是通过部门规章、规范性文件体现，法律位阶较低，一些卓有成效的改革（如通关一体化等）尚未上升为法律法规。如果改革的成果不能及时上升为法律，以国家意志加以固化，势必影响我国高水平地履行RKC的义务。

一、从RKC看我国海关法律规范体系存在的问题

我国的海关法律规范体系主要存在以下问题：

（一）RKC 的一些核心原则在《中华人民共和国海关法》中未能得到充分体现

本文第一章介绍的 RKC 8 项核心原则——透明度原则、最小限制原则、非歧视性原则、风险管理原则、信息保护原则、应用信息技术原则、应用国际标准原则、合作原则，在《中华人民共和国海关法》中有的没有直接体现，或者体现得比较笼统、模糊。以下举例说明：

对于透明度原则，RKC 主约前言规定：“应以一种可预见、始终如一、透明的方式实施海关制度。”《中华人民共和国海关法》中没有直接体现。

对于风险管理原则，总附约第 6.3 条（标准条款）规定：“实施海关监管时，海关应使用风险管理的方法。”《中华人民共和国海关法》中没有体现，只在《进出口工业品风险管理办法》《进境动物和动物产品风险分析管理规定》《出入境检验检疫风险预警及快速反应管理规定》等海关规章以及有关改革方案、制度中对风险管理作出规定。

对于信息保护原则，总附约第 9.6 条（标准条款）规定：“除非必要或经国内法授权，当海关提供信息时，他们应当保证不披露影响到海关或第三方的商业秘密。”《中华人民共和国海关法》第七十二条规定：“海关工作人员……不得有下列行为……泄露国家秘密、商业秘密和海关工作秘密。”该条未从正面规定海关保护商业秘密的义务，仅作出禁止性规定。

（二）我国接受 RKC 的专项附约较少，海关制度与公约接轨不够

RKC 的 10 个专项附约，分别对应货物抵达关境、进口、出口、海关仓库和自由区、转运、加工、暂准进境、违法行为、特别制度、原产

地 10 类海关业务制度，主要从具体层面对各领域、各环节海关业务制度予以协调规范，是总附约核心原则的具体体现。截至目前，我国仅接受了其中 3 个专项附约或其中的若干章，包括：专项附约 D“海关仓库和自由区”、专项附约 F“加工”第一章“进口加工”和第二章“出口加工”、专项附约 G“暂准进口”，且对其中 20 余个条款作了保留[①]。尽管 RKC 缔约方可以自愿选择是否接受专项附约，且可以对其中的建议条款提出保留[②]，但有专家认为，国际法和国内法向来相互影响与转化，国际法对国内法的影响并不必然以其对某国生效为前提[③]。RKC（包括总附约和专项附约）是实现各个经济体海关制度与实践朝着高度简化、协调统一方向发展的重要依据，也是各缔约方制定海关制度的重要参考。从目前来看，我国海关制度深度融入 RKC 还不够。以下举例说明：

对于暂准进口担保金异地退还问题，专项附约 G“暂准进口”的第一章“暂准进口”第 21 条（建议条款）规定：“如果提供现金担保，可规定由复出口办公机构退还担保金，即使货物并非从该办公机构进口。”我国对这一条作了保留，《中华人民共和国海关事务担保条例》未予体现。事实上，我国海关已推行通关一体化，暂准进口担保金异地退还措施不难实现，这有利于相对人自由选择复出口地点。

对于外发加工问题，专项附约 F“加工”的第一章“进口加工”第 18 条（建议条款）规定：“主管机构应允许进口加工作业由取得进口加工便利的人以外的另一人进行。如果取得进口加工便利的人在整个作业

① 北京睿库贸易安全及便利化研究中心,《〈京都公约〉审议报告》，2019 年 4 月 25 日。

② RKC 主约第 12 条第 2 款：“缔约方可接受一项或多项专项附约或专项附约中的一章或若干章。已接受一项专项附约或其中一章或若干章的缔约方应受其中各标准条款的约束。已接受一项专项附约或其中一章或若干章的缔约方应受各建议条款的约束，除非该缔约方在接受时或其后随时通知保管机关对有关的建议条款提出保留，声明其国家立法与有关建议条款之间存在差异……”

③ 朱秋沅 .《经修正的京都公约》的修正机制及公约未来走向分析［J］. 海关与经贸研究，2020（3）.

期间继续就遵守批准文件上所规定的条件向海关负责，就无须转让为进口加工而准予进口的货物的所有权。”我国对这一条作了保留。事实上，《中华人民共和国海关加工贸易货物监管办法》已经建立了外发加工制度，规定经营企业可以委托承揽者对加工贸易货物进行加工，经营企业开展外发加工业务，不得将加工贸易货物转卖给承揽者[①]。既然我国实际上已实施该保留条款，根据 RKC 主约第 12 条第 2 款[②]的规定，可以提出撤销该项保留，以便正式接受该条款。

二、完善我国海关法律规范体系的总体思路

（一）深入贯彻落实习近平法治思想

习近平法治思想是全面依法治国的根本遵循和行动指南。必须深入贯彻落实习近平法治思想的“十一个坚持”[③]，结合中华民族伟大复兴战略全局和世界百年未有之大变局，基于我国国情、国家立法以及海关改革发展现状，研究完善以《中华人民共和国海关法》为核心的海关法律规范体系，统筹发展和安全，促进高水平制度型开放，推动构建更加开放、包容、普惠、平衡、共赢的经济全球化体系。

一是要坚持统筹推进国内法治和涉外法治。一方面，引入 RKC 的核心原则和先进管理理念，完善以《中华人民共和国海关法》为核心的海关法律规范体系，推动我国海关管理制度与国际法接轨，协调推进国内治理与国际治理，促进高水平制度型开放；另一方面，围绕反制裁、反

① 《中华人民共和国海关加工贸易货物监管办法》第二十二条、第四十条。

② RKC 主约第 12 条第 2 款：“……已提出保留的任何缔约方可以随时通知保管机关部分或全部撤销保留，并具体列明撤销保留生效的日期。”

③ 习近平：《坚定不移走中国特色社会主义法治道路　为全面建设社会主义现代化国家提供有力法治保障》，2020 年 11 月 16 日。

干涉、反制“长臂管辖”等，充实我国应对挑战、防范风险的法律“工具箱”，为维护国家主权、安全和发展利益提供法律支撑。

二是要坚持科学立法。主动、广泛听取进出境主体、行业协会、专家教授以及海关系统特别是一线执法人员意见建议，着力解决进出境主体高度关注的实际问题，准确固化行之有效的改革成果，增强法律规定的针对性、实用性、可操作性，清晰界定海关职责边界。

三是坚持以人民为中心。厚植“人民海关为人民”的价值理念，践行总体国家安全观，优化营商环境，促进形成对于企业和老百姓好用、对于海关执法管用的良法，体现“良法善治”的法治精神。

（二）研究做好 RKC 的衔接和转化

本次《中华人民共和国海关法》修订的主要原则是“要对标国际最高标准，要在立法中凸显最先进的管理理念[①]”。RKC 以及对该公约的新一轮修订，代表了最先进的海关制度及其发展趋势。RKC 的核心原则体现了行政部门与贸易界共同的价值观。这就要求我们研究做好海关法律规范体系与 RKC 的协调统一，力争在法律层面推动构建最具竞争力的海关监管制度。

一是借鉴第二章中有关国外海关法比较研究的成果，对于 RKC 的总附约和我国已接受的专项附约，引入其中体现的核心原则和先进管理理念，将 RKC 的核心原则（如透明度原则、风险管理原则等）融入《中华人民共和国海关法》，将 RKC 的有关制度和做法融入海关法律制度，推动完善以《中华人民共和国海关法》为主体的我国海关法律规范体系，以更好地履行国际义务，促进高水平制度型开放。

二是对于 RKC 中我国尚未接受的专项附约，结合近年来我国海关制

① 王令浚：《在〈海关法〉修订第一次工作会议上的讲话》，2021 年 10 月 28 日。

度及业务改革情况，对于符合我国法律原则和政策导向、有条件实施的制度和做法，研究纳入《中华人民共和国海关法》及其他海关法律制度，适时向 WCO 通报接受相关专项附约，以更好促进跨境贸易便利化，持续优化口岸营商环境。

（三）充实我国应对国际贸易摩擦纠纷的法律“工具箱”

当前，世界进入动荡变革期，单边主义、霸权主义大行其道，冷战思维和强权政治持续存在，国际关系中不公平不公正等现象依然突出，全球发展中的深层次矛盾仍未得到有效解决。个别国家挑动经贸摩擦，鼓吹科技“脱钩”，妄图通过全方位打压、围堵、遏制我国，以维护其在世界的霸权地位。

习近平总书记强调：“在对外斗争中，我们要拿起法律武器，占领法治制高点，敢于向破坏者、搅局者说不[①]。”面对国际局势急剧变化，特别是面对外部讹诈、遏制、封锁、极限施压，我们要发扬斗争精神，强化法治思维，坚持用规则说话，靠规则行事，从法治上有效应对国际贸易摩擦和纠纷。在《中华人民共和国海关法》修订中，建议采用国际公法的对等原则，参照《中华人民共和国反外国制裁法》《中华人民共和国出口管制法》《中华人民共和国数据安全法》中有关反制裁、反干涉、反制“长臂管辖”的规定[②]，在《中华人民共和国海关法》中引入

---

① 习近平：《在中央全面依法治国委员会第一次会议上的讲话》，2018 年 8 月 24 日。

② 《中华人民共和国反外国制裁法》第三条第二款规定：“外国国家违反国际法和国际关系基本准则，以各种借口或者依据其本国法律对我国进行遏制、打压，对我国公民、组织采取歧视性限制措施，干涉我国内政的，我国有权采取相应反制措施。”《中华人民共和国出口管制法》第四十八条规定：“任何国家或者地区滥用出口管制措施危害中华人民共和国国家安全和利益的，中华人民共和国可以根据实际情况对该国家或者地区对等采取措施。”《中华人民共和国数据安全法》第二十六条规定：“任何国家或者地区在与数据和数据开发利用技术等有关的投资、贸易等方面对中华人民共和国采取歧视性的禁止、限制或者其他类似措施的，中华人民共和国可以根据实际情况对该国家或者地区对等采取措施。”

对等反制措施，充实我国应对国际贸易摩擦纠纷的法律“工具箱”，赢得法律斗争主动权，坚决维护国家主权、安全和发展利益。

（四）平衡贸易安全与便利

RKC指南第一章明确：“本公约的目标不仅是为了满足便利贸易界货物流动的需要，而且也着眼于增强遵守海关法、增强海关监管的可行性和高效性的目标。”《全球贸易安全与便利标准框架》注重平衡贸易安全与便利的关系，旨在制定全球性的供应链安全与便利的标准，促进货物在安全的国际贸易供应链顺畅流动[①]。上述理念与我国统筹发展和安全、推进贸易安全与便利的高水平对外开放格局是协调统一的。

海关作为国家的进出关境监督管理机关，处在维护国门安全第一线，监管是海关最基本、最重要的职责。完善我国海关法律规范体系，必须坚决落实总体国家安全观，完整、准确、全面贯彻新发展理念，统筹发展和安全，平衡贸易安全与便利、海关监管与服务的关系。一方面，要切实守住监管底线，筑牢国门安全防线，以高标准安全保障高质量发展；另一方面，要在不降低海关监管适当标准的前提下，简化和协调海关制度及做法，促进国际合作，便利国际贸易，打造市场化、法治化、国际化的口岸营商环境。

（五）固化海关机构改革与业务改革成果

2018年，党和国家机构改革对海关职责作出重大调整，将检验检疫职责和队伍划入海关。截至目前，机构改革任务圆满完成，关检全面深度融合顺利推进，但这只是“客观事实”，还不是严格意义上的“法

---

① 《全球贸易安全与便利标准框架》1.2条《框架》的目标和原则：“《框架》旨在：——制定全球性的供应链安全与便利的标准，提高确定性和可预见性……促进货物在安全的国际贸易供应链顺畅流动。”

律事实”，或者说还没有完全得到法律层面的确认。这就亟须对海关法律规范体系的“母法”——《中华人民共和国海关法》进行修改，固化机构改革成果，将“动、食、商、卫”各项职责在《中华人民共和国海关法》中落地生根，从法律层面妥善处理好与检验检疫法律的关系，确保相关法律的衔接和协调一致，保障机构改革“优化、协同、高效”。

近年来，我国海关落实党中央、国务院全面深化改革工作部署，借鉴 RKC 等国际公约以及国外海关先进管理理念，以打造先进的、在国际上最具竞争力的海关监管体制机制为目标，在业务改革方面迈出了坚实步伐。全国通关一体化改革已取得决定性成果，以“两步申报”改革为牵引、“两轮驱动”为枢纽，“两段准入”“两类通关”“两区优化”等改革举措进一步关联耦合，“2020 改革框架方案”各项任务落地见效[①]。这些改革举措多数以海关规章、规范性文件或有关改革方案等形式体现，亟须提升法律位阶。要通过修订《中华人民共和国海关法》及其他海关法律法规，固化业务改革成果，将全国通关一体化改革、“五个两”等行之有效的重大业务改革上升为法律法规，把近年来海关建立的企业信用管理及 AEO 制度、风险管理、主动披露等制度在法律法规中进行明确，为改革把方向、定原则、做保障。

（六）明确海关的权力与责任边界

法定职责必须为、法无授权不可为。完善海关法律规范体系，必须落实习近平总书记“用法治给行政权力定规矩、划界限[②]”的要求，坚持现行《中华人民共和国海关法》第二条关于“海关是国家的进出关境

① 王令浚：《在〈海关法〉修订第一次工作会议上的讲话》，2021 年 10 月 28 日。

② 习近平：《坚定不移走中国特色社会主义法治道路　为全面建设社会主义现代化国家提供有力法治保障》，2020 年 11 月 16 日。

监督管理机关”的基本定位，结合海关“三定”方案以及海关权责清单，通过修法进一步明确海关权责边界，把该管的事务管好、管到位。

一是在职责定位上，海关是国家进出关境监督管理机关。机构改革后，海关职责和执法手段拓展到了进出境动植物检疫、卫生检疫、商品检验、食品安全等领域，监管对象在进出境运输工具、货物、物品的基础上拓展到了进出境人员，但海关执法仍应定位在进出境环节，这也是党中央、国务院赋予海关的职责所在。

二是在监管时空上，应重点集中于“申报到放行”以及“边境、口岸”。出于监管执法的客观需要，海关在工作中可以前伸后移，如企业管理、属地查检、后续稽核查等，但不能从法律上变成海关的“无限责任”，不宜在“三定”以外随意扩大海关执法时间、空间。

（七）为改革发展预留制度空间和接口

我国已经开启全面建设社会主义现代化国家、向第二个百年奋斗目标进军新征程，海关法律制度要更加主动适应经济社会发展的需要以及海关新的角色使命，与全面深化改革相衔接。

完善海关法律规范体系，要注重立法的前瞻性，落实党的二十大报告关于“推进高水平对外开放……稳步扩大规则、规制、管理、标准等制度型开放”的要求，在固化行之有效的改革成果的同时，为正在蓬勃发展的新兴业态（如跨境电商、数字贸易等）和正在试点推进的海关业务改革及重大发展战略（如自由贸易试验区、海南自由贸易港等）提供法律框架，预留制度空间和接口，力争为推进高水平制度型开放奠定坚实的法律基础。

第二节
将《经修订的京都公约》核心原则引入《中华人民共和国海关法》

为满足便利贸易界货物流动的需要和增强海关监管的可行性和高效性，RKC 规定了简化和协调海关制度和做法的核心原则，对于各缔约方具有强制性。为加强国际条约与国家立法的衔接与转化，新修订的《中华人民共和国海关法》应充分体现 RKC 的核心原则和理念。

《中华人民共和国海关法》的法律原则直接决定了该法律的基本性质和价值取向，对具体法律规则的制定和实施起到指导作用，具有总揽全局、高度精炼的特征。修订《中华人民共和国海关法》的总体思路是平衡贸易安全与便利的关系，综合考虑《贸易便利化协定》《全球贸易安全与便利化标准框架》等相关国际协定，结合我国国情与海关改革发展需要，借鉴我国行政法有关规定，研究提出将 RKC 核心原则纳入《中华人民共和国海关法》的具体方式、法条文本及修订理由。

一、透明度原则

透明度原则是 RKC 的第一原则。它要求缔约方海关以一种透明、可预见、一致和可靠的方式实施各种海关制度和做法。RKC 规定的透明度原则主要包括以下含义：一是海关有告知义务，如海关对货物申报不予登记（接受）时应当说明理由，货物税率应当公布等；二是海关有协调沟通义务，如海关应建立并保持与贸易界的正式协商关系以增进合作，便利贸易界参与制定有关工作规则；三是信息的可获得性，如海关应保证任何有关的人随时取得所有与海关法有关的一般信息，立法应明确相对人的权利和义务；四是对语言的要求，如对旅客适用的海关便利信息，应当用有关国家的官方语言以及被认为有用的语言印发。

（一）在我国海关法律制度中的体现

透明度原则在《中华人民共和国海关法》中没有直接体现，但有关该原则的具体制度已经体现在海关行政法规、规章中。比如：

关于货物税率应当公布，《中华人民共和国进出口关税条例》第三条规定，国务院制定《中华人民共和国进出口税则》，作为本条例的组成部分。目前，国务院关税税则委员会以公告形式发布进出口税则。

关于贸易界参与制定有关工作规则，《中华人民共和国海关立法工作管理规定》（海关总署令第 180 号）第二十七条规定：“海关规章起草完毕后，应当征求有关单位、海关总署有关部门、直属海关及行政相对人意见。”

（二）在国内其他法律制度中的体现

《中华人民共和国立法法》《中华人民共和国行政许可法》等其他法律制度在不同程度上体现了透明度原则。

《中华人民共和国立法法》第五条规定：“……坚持立法公开，保障人民通过多种途径参与立法活动。”第六条规定：“立法应当……科学合理地规定公民、法人和其他组织的权利与义务、国家机关的权力与责任。法律规范应当明确、具体，具有针对性和可执行性。”同时，《中华人民共和国立法法》还规定了法律、法规、规章应当公布以及具体的公布方式。上述规定体现了立法的广泛参与性和透明度。

《中华人民共和国行政许可法》第五条规定："设定和实施行政许可，应当遵循公开、公平、公正、非歧视的原则。有关行政许可的规定应当公布；未经公布的，不得作为实施行政许可的依据。行政许可的实施和结果，除涉及国家秘密、商业秘密或者个人隐私的外，应当公开……"该条直接体现了行政许可的透明度原则。《中华人民共和国行政处罚法》也有类似规定。

《中华人民共和国政府信息公开条例》第一条明确该条例制定依据是"为了保障公民、法人和其他组织依法获取政府信息，提高政府工作的透明度……"，第五条规定行政机关公开政府信息应当坚持"以公开为常态、不公开为例外"原则。《优化营商环境条例》第三条规定"各级人民政府及其部门应当坚持政务公开透明，以公开为常态、不公开为例外，全面推进决策、执行、管理、服务、结果公开。"上述规定很好地体现了促进政务公开透明的法治精神。

《国务院办公厅关于全面推行行政执法公示制度　执法全过程记录制度　重大执法决定法制审核制度的指导意见》提出，着力推进行政执法透明、规范、合法、公正，并要求行政执法机关全面准确及时主动公开行政执法主体、人员、职责、权限、依据、程序、救济渠道和随机抽查事项清单等信息。其中明确提出要推进行政执法的"透明"，海关作为行政执法机关，应当执行该指导意见。

《国务院办公厅关于进一步做好履行我国加入世界贸易组织议定书透明度条款相关工作的通知》（国办发〔2006〕23号）明确："商务部负责编辑、发行的《中国对外经济贸易文告》，是我国政府指定的汇集刊登我国已按现行规定公布的所有有关或影响货物贸易、服务贸易、与贸易有关的知识产权或外汇管制的法律、法规及其他措施的官方刊物。”这是我国履行有关透明度国际义务的直接体现。

（三）纳入《中华人民共和国海关法》的必要性及主要考虑

通过对 RKC 以及我国有关法律制度的梳理，不难得出以下结论：透明度原则已经成为海关行政执法的基本理念和法律原则，应当在《中华人民共和国海关法》中予以明确体现。

从立法技术上讲，现行《中华人民共和国海关法》总则部分缺少规定海关执法基本原则的条款，不利于从法律原则层面明确海关执法总体要求。建议在《中华人民共和国海关法》总则增加基本原则条款，将透明度原则纳入其中。

从法律概念上讲，我国法律中的公开原则与 RKC 的透明度原则存在相似性，但透明度原则要求以一种透明、可预见、一致和可靠的方式实施各种海关制度和做法，其内涵更深、更广，不仅仅局限于立法和执法信息的公开。建议在《中华人民共和国海关法》中用“透明”作直接表述。

（四）《中华人民共和国海关法》修订建议和理由

建议在《中华人民共和国海关法》总则中增加一条：“海关工作坚持中国共产党的领导，贯彻总体国家安全观，遵循依法行政、公开透明、公平公正、风险管理的原则。”

理由：透明度原则是 RKC 的第一原则，它要求缔约方海关以一种透明、可预见、一致和可靠的方式实施各种海关制度和做法。从《中华人民共和国行政许可法》《中华人民共和国政府信息公开条例》《优化营商环境条例》以及行政执法公示制度、执法全过程记录制度、重大执法决定法制审核制度（以下简称“三项制度”）看，透明度原则已经成为行政执法的基本理念和法律原则，应当在《中华人民共和国海关法》中予以明确体现。鉴于现行《中华人民共和国海关法》缺少规定海关执法基本原则（包括透明度原则）的相关条款，建议结合党的二十大报告关于“扎实推进依法行政”的要求，《中华人民共和国行政许可法》《中华人民共和国行政处罚法》有关公开、公平、公正的原则以及“三项制度”关于推进行政执法透明、规范、合法、公正的要求，在《中华人民共和国海关法》总则中增加一条，明确海关执法工作的指导思想与基本原则，包括“坚持中国共产党的领导、贯彻总体国家安全观”的指导思想，以及“依法行政、公开透明、公平公正、风险管理”的16字原则。

二、最小限制原则

RKC体现了对贸易的最小限制原则，要求各种海关制度和做法对贸易的影响应尽可能降低到最低限度。一方面，海关所采取的行政措施应以海关法得到遵守所必需的为限度。如海关为审核货物申报所采取的措施应以保证海关法得到遵守所必需的为限，海关监管应以保证海关法得到遵守所必需的为限。另一方面，海关法的最低要求一旦得到满足，海关即应履行其义务，确保相应的海关制度得到执行。如海关应尽可能在对货物申报予以登记的同时或之后尽快进行审核。在总附约和各专项附约中，最少限制原则体现在限制性措施、信息/数据、单证/样品、译文、收费/担保、差错/违法行为管控、海关履行职责、联合查验等方面。

（一）我国海关法律制度中的体现

最小限制原则在《中华人民共和国海关法》中没有直接体现，有关该原则的一些具体制度在海关法律制度以及“放管服”改革措施、文件中有所体现。比如：

关于海关应对货物申报尽快进行审核，近年来海关总署制定多项关于压缩通关时长的措施和文件。2022 年 5 月全国进口、出口整体通关时间为 56.43 小时和 1.31 小时，较 2017 年分别压缩了 42.06%和 89.38%①。

关于对信息 / 数据的最低要求，《中华人民共和国进出口关税条例》第三十条规定："纳税义务人应当依法如实向海关申报，并按照海关的规定提供有关确定完税价格、进行商品归类、确定原产地以及采取反倾销、反补贴或者保障措施等所需的资料；必要时，海关可以要求纳税义务人补充申报。"这隐含了海关对货物申报所要求的数据仅限于实施海关法所必需的内容。

关于对单证 / 样品的最低要求，《中华人民共和国海关法》第四十二条规定："……必要时，海关可以组织化验、检验，并将海关认定的化验、检验结果作为商品归类的依据。"这与 RKC 总附约第 3.38 条（标准条款）"只有在必要的情况下……海关方可提取货样"相符。

同时，海关系统还有大量的"放管服"改革措施、跨境贸易便利化举措、行政审批改革措施等文件，在简政放权、放管结合、优化服务、降低制度性交易成本等方面体现了最小限制原则。

（二）国内其他法律制度中的体现

《中华人民共和国行政强制法》第五条规定："行政强制的设定和实施，应当适当。采用非强制手段可以达到行政管理目的的，不得设定和实施行政强制。"第二十三条规定："查封、扣押限于涉案的场所、设施或者财物……"上述规定体现了对行政强制权力的限制。

《中华人民共和国行政处罚法》第三十三条明确了"违法行为轻微并及时改正，没有造成危害后果的""初次违法且危害后果轻微并及时

① 俞建华：《在 2022 年全国海关年中工作会议上的讲话》，2022 年 7 月 2 日。

改正的”“当事人有证据足以证明没有主观过错的”三类不予行政处罚情形，体现了 RKC 在对违法行为管控方面的最小限制原则。

《优化营商环境条例》第三条第一款规定：“国家持续深化简政放权、放管结合、优化服务改革，最大限度减少政府对市场资源的直接配置，最大限度减少政府对市场活动的直接干预，加强和规范事中事后监管，着力提升政务服务能力和水平，切实降低制度性交易成本，更大激发市场活力和社会创造力，增强发展动力。”国务院有关深化“证照分离”改革、全面实行行政许可事项清单管理、降低市场主体制度性交易成本等文件也在不同程度上融入了最小限制原则的有关精神[①]。

（三）纳入《中华人民共和国海关法》的必要性及主要考虑

RKC 的最小限制原则，其核心内涵是各种海关制度和做法对贸易的影响应尽可能降低到最低限度。当前，海关深入贯彻落实党中央、国务院“放管服”改革部署，着力促进跨境贸易便利化，持续优化口岸营商环境，这些改革措施均不同程度体现了最小限制原则。有必要结合我国海关促进跨境贸易便利化具体实践，以适当形式体现最小限制原则的核心内涵。

从立法技术上看，我国行政法律法规中，较少采用“尽可能降低到最低限度”“以保证海关法得到遵守所必需的为限”等类似表述，更多从行政机关优化服务、便企利民的角度作出宣示性的规定。

从政策导向上看，监管是海关最基本、最重要的职责。海关总署一再强调要切实守住监管底线，维护国门安全。如果在《中华人民共和国

---

① 《国务院关于深化“证照分离”改革进一步激发市场主体发展活力的通知》（国发〔2021〕7 号），《国务院办公厅关于全面实行行政许可事项清单管理的通知》（国办发〔2022〕2 号），《国务院办公厅关于进一步优化营商环境降低市场主体制度性交易成本的意见》（国办发〔2022〕30 号）。

海关法》中采用类似于RKC“海关监管应以保证海关法得到遵守所必需的为限”的表述，虽然逻辑上并不矛盾，但容易产生不必要的误解，所以笔者不建议采用上述表述。

（四）《中华人民共和国海关法》修订建议和理由

建议在《中华人民共和国海关法》总则增加一条：“海关应当深化简政放权、放管结合、优化服务改革，持续优化口岸营商环境，促进跨境贸易便利化。”

理由：RKC体现了对贸易的最小限制原则，要求各种海关制度和做法对贸易的影响应尽可能降低到最低限度。该原则虽然在《中华人民共和国海关法》中没有直接体现，但党中央、国务院放管服改革部署以及海关促进跨境贸易便利化有关政策措施均不同程度体现了最小限制原则。有必要借鉴RKC的最小限制原则和理念，结合放管服改革部署以及《优化营商环境条例》有关规定，在《中华人民共和国海关法》总则中宣示海关促进跨境贸易便利化的工作导向和要求，明确海关应当深化放管服改革，持续优化口岸营商环境，促进跨境贸易便利化。

三、非歧视性原则

非歧视性原则又叫无差别原则，是避免贸易歧视的重要原则，也是几乎所有国际条约立约的基本原则。RKC主约虽未明确列出非歧视性原则，但在各专项附约的条款中有大量体现。RKC的非歧视性原则主要是防止国别歧视，也防止货物、数量等其他歧视；既防止对货物的歧视，也防止对旅客和运输工具的歧视。比如，海关不能仅仅因为货物的原产地而对它提出更多的要求（这并不妨碍缔约方根据不同情况实施不同等级的监管），海关便利应适用于不同国籍或公民身份的所有旅客，商用运输工具的海关手续应平等适用，等等。

但是，非歧视性原则存在例外。双多边的优惠制度安排，如自由贸易协定，不适用非歧视性原则；一些基于公共道德或秩序、公共安全、公共卫生或健康，或动植物检疫的需要，以及保护专利、商标和版权等的海关制度安排，也不适用非歧视性原则。

（一）在我国海关法律制度中的体现

非歧视性原则在《中华人民共和国海关法》中没有直接体现，但纵观《中华人民共和国海关法》以及其他海关法律制度，并未发现存在明显违反RKC非歧视性原则的制度规定。

（二）在国内其他法律制度中的体现

非歧视性原则在我国近期新制修订的几部法律法规中有所体现。

《中华人民共和国行政许可法》第五条第一款规定："设定和实施行政许可，应当遵循公开、公平、公正、非歧视的原则。"

《中华人民共和国外商投资法》第四条规定："国家对外商投资实行准入前国民待遇加负面清单管理制度……国家对负面清单之外的外商投资，给予国民待遇……"

《优化营商环境条例》第六条第二款规定："国家进一步扩大对外开放，积极促进外商投资，平等对待内资企业、外商投资企业等各类市场主体。"

上述规定体现了外商投资领域的非歧视性原则。

（三）纳入《中华人民共和国海关法》的必要性

非歧视性原则作为避免贸易歧视的重要原则，我国海关应严格遵守。但非歧视性原则在双多边的贸易优惠制度安排、公共道德、公共安全、检验检疫、知识产权等方面存在诸多例外，且RKC主约未明确列出非歧视性原则，建议在本次《中华人民共和国海关法》修订中暂不直接体现“非歧视”的表述，而是在海关法律制度的具体规定中融入非歧视性原则，防止国别歧视以及货物、数量等其他歧视，避免违反 RKC 的相关规定。

四、风险管理原则

海关监管的力度应与所评估的风险水平相一致。通过风险管理，海关从对每票货物进行检查的“守门人”，转移到有选择地对显示出最大风险的货物进行监管，从而更好地追求监管成本与效益之间的平衡，更有效地分配有限的监管资源。RKC 移植了企业管理学中风险管理的理念，在主约中确立了风险管理原则，规定“实施海关监管时，海关应使用风险管理的方法”。RKC 有关风险管理的规定包括：海关应运用风险分析确定接受查验的人、货物，包括运输工具，以及查验的程度；海关应采用守法衡量策略作为风险防控的辅助手段；海关应尽最大可能应用信息技术和电子商务以加强海关监管，等等。同时，海关担保制度、稽查制度、经授权的人制度（AEO 制度的前身）均可视为风险管理原则的具体应用。

（一）在我国海关法律制度中的体现

目前，我国海关风险管理立法相对滞后。海关风险管理制度主要体现在《“十四五”海关发展规划》《海关全面深化业务改革 2020 框架方案》《全国通关一体化关检业务全面融合框架方案》等改革方案中，在《中华人民共和国海关法》中暂无体现。在海关法律制度中主要体现为：

《中华人民共和国海关稽查条例》第九条规定海关应当根据企业进出口风险状况等因素确定稽查重点；《企业信用管理办法》明确海关按照诚信守法便利、失信违法惩戒、依法依规、公正公开原则对企业实施信用管理，根据不同风险适用管理措施；《进出口工业品风险管理办法》《进境动物和动物产品风险分析管理规定》《进境植物和植物产品风险分析管理规定》《出入境检验检疫风险预警及快速反应管理规定》4 部规章对检验检疫领域的风险管理作出规定。如参照 WCO《实施卫生与植物卫生措施协定》（SPS 协定）制定的《进境动物和动物产品风险分析管理规定》，包括了危害因素确定、风险评估、风险管理和风险交流等内容；另有一系列规范性文件、内部制度明确了风险管理的相关要求。

总体上看，海关风险管理制度呈现碎片化的特征，既缺少确立风险管理原则的法律规定，也缺乏全面系统的海关风险管理规章。

（二）在国内其他法律制度中的体现

近年来，风险管理理念在我国其他领域立法中越来越受重视，多部法律对海关风险管理职能提出要求，如《中华人民共和国国家安全法》专设章节（第四章“国家安全制度”第三节“风险预防、评估和预警”）规定了预案、调查评估、预防预警等风险管理制度。

（三）纳入《中华人民共和国海关法》的必要性及主要考虑

风险管理是现代海关制度的基础，也是 RKC 明文规定的重要原则，应纳入《中华人民共和国海关法》，同时在海关法律规范体系中系统规范海关风险管理制度。

从立法技术上看，风险管理作用于海关的监管、征税、缉私、统计等各项业务，建议在《中华人民共和国海关法》总则中确立海关实施风险管理的原则，同时新增风险管理专门章节，规定海关风险管理机制、流程和权限；适时制定一部系统规范海关风险管理的规章，细化海关风险管理工作的实体和程序要求。

从立法内容上看，可直接在《中华人民共和国海关法》第二条“海关职能”中，加入“按照风险管理原则”的表述，同时在新增的风险管理专门章节中，基于我国海关风险管理实践，结合 RKC 指南的有关建议，明确海关风险管理机制，对风险识别、分析、评估、处置、监控和评审等风险管理流程及相关权限作出规定。

（四）《中华人民共和国海关法》修订建议和理由

建议在《中华人民共和国海关法》总则增加一条：“海关工作坚持中国共产党的领导，贯彻总体国家安全观，遵循依法行政、公开透明、公平公正、风险管理的原则。”

理由：风险管理是现代海关制度的基础，RKC 明确了海关实施风险管理的原则。近年来，我国海关通过全面深化业务改革，将风险管理融入海关监管、征税、缉私、统计、检验检疫等各项业务中，但风险管理在《中华人民共和国海关法》中暂无体现。有必要在《中华人民共和国海关法》总则中确立海关实施风险管理的原则。从立法技术考虑，建议与本节第一部分的“透明度原则”一并体现在《中华人民共和国海关法》总则的工作原则条款。

关于在《中华人民共和国海关法》中新增风险管理专门章节的具体建议，将在本章第三节论及。

五、信息保护原则

商业秘密，是指不为公众所知悉、具有商业价值并经权利人采取相应保密措施的技术信息、经营信息等商业信息[①]。RKC 要求海关建立信息保密制度，在提供特定信息、决定或有约束力的裁定时，确保从贸易

---

① 《中华人民共和国反不正当竞争法》第九条。

商那里得到的秘密或商业性敏感信息，以及可能会影响海关的信息不会被泄露给未经批准的人。总附约第9.6条（标准条款）规定：“除非必要或经国内法授权，当海关提供信息时，他们应当保证不披露影响到海关或第三方的商业秘密。”

（一）在我国海关法律制度中的体现

《中华人民共和国海关法》未从正面规定海关保护商业秘密的义务，仅作出禁止性规定。该法第七十二条规定，海关工作人员不得有下列行为：泄露国家秘密、商业秘密和海关工作秘密。

《中华人民共和国知识产权海关保护条例》第六条规定：“海关实施知识产权保护时，应当保守有关当事人的商业秘密。”

《中华人民共和国海关稽查条例》第五条规定：“海关和海关工作人员执行海关稽查职务，应当客观公正，实事求是，廉洁奉公，保守被稽查人的商业秘密，不得侵犯被稽查人的合法权益。”

《中华人民共和国进出口关税条例》第七条规定：“纳税义务人有权要求海关对其商业秘密予以保密，海关应当依法为纳税义务人保密。”

《中华人民共和国海关统计条例》第十八条规定：“海关统计人员对在统计过程中知悉的国家秘密、商业秘密负有保密义务。”

（二）在国内其他法律制度中的体现

《中华人民共和国民法典》第一千零三十九条规定：“国家机关、承担行政职能的法定机构及其工作人员对于履行职责过程中知悉的自然人的隐私和个人信息，应当予以保密，不得泄露或者向他人非法提供。”

《中华人民共和国数据安全法》第三十八条规定：“国家机关为履行法定职责的需要收集、使用数据，应当在其履行法定职责的范围内依照法律、行政法规规定的条件和程序进行；对在履行职责中知悉的个人隐私、个人信息、商业秘密、保密商务信息等数据应当依法予以保密，不得泄露或者非法向他人提供。”

《中华人民共和国政府信息公开条例》第十五条规定：“涉及商业秘密、个人隐私等公开会对第三方合法权益造成损害的政府信息，行政机关不得公开。但是，第三方同意公开或者行政机关认为不公开会对公共利益造成重大影响的，予以公开。”

《中华人民共和国行政许可法》第五条规定：“……未经申请人同意，行政机关及其工作人员、参与专家评审等的人员不得披露申请人提交的商业秘密、未披露信息或者保密商务信息，法律另有规定或者涉及国家安全、重大社会公共利益的除外；行政机关依法公开申请人前述信息的，允许申请人在合理期限内提出异议……”

（三）纳入《中华人民共和国海关法》的必要性及主要考虑

RKC 明确了海关保护商业秘密的义务。我国的国家立法中关于商业秘密保护的规定已较为成熟。为更好履行国际义务，强化商业秘密保护，有必要结合 RKC 的基本精神以及国内法的常用表述，在《中华人民共和国海关法》总则中设定海关和海关工作人员保护商业秘密的义务。

除商业秘密之外，对于自然人的隐私和个人信息的保护，也日益受到重视。《中华人民共和国民法典》对此作出了明确规定。可以将自然人隐私和个人信息保护纳入信息保护原则的范畴，一并在《中华人民共和国海关法》中予以体现。

（四）《中华人民共和国海关法》修订建议和理由

建议在《中华人民共和国海关法》总则新增一条：“海关及其工作人员对于履行职责过程中知悉的国家秘密、商业秘密、海关工作秘密以及自然人的隐私和个人信息，应当依法予以保密，不得泄露或者向他人非法提供。”

理由：RKC要求海关建立信息保密制度，主要指保守有关当事人的商业秘密。现行《中华人民共和国海关法》对此作出禁止性规定，明确海关工作人员不得泄露国家秘密、商业秘密和海关工作秘密。《中华人民共和国民法典》《中华人民共和国数据安全法》等国内法规定国家机关对于履行职责过程中知悉的自然人的隐私和个人信息、商业秘密等应予保密。为强化信息保密与数据安全，保护国家利益、公共利益和当事人合法权益，有必要结合现行《中华人民共和国海关法》关于“不得泄露国家秘密、商业秘密和海关工作秘密”的规定，在该法总则中增加保密条款，从正面设定海关及其工作人员对于国家秘密、商业秘密、海关工作秘密以及自然人的隐私和个人信息的保密义务。

六、应用信息技术原则

20世纪末以来，随着信息技术的突飞猛进发展，信息技术在海关管理中的应用，改变了海关履行监管、征税等职责的方法，极大地提高了监管效能，促进了贸易便利化。RKC将应用信息技术确定为简化和协调各缔约方海关制度的核心原则之一。RKC对应用信息技术的规定，主要包括三个方面：一是应用信息技术的原则性规定。“如信息技术对海关和贸易界都既节省费用又有实效，海关应在业务活动中作为辅助手段而应用，海关应规定应用信息技术的条件。”二是应用信息技术加强海关监管。海关监管特别是风险管理，需要大数据、信息技术的支撑。“海关应尽最大可能应用信息技术和电子商务以加强海关监管。”三是应用信息技术实现信息交换。总附约中多个条款确立了电子方式的法律地位，如海关应准许以电子方式提交货物申报、提交随附单证，新的国家立法或经修订的国家立法应规定电子商务方式可替代纸质文件。

（一）在我国海关法律制度中的体现

《中华人民共和国海关法》中未直接体现应用信息技术原则。该法第二十五条规定："办理进出口货物的海关申报手续，应当采用纸质报关单和电子数据报关单的形式。"该条虽然同时提出了纸质报关单和电子数据报关单的申报形式，其中的连接词是"和"而非"或"，并未明确电子数据报关单可代替纸质报关单，也没有涵盖电子随附单证。

《中华人民共和国海关进出口货物申报管理规定》第五条规定："申报采用电子数据报关单申报形式或者纸质报关单申报形式。电子数据报关单和纸质报关单均具有法律效力。"该条将电子数据报关单和纸质报关单确定为"或者"的关系，规定两者均具有法律效力，但该规定的法律位阶不高，且未明确两者的法律效力是否相同。

《中华人民共和国海关法》第六条第三项赋予了海关扣留"合同、发票、账册、单据、记录、文件、业务函电、录音录像制品和其他资料"的权力；《中华人民共和国海关稽查条例》第十五条赋予了海关在进行稽查时查封、扣押其"账簿、单证等有关资料以及相关电子数据存储介质"的权力。相比较而言，《中华人民共和国海关稽查条例》明确列出了"电子数据存储介质"，符合信息时代下的执法实践需要；而在《中华人民共和国海关法》中，虽然可以将"录音录像制品和其他资料"解释为包括"电子数据存储介质"，但现行规定不够明确，不能满足时代需要。

总体上看，关于信息技术在海关的应用，集中体现在《"十四五"海关发展规划》《"十四五"海关科技发展规划》《共同推进"智慧海关、智能边境、智享联通"建设与合作的倡议》以及海关科技业务规范中，在法律法规层面体现得不够。

（二）在国内其他法律制度中的体现

目前，国内有关信息技术应用的法律主要有《中华人民共和国网络安全法》《中华人民共和国数据安全法》《中华人民共和国电子签名法》等。

《中华人民共和国网络安全法》是我国第一部全面规范网络空间安全管理方面问题的基础性法律。主要内容有：一是确立网络空间主权原则，明确规定要维护我国网络空间主权；二是确立网络安全与信息化发展并重原则，统筹发展和安全；三是强化网络运行安全，在网络安全等级保护制度的基础上，对关键信息基础设施实行重点保护；四是完善网络安全义务和责任，明确网络运营者的守法义务、诚实信用义务、网络安全保护义务等。

《中华人民共和国数据安全法》是规范数据处理活动及其安全监管的基础性法律。主要内容有：一是坚持安全与发展并重，保护个人、组织与数据有关的权益，鼓励数据依法合理有效利用和有序自由流动；二是建立数据分类分级保护制度，针对一些国家在与数据和数据开发利用技术有关的投资、贸易等方面对我国采取歧视性等不合理措施的做法，明确我国可以对等采取措施；三是明确数据安全保护义务，落实开展数据处理活动的组织、个人的主体责任，不得违法收集、使用数据；四是保障政务数据安全，规定国家机关收集、使用数据应当在其履行法定职责的范围内依照法律、行政法规规定的条件和程序进行，并落实数据安全保护责任。

《中华人民共和国电子签名法》是一部规范电子签名行为、确立电子签名的法律效力的法律。主要内容有：一是明确电子签名的法律效力。规定“当事人约定使用电子签名、数据电文的文书，不得仅因为其采用电子签名、数据电文的形式而否定其法律效力”。二是明确电子签名所需要的技术和法律条件。电子签名必须同时符合“属于电子签名人专有”“仅由电子签名人控制”“签署后对电子签名或数据电文的任何改动能够被发现”等条件，才能被视为可靠的电子签名。三是对电子认证服务者作出规定。电子商务需要第三方（电子认证服务者）对电子签名人的身份进行认证。为确保电子交易的安全可靠，明确由政府对认证机构实行资质管理，规定了电子商务交易双方和认证机构在电子签名活动中的权利、义务和法律责任。

（三）纳入《中华人民共和国海关法》的必要性及主要考虑

从 RKC 角度看，应用信息技术是简化和协调各缔约方海关制度的核心原则之一。信息技术在海关管理中的应用，极大地提高了监管效能，促进了贸易便利化。有必要将应用信息技术原则体现在《中华人民共和国海关法》总则中。

从我国海关法律制度看，结合电子数据申报实施情况，有必要在现行《中华人民共和国海关法》第二十五条的基础上，确立电子数据申报的法律地位，明确电子数据申报可代替纸质申报，并涵盖电子随附单证。同时，将电子数据申报从进出口货物扩展到进出境运输工具、物品。

从国内其他法律制度看，关于网络空间安全管理、数据处理活动及其安全监管、电子签名法律效力等问题，已在《中华人民共和国网络安全法》《中华人民共和国数据安全法》《中华人民共和国电子签名法》等法律中予以规范，无须在《中华人民共和国海关法》中具体规定。

（四）《中华人民共和国海关法》修订建议和理由

建议一是在《中华人民共和国海关法》总则中新增一条：“海关加强信息技术、大数据等新技术应用，推进数字化、信息化、智能化海关建设。”

理由：信息技术在海关管理中的应用，极大地提高了监管效能，促进了贸易便利化。RKC 将应用信息技术确定为简化和协调各缔约方海关制度的核心原则之一。但是我国海关信息技术的应用主要体现在有关科技发展规划、科技业务规范、“三智”倡议文件中，在法律法规层面体现较少，在《中华人民共和国海关法》中未直接体现。有必要结合《“十四五”海关发展规划》《“十四五”海关科技发展规划》等文件以及海关信息技术发展现状，将信息技术、大数据等新技术的应用纳入《中华人民共和国海关法》总则，旨在推进数字化、信息化、智能化海关建设。其中，信息技术既包括一般意义上的电子报关和电子办公，也包括人工智能、云计算、物联网、区块链等新技术。鉴于新技术的发展日新月异，从立法的稳定性和简洁性考虑，不采取具体列举人工智能、云计算、物联网、区块链的方式。

建议二是将《中华人民共和国海关法》第二十五条“办理进出口货物的海关申报手续，应当采用纸质报关单和电子数据报关单的形式”修改为“办理进出境运输工具、货物、物品等海关申报手续，应当采用电子数据申报或者纸质申报的形式，两者具有同等法律效力”。

理由：RKC 在国际法层面确立了电子申报的法律地位，我国海关已实施通关无纸化改革多年，绝大部分报关单已实现电子申报，且电子申报已逐步从进出口货物报关单扩展到进出境运输工具、货物、物品等各类海关申报手续中。但是，现行《中华人民共和国海关法》表述为“应当采用纸质报关单和电子数据报关单的形式”，没有明确电子数据报关单可代替纸质报关单，也没有涵盖电子随附单证和其他申报手续。为明确电子申报的法律地位，有必要在现行《中华人民共和国海关法》第二十五条的基础上，将“纸质报关单和电子数据报关单”改为“电子数据申报或者纸质申报”，规定进出境运输工具、货物、物品等海关申报手续均可采用电子数据申报或者纸质申报的形式，明确电子数据申报与纸质申报具有同等法律效力，即电子数据申报可代替纸质申报。

七、应用国际标准原则

应用国际标准是许多双多边贸易协定所倡导的原则，其目的在于消除贸易双方因采用的技术标准不同而产生的障碍，增强统一性和可预见性，使国际贸易更加顺畅。WTO的《技术性贸易壁垒协定》《实施卫生与植物卫生措施协定》中都规定有使用国际标准的条款。《标准框架（2021）》更是强调，该框架的终极目标是："实施WCO的一整套核心国际标准。"RKC中的多个条款也体现了应用国际标准原则。主要包括：一是货物申报格式的标准化，"货物申报的纸质格式应与联合国单证标准格式一致""以电子方式作出的货物申报的格式应以海关合作理事会关于信息技术的建议书中所规定的电子信息交换的国际标准为基础"；二是有关电子信息的标准化，"海关在推行计算机应用时应采用有关的国际公认标准"；三是有关旅客信息的标准化，"海关应……寻求使用可得到的国际标准化旅客预报信息（API），以便对旅客的海关监管以及旅客所携货物的通关"。

（一）在我国海关法律制度中的体现

《中华人民共和国海关法》中未体现应用国际标准原则。海关规章《海关行业标准管理办法》未涉及国际标准的应用问题。

在检验检疫领域，《中华人民共和国进出口商品检验法》第七条规定，对尚未制定国家技术规范的强制性要求的，可以参照国家商检部门指定的国外有关标准进行检验。《中华人民共和国食品安全法》第九十三条规定了进口尚无食品安全国家标准的食品时，国务院卫生行政部门经审查后决定暂予适用相关国家（地区）标准或者国际标准的有关程序，第九十九条明确出口食品生产企业应当保证其出口食品符合进口国（地区）的标准或者合同要求。但是检验检疫领域的国际标准是在特定情形下对进出口商品适用，而 RKC 涉及的货物申报、旅客信息、电子信息方面的国际标准是对海关业务办理适用，两者存在显著差异。

（二）在国内其他法律制度中的体现

《中华人民共和国标准化法》第八条第一项规定："国家积极推动参与国际标准化活动，开展标准化对外合作与交流，参与制定国际标准，结合国情采用国际标准，推进中国标准与国外标准之间的转化运用。"该条规定中国应结合国情采用国际标准，但对于何种情况采用、采用哪些、如何采用，未作细化规定。

《中华人民共和国数据安全法》第十一条规定："国家积极开展数据安全治理、数据开发利用等领域的国际交流与合作，参与数据安全相关国际规则和标准的制定，促进数据跨境安全、自由流动。"《中华人民共和国出口管制法》第六条规定："国家加强出口管制国际合作，参与出口管制有关国际规则的制定。"上述规定涉及我国参与国际标准制定，但对于应用国际标准则未作明确规定。

（三）纳入《中华人民共和国海关法》的必要性及主要考虑

RKC、《标准框架（2021）》均强调了应用国际标准原则。将该原则纳入《中华人民共和国海关法》，有利于更好履行国际义务，推动海关业务办理的标准化，便利国际贸易和海关国际合作。

从立法内容上讲，如在《中华人民共和国海关法》总则中简单增加"应用国际标准"的表述，存在不妥。理由是：机构改革后，在检验检疫领域，国际标准仅在特定情形下对进出口商品适用。因此，应对“应用国际标准”设置一定的限制条件，如“根据有关法律、行政法规和中华人民共和国缔结或者参加的国际条约、协定。”同时，可借鉴《中华人民共和国数据安全法》等有关法律，增加参与国际标准制定的内容。

从立法技术上讲，应用国际标准原则作为《中华人民共和国海关法》的基本原则，适用于多项业务门类，应纳入《中华人民共和国海关法》总则。关于在货物申报、旅客信息、电子信息等方面具体如何应用国际标准，不宜在《中华人民共和国海关法》中体现，可在有关规章、规范性文件中作出规定。

（四）《中华人民共和国海关法》修订建议和理由

建议在《中华人民共和国海关法》总则新增一条：“海关根据有关法律、行政法规和中华人民共和国缔结或者参加的国际条约、协定，参与海关有关国际标准的制定，推动国际标准的应用。”

理由：RKC、《标准框架（2021）》均倡导各国海关应用国际标准，以消除贸易双方因采用的技术标准不同而产生的障碍，使国际贸易更加顺畅。有必要结合《中华人民共和国标准化法》《中华人民共和国数据安全法》《中华人民共和国出口管制法》关于国际标准的相关规定，在《中华人民共和国海关法》总则中新增一条，倡导参与海关有关国际标准的制定，推动国际标准的应用，以协调推进国内治理与国际治理，便利国际贸易和海关国际合作。同时，考虑到《中华人民共和国标准化法》明确规定需结合国情采用国际标准，《中华人民共和国进出口商品检验法》《中华人民共和国食品安全法》对国际标准的应用有特殊规定，国际标准并非在任何情形下均适用，因此需要在立法中设置一定的限制条件，确保相关工作在有关法律、行政法规以及我国缔结或者参加的国际条约、协定的框架内开展。

八、合作原则

RKC 致力于构建新型的海关与各方的合作关系，以控制国际供应链风险和便利贸易。这一原则在《标准框架（2021）》中进一步丰富了内涵。该框架确立了三大支柱性原则，即：加强海关与海关之间的密切合作，发展海关与贸易界之间的伙伴关系，推动海关与其他政府机构和政府间机构的合作。

海关与海关的合作（海关国际合作）包括行政互助、信息交换、监管互认等内容。海关与贸易界的合作（关企合作）包括将守法贸易者视为合作伙伴、贸易界参与规则的制定、贸易界参与现代化方法的采用等层面。海关与其他政府机构和政府间机构的合作（海关与其他机构合作）包括“一次查验”，旅客预报信息（API）共享，与民航当局、海事和港口安全当局、陆路运输当局、邮政运营商、客运监管机构的合作等方面。

（一）海关国际合作

1. 在我国海关法律制度中的体现

2021 年 2 月 9 日，习近平主席在中国—中东欧国家领导人峰会上，提出“深化海关贸易安全和通关便利化合作，开展‘智慧海关、智能边境、智享联通’合作试点”的重大倡议[①]。“三智”合作倡议的提出，为新时代各国海关深化合作、共同应对风险挑战、促进贸易安全和通关便利化指明了前进方向，必将有力推动构建人类命运共同体的实践。“三智”是以新一代信息技术为支撑，应用新思维、新方法、新系统、新装备，实现监管智能化、治理智能化、合作智能化的国际合作新理念，旨

① 习近平：《在中国—中东欧国家领导人峰会上的主旨讲话》，2021 年 2 月 9 日。

在推动打造将各国（地区）海关及供应链相关各方联接起来的全球价值链，营造包容发展的经济环境[①]。由于“三智”合作倡议是近期我国海关在国际合作方面的最新探索，目前尚未纳入海关法律法规规章。

从法律法规规章层面看，《中华人民共和国海关法》中未体现国际合作内容。海关规章中零星体现了行政互助、信息交换、监管互认等相关内容。

《企业信用管理办法》第八条规定：“中国海关依据有关国际条约、协定以及本办法，开展与其他国家或者地区海关的‘经认证的经营者’（AEO）互认合作，并且给予互认企业相关便利措施。”

《中华人民共和国海关经核准出口商管理办法》第八条规定，海关总署依据中华人民共和国缔结或者参加的优惠贸易协定以及相关协议，与优惠贸易协定项下其他缔约方交换经核准出口商信息。

《国境口岸突发公共卫生事件出入境检验检疫应急处理规定》第七条规定，海关总署鼓励、支持和统一协调开展国境口岸突发事件出入境检验检疫监测、预警、反应处理等相关技术的国际交流与合作。

《中华人民共和国进出口食品安全管理办法》第三条规定，进出口食品安全工作须坚持国际共治原则。第七条规定：“……海关加强与食品安全国际组织、境外政府机构、境外食品行业协会、境外消费者协会等交流与合作，营造进出口食品安全国际共治格局。”

《中华人民共和国海关进出口商品检验采信管理办法》第七条规定，符合一定条件的境外注册的检验机构可以向海关总署申请列入采信机构目录。

2．在国内其他法律制度中的体现

《中华人民共和国刑事诉讼法》和《中华人民共和国民事诉讼法》

---

① 《共同推进“智慧海关、智能边境、智享联通”建设与合作的倡议》。

均规定了国际司法协作制度。《中华人民共和国刑事诉讼法》第十八条规定："根据中华人民共和国缔结或者参加的国际条约，或者按照互惠原则，我国司法机关和外国司法机关可以相互请求刑事司法协助。"《中华人民共和国民事诉讼法》第二百八十三条规定："根据中华人民共和国缔结或者参加的国际条约，或者按照互惠原则，人民法院和外国法院可以相互请求，代为送达文书、调查取证以及进行其他诉讼行为。外国法院请求协助的事项有损于中华人民共和国的主权、安全或者社会公共利益的，人民法院不予执行。"

部分法律从原则上规定了国际交流合作的内容。《中华人民共和国国家安全法》第十条规定："维护国家安全，应当坚持互信、互利、平等、协作，积极同外国政府和国际组织开展安全交流合作，履行国际安全义务，促进共同安全，维护世界和平。"《中华人民共和国外商投资法》第十二条规定："国家与其他国家和地区、国际组织建立多边、双边投资促进合作机制，加强投资领域的国际交流与合作。"

部分法律采用国际公法的对等原则对外部制裁、干涉等设立反制措施，即"以限制抵制限制"，目的是达到国与国之间相互尊重，平等互利，维护国家主权、尊严和核心利益。《中华人民共和国反外国制裁法》第三条第二款规定："外国国家违反国际法和国际关系基本准则，以各种借口或者依据其本国法律对我国进行遏制、打压，对我国公民、组织采取歧视性限制措施，干涉我国内政的，我国有权采取相应反制措施。"《中华人民共和国出口管制法》第四十八条规定："任何国家或者地区滥用出口管制措施危害中华人民共和国国家安全和利益的，中华人民共和国可以根据实际情况对该国家或者地区对等采取措施。"《中华人民共和国数据安全法》第二十六条规定："任何国家或者地区在与数据和数据开发利用技术等有关的投资、贸易等方面对中华人民共和国采取歧视性的禁止、限制或者其他类似措施的，中华人民共和国可以根据实际情况对该国家或者地区对等采取措施。"《中华人民共和国行政诉讼法》第九十九条规定："外国人、无国籍人、外国组织在中华人民共和国进行行政诉讼，同中华人民共和国公民、组织有同等的诉讼权利和义务。外国法院对中华人民共和国公民、组织的行政诉讼权利加以限制的，人民法院对该国公民、组织的行政诉讼权利，实行对等原则。"《中华人民共和国民事诉讼法》也有类似规定。

3. 纳入《中华人民共和国海关法》的必要性及主要考虑

习近平总书记强调，"坚持统筹推进国内法治和涉外法治"，"综合利用立法、执法、司法等手段开展斗争，坚决维护国家主权、尊严和核心利益"。[①] RKC、《标准框架（2021）》均强调了海关国际合作的原则。近年来海关在国际合作方面也有一些新的创新和实践，但现行《中华人民共和国海关法》中未体现国际合作内容。有必要在该法总则中增加海关国际合作的原则性规定，体现行政互助、信息交换、监管互认等内容，促进海关国际交流与合作。同时，结合当前国际贸易形势，围绕反制裁、反干涉等，采用国际公法的对等原则，通过立法为国际斗争提供法律支持，通过斗争寻求合作。

关于"三智"合作倡议，因其是我国海关在国际合作方面的最新探索，其基本内涵和合作内容正在不断完善，且"三智"属于政策表述而非法律表述，从立法稳定性及立法技术规范考虑，建议只将海关国际合作的原则融入《中华人民共和国海关法》，而暂不将"三智"表述纳入《中华人民共和国海关法》。

4.《中华人民共和国海关法》修订建议和理由

建议一：在《中华人民共和国海关法》总则中新增"国际合作"条

① 习近平：《坚定不移走中国特色社会主义法治道路　为全面建设社会主义现代化国家提供有力法治保障》，2020 年 11 月 16 日。

目，第一款为："海关根据中华人民共和国缔结或者参加的国际条约，或者按照对等、互惠的原则，与有关国际组织、其他国家和地区的海关或政府机构开展信息共享、情报交换、监管互认、行政互助等国际合作，推动构建便利、安全、开放、合作的国际贸易环境。"

理由：RKC、《标准框架（2021）》均强调了海关国际合作的原则，其内涵包括行政互助、信息交换、监管互认等。现行《中华人民共和国海关法》虽未体现国际合作内容，但近年来我国海关大力推进"三智"国际合作，积极与各国（地区）海关开展信息共享、情报交换、监管互认、行政互助等合作，相关内容已体现在海关规章中。有必要借鉴《中华人民共和国刑事诉讼法》《中华人民共和国民事诉讼法》中的国际司法协作制度，在《中华人民共和国海关法》总则增加海关国际合作的原则性规定，明确我国海关与有关国际组织（如 WTO、WCO 等）、其他国家和地区的海关或政府机构开展信息共享、情报交换、监管互认、行政互助等国际合作，推动构建便利、安全、开放、合作的国际贸易环境。同时，为维护国家利益，明确国际合作需根据中华人民共和国缔结或者参加的国际条约，或者按照对等、互惠的原则进行。

建议二：将《中华人民共和国海关法》总则新增"国际合作"条目的第二款确定为："任何国家或者地区在进出口贸易、海关监管等方面对中华人民共和国采取歧视性的禁止、限制或者其他类似措施的，中华人民共和国可以根据实际情况对该国家或者地区对等采取措施。"

理由：当前，世界面临百年未有之大变局。面对国际局势急剧变化，我们要落实习近平总书记关于"综合利用立法、执法、司法等手段开展斗争，坚决维护国家主权、尊严和核心利益"的指示要求，发扬斗争精神，采用国际公法的对等原则，围绕反制裁、反干涉、反制"长臂管辖"等，参照《中华人民共和国反外国制裁法》《中华人民共和国出口管制法》《中华人民共和国数据安全法》有关条款，在《中华人民共和国海关法》中确立对等反制原则，规定任何国家或者地区在进出口贸易、海关监管等方面对我国采取歧视性的禁止、限制或者其他类似措施的，我国可以根据实际情况对该国家或者地区对等采取措施。通过充实我国应对挑战、防范风险的法律“工具箱”，从法治上有效应对国际贸易摩擦和纠纷，维护国家主权、尊严和核心利益，在斗争中谋求合作。

（二）关企合作

1. 在我国海关法律制度中的体现

《企业信用管理办法》明确海关按照诚信守法便利、失信违法惩戒、依法依规、公正公开原则，对企业实施信用管理。具体为：对高级认证企业实施便利的管理措施；对失信企业实施严格的管理措施；对其他企业实施常规的管理措施。同时规定，海关向企业提供信用培育服务，帮助企业强化诚信守法意识，提高诚信经营水平①。

《中华人民共和国海关立法工作管理规定》鼓励行政相对人参与海关立法。其中第十五条规定，行政相对人认为需要制定、修订海关规章的，可以在新的立法年度开始前向海关总署法制部门或者直属海关法制部门提出立法建议。第二十七条规定，海关规章起草完毕后，应当征求有关单位、海关总署有关部门、直属海关及行政相对人意见。第二十八条规定，规章内容涉及行政相对人重大利益或者征求意见时存在重大分歧的，起草部门可以举行立法听证会，听证会应当公开举行，根据情况通过社会公开报名、邀请等形式确定参加听证会的有关机关、组织和公民代表。

中国电子口岸网站搭建的“关企合作平台”，包括企业信息查询、海关业务办理、企业疑难解答、政策法规推送、企业材料报送、海关业

① 《企业信用管理办法》第三条至第五条。

务提醒等功能，使得进出口企业网上办事更加便捷。各地海关与辖区内重点企业签署关企合作谅解备忘录，在创新通关模式、优化通关流程、提高通关效率、降低通关成本等方面不断加强关企协同和互动，推进贸易安全与便利。相关制度体现在海关总署稳外贸系列政策措施以及有关文件中。

2．在国内其他法律制度中的体现

《优化营商环境条例》（国务院令第 722 号）第五十三条规定："政府及其有关部门应当按照国家关于加快构建以信用为基础的新型监管机制的要求，创新和完善信用监管，强化信用监管的支撑保障，加强信用监管的组织实施，不断提升信用监管效能。"

《国务院办公厅关于加快推进社会信用体系建设　构建以信用为基础的新型监管机制的指导意见》（国办发〔2019〕35 号）提出，按照依法依规、改革创新、协同共治的基本原则，以加强信用监管为着力点，建立健全贯穿市场主体全生命周期，衔接事前、事中、事后全监管环节的新型监管机制，进一步优化营商环境，推动高质量发展。具体包括全面建立市场主体信用记录，大力推进信用分级分类监管，深入开展失信联合惩戒，探索建立信用修复机制等。

3．纳入《中华人民共和国海关法》的必要性及主要考虑

RKC 重视海关与贸易界合作，将守法贸易者视为合作伙伴，倡导贸易界参与规则的制定及现代化方法的采用等。有必要结合我国社会信用体系建设以及海关企业信用管理的有关规定，将关企合作纳入《中华人民共和国海关法》。

关于贸易界参与规则的制定及现代化方法的采用，《中华人民共和国立法法》《中华人民共和国海关立法工作管理规定》中已有体现，海关也在采用"关企合作平台""互联网 + 海关"等网络平台加强与贸易界的沟通，从立法技术上讲，无须在《中华人民共和国海关法》中具体规定。

4.《中华人民共和国海关法》修订建议和理由

建议一是在《中华人民共和国海关法》中新增一条："海关参与国家社会信用体系建设，按照诚信守法便利、失信违法惩戒原则，对企业实施信用管理，根据企业信用状况适用相应的管理措施。"

理由：RKC 强调关企合作原则，包括将守法贸易者视为合作伙伴等。我国海关按照诚信守法便利、失信违法惩戒、依法依规、公正公开原则，对企业实施信用管理，对高级认证企业实施便利的管理措施。为推进社会信用体系建设，促进贸易安全与便利，建议结合 RKC 有关原则以及我国海关企业信用管理现状，将《企业信用管理办法》中的海关企业信用管理制度纳入《中华人民共和国海关法》，明确诚信守法便利、失信违法惩戒的信用管理原则，规定信用管理的核心是：根据企业信用状况适用相应的管理措施。

建议二是在《中华人民共和国海关法》中新增一条："海关加强与企业合作、交流，共同推进贸易安全与便利。"

理由：RKC 重视关企合作，倡导贸易界参与规则的制定以及现代化方法的采用等。我国海关通过搭建"关企合作平台"、签署关企合作谅解备忘录等手段，不断拓宽关企合作交流渠道，强化关企协同和互动。现行《中华人民共和国海关法》未明确体现关企合作，有必要结合 RKC 以及我国海关实施关企合作的成功经验，将关企合作原则纳入海关法，通过加强关企合作、交流，共同推进贸易安全与便利。

（三）海关与其他机构合作

1. 在我国海关法律制度中的体现

现行《中华人民共和国海关法》第七条规定："各地方、各部门应当支持海关依法行使职权，不得非法干预海关的执法活动。"第十二条规定：“海关依法执行职务，有关单位和个人应当如实回答询问，并予以配合，任何单位和个人不得阻挠。海关执行职务受到暴力抗拒时，执行有关任务的公安机关和人民武装警察部队应当予以协助。”《中华人民共和国进出境动植物检疫法》第八条规定：“口岸动植物检疫机关在港口、机场、车站、邮局执行检疫任务时，海关、交通、民航、铁路、邮电等有关部门应当配合。”

2．在国内其他法律制度中的体现

一是建立协调机制，明确各部门分工。《中华人民共和国生物安全法》第十条、第十一条规定，建立国家生物安全工作协调机制，分析研判国家生物安全形势，组织协调、督促推进国家生物安全相关工作；国家生物安全工作协调机制成员单位和国务院其他有关部门根据职责分工，负责生物安全相关工作。

二是明确某部门执行职务时，有关单位和个人应予配合。《中华人民共和国刑事诉讼法》第五十四条第一项规定：“人民法院、人民检察院和公安机关有权向有关单位和个人收集、调取证据。有关单位和个人应当如实提供证据。”《中华人民共和国人民警察法》第三十四条规定：“人民警察依法执行职务，公民和组织应当给予支持和协助……”

3．纳入《中华人民共和国海关法》的必要性

RKC 中的海关与其他机构合作，主要体现在“一次查验”、旅客预报信息（API）共享等方面。其中一次查验在关检合并后，已成为我国海关内部事务，我国海关正在积极推进简化进出口环节手续，开展“一次查验”，压缩通关时长，无须将“一次查验”在《中华人民共和国海关法》中体现。旅客预报信息（API）共享属于旅检环节的具体做法，一般在海关公告和部门间合作文件中体现，没有必要上升为法律。

现行《中华人民共和国海关法》第七条、第十二条分别规定了各地方各部门对海关行使职权的支持和海关依法执行职务时有关单位和个人的配合义务，已经体现了 RKC 中海关与其他机构合作的精神，基本满足海关执法需要，暂无须进行修改。

第三节 完善海关法律规范体系，为高水平对外开放提供法治保障

本节基于本书第二章 RKC 各业务门类制度和做法在世界各国（地区）和我国实施情况的比较研究，结合 RKC 要求、其他国家（地区）经验和我国国情，在平衡贸易安全与便利的基础上，以《中华人民共和国海关法》修订为核心，提出修改完善我国海关法律规范体系的具体建议，推动我国海关法律制度更好地与国际接轨，助力打造市场化、法治化、国际化营商环境，促进高水平制度型对外开放。

一、海关申报制度

（一）完善海关申报制度的总体思路

通过对 RKC 有关进出口货物申报的原则及制度条款的整理分析，结合我国海关申报制度执行过程中存在的问题，以全面修订《中华人民

共和国海关法》为契机，适应新海关监管要求，对进出口货物申报条款予以修订，简化规范进出口货物申报手续，提升监管效能，推进贸易便利化。

1. 完善税款担保制度。一是引入专业担保公司提供概要申报环节税款担保，缓解企业尤其是中小微企业形成的资金压力。二是引入企业风险管理理念，根据企业经营及信用等情况设定减少或免除担保的情形，使更多诚信度高的经营企业能够享受改革红利、通关便利。

2. 完善补充申报制度。RKC 指南明确“可以在相同申报单上补齐缺损的数据或者通过补充申报予以补齐”，显然这是允许当事人在事后对特许权使用费、运保费等涉税要素进行补充申报的。我国应完善相关申报制度，取消补充申报仅限通关环节的限制，允许企业在通关环节以外主动补充申报。

3. 建立完善的舱单法定申报制度。在“两步申报”、提前申报与舱单申报同步发挥作用的机制上，同步建立严密规范的舱单法定申报制度，实现对安全风险的全方位掌控。以此次《中华人民共和国海关法》修订为契机，首先在法律层面明确舱单申报主体与申报义务，并通过法律授权方式，由海关规章对申报方式、时限、内容、程序等作出规定。同时通过稽查对舱单申报的真实性予以有效监督。可修订《中华人民共和国稽查条例》，将承运人等运输工具负责人纳入被稽查人范围，对舱单申报的真实性予以有效监督。

4. 明确放行后“实质性审核”的具体时限、风险筛查原则。一是将商品编码等实质性审核的期限设定为货物放行后某一具体时间段。对于未在法定时限内启动实质性审核的报关单，应视为对申报内容予以认可，企业据此获得信赖利益。即除故意伪瞒报等走私情形外，海关仅可对漏缴税款予以追补，不再对申报差错予以处罚。二是明确海关开展实质性审核的风险筛查原则。海关应根据风险管理原则筛选确定放行后实质性审核的范围。

（二）《中华人民共和国海关法》修订建议和理由

建议一：将第十四条第一款“进出境运输工具到达或者驶离设立海关的地点时，运输工具负责人应当向海关如实申报，交验单证，并接受海关监管和检查”修改为“进出境运输工具到达或者驶离设立海关的地点时，运输工具负责人应当向海关如实申报舱单数据，交验单证，并接受海关监管、检查和检疫”。

理由：现行《中华人民共和国海关法》对舱单申报的法律地位规定不明确。有必要结合 RKC 的海关申报制度，在法律层面明确舱单申报主体与申报义务，以此作为舱单法定申报制度的基础。同时结合机构改革后海关职能的扩充，增设进出境运输工具接受检疫的义务。

建议二：在《中华人民共和国海关法》进出境货物章节新增一条，“进出口货物的收发货人及其代理人可以在取得提（运）单或者载货清单（舱单）数据后，在货物抵达海关监管场所前向海关提前申报。对于符合安全准入条件的进出口货物，收发货人及其代理人可以在货物抵达海关监管场所时先进行概要申报，在货物放行后 14 日内再进行完整申报。为确定货物完税价格、商品归类、原产地等信息，进出口货物的收发货人及其代理人可以在报关单之外采用补充申报单的形式，向海关补充申报。具体办法由海关总署制定”。

理由：近年来，随着海关业务改革的深入，“两步申报”制度逐步成熟，有必要以法律的形式固化。同时，为进一步简化进出口货物申报手续，结合 RKC 的补充申报制度，可探索设立当事人在事后对完税价格、商品归类、原产地等要素进行补充申报的制度。建议在《中华人民共和国海关法》中新增提前申报、“两步申报”、补充申报的基础性规定，并预留制度接口，与《中华人民共和国海关进出口货物申报管理规定》等配套规章做好衔接。

建议三：在《中华人民共和国海关法》进出境货物章节新增一条，“除法律法规另有规定外，海关应当自进出口货物放行之日起3个月内办结合格评定、税款调整、检验检疫等海关手续，但依法实施稽查、核查、立案调查的除外”。

理由：结合RKC的海关申报制度，为更好体现海关法律法规适用的“可预见性”以及“透明度”原则，明确放行后实质性审核的时限（3个月内）和形式，避免放行后审核过于滞后导致企业丧失及时纠正的机会，降低企业违法违规风险。同时，排除依法实施稽查、核查、立案调查的情况，以免影响海关后续监管。

建议四：在《中华人民共和国海关法》第二十三条“进口货物自进境起到办结海关手续止，出口货物自向海关申报起到出境止，过境、转运和通运货物自进境起到出境止，应当接受海关监管”后增加一款，“符合特定检验检疫条件的进出口货物，由海关实施申报前监管或者放行后检查。具体办法由海关总署制定”。

理由：根据机构改革后关检全面深度融合情况以及属地查检有关制度，适当拓展海关的监管时空，明确对于符合特定检验检疫条件的进出口货物，由海关实施申报前监管或者放行后检查，与《中华人民共和国进出口商品检验法》《中华人民共和国进出境动植物检疫法》《中华人民共和国食品安全法》等检验检疫法律法规相衔接。

建议五：在《中华人民共和国海关法》第八十六条“违反本法规定有下列行为之一的，可以处以罚款，有违法所得的，没收违法所得”的项目中增加一项“未按照规定期限向海关申报舱单数据、申报的舱单数据不准确或者未按照规定期限保存相关数据，影响海关监管的”并置于第（二）项之后作为第（三）项。

理由：参照《中华人民共和国海关行政处罚实施条例》第二十二条

第四项关于舱单申报违规行为的处罚条款，将不如实申报舱单数据影响海关监管等行为明确列入违反海关监管规定行为，予以罚款、没收违法所得的行政处罚，促进舱单法定申报制度的有效实施。

（三）完善有关配套制度的建议

1．系统协调整合现有的进出口货物申报规定。一是将散落于《中华人民共和国海关法》《中华人民共和国进出口商品检验法》及其他配套规章中的申报制度进行收集整理，整合报关及报检制度，完善申报程序与申报内容。二是全面梳理“两步申报”“两轮驱动”“两段准入”“两类通关”等海关业务改革成果，将改革成果转化为制度规范予以固化，推动建立高效便捷的申报制度和统一规范的通关制度。

2．完善税款担保制度。参考域外法制经验，引入专业担保公司提供概要申报环节税款担保，缓冲企业—海关“两点式”担保模式对企业尤其是中小微企业形成的资金压力；同时，根据企业经营及信用等情况设定减少或免除担保的情形，使更多诚信经营企业能够享受改革红利、通关便利。

二、海关邮件监管制度

（一）完善海关邮件监管制度的总体思路

当前，随着信息技术的应用和电子商务的兴起，快件、跨境电商等新型贸易业态发展迅速。海关对进出境邮件、快件以及跨境电商进出境商品的监管统称为寄递渠道监管，在《中华人民共和国海关法》层面一般纳入进出境物品监管。我国应借鉴 RKC 的邮递运输制度，对标其他国际先进管理制度，尽快完善海关进出境物品监管制度，及时修订《中华人民共和国海关法》，出台单行法规和相应的规章制度，加强法律法规之间的协调衔接。

（二）《中华人民共和国海关法》修订建议和理由

建议一：将《中华人民共和国海关法》第四十七条第一款“进出境物品的所有人应当向海关如实申报，并接受海关查验”修改为“进出境物品的携带人、收寄件人、承运人应当如实向海关申报，并接受海关查验、检疫”。

理由：现行《中华人民共和国海关法》将“进出境物品的所有人”作为进出境物品的申报主体，不适应行李物品、寄递物品等各类进出境物品的监管实践需要。建议明确进出境物品申报主体为“进出境物品的携带人、收寄件人、承运人”，并通过配套法规、规章明确行李物品由携带人申报；寄递物品由寄件人申报，进境寄递物品的收件人根据海关要求进行补充申报；邮政企业、快件运营人等承运人，负有向海关提交单证、传输数据的义务。同时，与《中华人民共和国国境卫生检疫法》《中华人民共和国进出境动植物检疫法》等法律法规衔接，明确进出境物品需接受海关检疫。

建议二：将《中华人民共和国海关法》中的“邮递物品”修改为“寄递物品”（第二条、第五十一条）；“邮政企业”修改为“寄递企业”（第六条、第四十八条）。

理由：引入《中华人民共和国邮政法》中的“寄递”概念，将“邮递”“邮政”改为“寄递”，将寄递渠道（包括邮件、快件、跨境电商等）整体纳入《中华人民共和国海关法》，规范快件、跨境电商等渠道进出境的个人物品及承运企业监管。

建议三：将《中华人民共和国海关法》第六十六条第一款“在确定货物的商品归类、估价和提供有效报关单证或者办结其他海关手续前，收发货人要求放行货物的，海关应当在其提供与其依法应当履行的法律义务相适应的担保后放行。法律、行政法规规定可以免除担保的除外”修改为“进出境货物、物品办结海关手续前，纳税义务人、扣缴义务人要求放行货物、物品的，海关应当在其提供与其依法应当履行的法律义务相适应的担保后放行。法律、行政法规规定可以免除担保的除外”。

理由：现行《中华人民共和国海关法》中，对于进出境物品的担保放行仍缺乏法律依据，通关便利程度和贸易者的参与度仍显不足。有必要结合 RKC 中的海关邮件监管制度和做法，在《中华人民共和国海关法》中引入进出境物品税款担保放行制度，明确进出境物品办结海关手续前，纳税义务人（或者扣缴义务人）要求放行物品的，海关应当在其提供担保后放行。同时，进一步精简上述担保条款，将确定货物的商品归类、估价等统称为“办结海关手续”。

建议四：将《中华人民共和国海关法》第八十五条“个人携带、邮寄超过合理数量的自用物品进出境，未依法向海关申报的，责令补缴关税，可以处以罚款”修改为“个人携带、寄递超过合理数量的自用物品进出境，未依法向海关申报的，予以警告，可以处以罚款，并责令按规定办理海关手续”。

理由：《中华人民共和国海关行政处罚实施条例》第十九条对个人运输、携带、邮寄超过合理数量的自用物品进出境未向海关申报的违规行为，设定了“予以警告，可以处物品价值 20% 以下罚款”的行政处罚，与《中华人民共和国海关法》第八十五条的“可以处以罚款”不符。因此，有必要在《中华人民共和国海关法》中完善进出境物品未依法申报的处罚规定，增设警告，与《中华人民共和国海关行政处罚实施条例》相衔接，使海关执法既有力度又有温度，引导申报主体如实申报。同时，将“责令补缴关税”改为“责令按规定办理海关手续”，将补税、退运、放弃等手续包含在内，适应海关监管实践需要。

（三）完善有关配套制度的建议

1. 建立健全进出境寄递物品海关监管制度体系。自2004年《中华人民共和国海关对进出口邮递物品监管办法》废止以来，我国海关对于进出境邮递物品监管缺乏法律位阶较高、具有纲领作用的监管办法。同时，为了进一步统一海关对寄递物品的监管标准，提升海关寄递物品验放、查验等基本制度的透明度，有必要对海关进出境寄递物品监管制度予以整合规范。建议以总署规章的形式制定进出境寄递物品监管办法，并将《出入境快件检验检疫管理办法》《进出境邮寄物检疫管理办法》等不同渠道执法要求进行整合规定，统一规范全国海关对寄递物品的申报条件、验放标准、监管措施等。

2. 统一设定、适度放宽进出境寄递物品的验放限值标准。适度放宽进出境寄递物品限值、征税要求，具体可参考行李物品和跨境电商标准，将邮件、快件单票限值提高到5000元人民币；为避免对国内产业产生的冲击过大，可对进境邮件、快件设置年度交易总额，或在跨境电商年度交易总额范围内统一扣减。此外，从监管实际来看，区分寄自或寄往港澳台地区（800元）还是其他境外国家和地区（1000元）已无太大意义，建议统一验放限值标准。

3. 整合完善进出境禁限物品相关制度。针对我国安全准入管理制度碎片化问题，建议进一步深化改革融合，对《中华人民共和国禁止进出境物品表》《中华人民共和国限制进出境物品表》《中华人民共和国禁止携带、寄递进境的动植物及其产品和其他检疫物名录》等准入规定予以系统整合，结合海关的监管职责和执法实际，对关检领域实行禁限管制存在交叉的部分物品进行归并整合，制定安全准入管理的纲领性法规依据，出台符合海关监管职责的禁止、限制进出境物品表，明晰禁止进出境与限制进出境物品的界限，严格安全准入管理。在后续处罚、处置方面，科学合理确定没收的适用范围：对于采取技术处理、除害处理或退回境外等方式能够消除影响、避免损害的，允许在科处一定数额罚款的同时，由当事人选择退回境外或由海关进行没收处理；对于危害国家政治安全、公共卫生安全的物品，采用其他措施不足以消除影响，避免损害的，依法予以没收。同时，统一规范禁限物品的处置措施，完善责令退回、强制销毁、技术处理、除害处理的适用范围、程序规定和操作规范。

三、原产地制度

（一）完善原产地制度的总体思路

现行《中华人民共和国海关法》关于原产地的规定只有第四十一条“进出口货物的原产地按照国家有关原产地规则的规定确定”，建议增加原产地规则的适用条款，在法律层面明确原产地规则的主要原则，充实我国涉外法治“工具箱”，维护国家主权、安全和发展利益。在部门规章层面，完善非优惠原产地规则实质性改变标准清单、优惠原产地签证管理办法、进出口货物优惠原产地管理规定，并且增加事中事后监管和惩戒措施等配套规章制度，为原产地规则的有效适用提供法治保障。

（二）《中华人民共和国海关法》修订建议和理由

建议：将《中华人民共和国海关法》第四十一条“进出口货物的原产地按照国家有关原产地规则的规定确定”修改为“进出口货物的原产地按照国家有关原产地规则的规定以及中华人民共和国缔结或者参加的国际条约、协定的有关规定确定”。

理由：《中华人民共和国进出口货物原产地条例》第二条规定：“本

条例适用于实施最惠国待遇、反倾销和反补贴、保障措施、原产地标记管理、国别数量限制、关税配额等非优惠性贸易措施以及进行政府采购、贸易统计等活动对进出口货物原产地的确定。实施优惠性贸易措施对进出口货物原产地的确定，不适用本条例。具体办法依照中华人民共和国缔结或者参加的国际条约、协定的有关规定另行制定。”据此，实施非优惠性贸易措施的原产地依据该行政法规以及配套规章、规范性文件确定，实施优惠性贸易措施的原产地依据有关国际条约、协定确定。现行《中华人民共和国海关法》关于原产地确定依据的规定不够完善，应依据有关国际条约、协定朝廷补充、完善，进一步强化原产地作为涉外法治工具的作用。

（三）完善有关配套制度的建议

1．完善非优惠原产地规则实质性改变标准清单。《非优惠原产地规则实质性改变标准清单》（以下简称《清单》）作为《关于非优惠原产地规则中实质性改变标准的规定》（海关总署令第 122 号）的附件，可与正文同步修订，协调互补（以下简称《规定》）。《清单》所列的产品特定原产地规则作为非优惠原产地规则的一部分，明确了各个六位子目的产品应满足的不同实质性改变标准，与《规定》第三条至第七条共同组成了我国非优惠原产地规则的主规则。因此，对《清单》所作的修改不能脱离非优惠原产地规则，建议两者同步修订，互相补充。根据原产地技术发展现状，有些补充规则更适合在《规定》正文中进行制订，包括对机电产品的原产地判定较为重要的微小加工条款等。此外，还可考虑在《规定》正文中新增卷入规则、可互换材料、微小含量、成套货物等条款。

2．完善优惠原产地签证管理办法。除 2019 年后海关出台或已修订的原产地管理办法外，目前在实施的如中国—澳大利亚、中国—韩国、中国—巴基斯坦等数项原产地管理办法，未能显著体现海关进口、出口原产地管理并重的特点。例如对实施的中国—巴基斯坦自由贸易协定，我国海关只出台了其协定项下进口货物原产地管理办法，与当前海关职能范围相比，造成管理内容缺失。又如《中华人民共和国普遍优惠制原产地证明书签证管理办法实施细则》第三十三条“对生产‘完全原产’产品的工厂，每年抽查数不少于5%，对生产含进口成分产品的工厂，每年抽查数不少于10%”的规定，在当前实际工作中难以实施。

3．完善进出口货物优惠原产地管理规定。作为海关对优惠贸易协定项下进出口货物原产地管理的总体规定，《中华人民共和国海关进出口货物优惠原产地管理规定》（海关总署令第181号）发布于2009年，其后我国陆续与多个国家、地区签署自由贸易协定，尤其是RCEP的签订，更是对优惠原产地规则的发展贡献了中国智慧。因此，建议将后期签订的自由贸易协定中的优惠原产地规则整合转化，完善我国的优惠原产地管理规定。

4．增加事中事后监管和惩戒措施。目前我国各类优惠原产地管理办法缺少对监管查发违反原产地政策的处罚条款。仅适用于实施最惠国待遇、反倾销和反补贴、保障措施、原产地标记管理等非优惠性贸易措施的《中华人民共和国进出口货物原产地条例》第二十三条至第二十五条明确规定了违法行为和处罚追责内容。上述制度安排不利于海关对实施优惠贸易协定政策的进出口行为开展事中事后监管及违法惩戒，建议就优惠贸易措施出台专门的原产地行政法规予以明确。

四、海关风险管理制度

（一）完善海关风险管理制度的总体思路

通过修改《中华人民共和国海关法》，确立海关风险管理的法律地位和基本流程制度；通过制定完善相关行政法规、部门规章、规范性文件，细化海关风险管理的机制措施。

1．在《中华人民共和国海关法》总则中确立海关风险管理的法定地位。通过增加条文的方式，将海关风险管理的法定地位写入《中华人民共和国海关法》总则，明确海关实施风险管理的原则。详见本章第二节第四项“风险管理原则”。

2．在《中华人民共和国海关法》中新增海关风险管理专门章节并建立配套制度。新增海关风险管理专门章节，根据 RKC 总附约第 6 章第 6.3 条（标准条款）、第 6.4 条（标准条款）、第 6.5 条（标准条款）的指南关于风险管理流程的 7 个步骤[①]：确立范畴、风险识别、风险分析、风险评估和重点确定、风险处置、监控和评审、文档管理，将实践经验上升为制度要求，明晰各步骤内容。

3．建立健全相关领域法律制度，推动海关风险管理机制措施进一步细化。针对海关风险管理在稽查、担保、企业信用认证等相关领域的运用和在大数据应用、联防共治等保障层面的需求，制定完善相关行政法规、部门规章、规范性文件等，推动海关风险管理机制措施进一步细化，实现分类管理、差别化实施。

---

① 海关总署国际合作司．关于简化和协调海关制度的国际公约（京都公约）总附约和专项附约指南［M］．北京：中国海关出版社，2003：70-71.

（二）《中华人民共和国海关法》修订建议和理由

建议：在《中华人民共和国海关法》中新增“海关风险管理”章节。具体包括：

第N条【确定风险管理内容】海关会同国务院有关部门依照本法和国务院规定的职责，承担进出境风险管理领域的确定、风险评估标准的制定和风险分析机制的建立工作。

海关根据风险评估结果对进出境运输工具、人员、货物、物品实施分级分类监管，采取相应风险管理措施。

第N+1条【风险识别】国家建立进出境风险监测制度，对违反海关法的潜在威胁进行监测。海关会同国务院有关部门制订、实施国家进出境风险监测计划，根据需要采取大数据应用等信息技术合法、安全收集、使用进出境交通运输工具、人员、货物、物品等的相关信息，对潜在风险进行识别。

第N+2条【风险分析和评估】海关根据收集的信息，分析潜在风险发生的可能性和危害结果及其程度，评估潜在风险的等级。

第N+3条【风险处置】海关根据潜在风险的评估等级，出于维护国家主权、安全和利益等需要，可以对涉及的进出境交通运输工具、人员、货物、物品等采取以下一项或多项处置措施：

（一）提高担保标准、查验比例、抽查比例、稽查或者核查的频次或者范围等；

（二）对特定进出境交通运输工具、人员、货物、物品等开展布控；

（三）责令技术处理、不准出境、销毁或者退回；

（四）指定进、出境口岸；

（五）限制、暂停或者禁止特定国家（地区）的特定交通运输工具、人员、货物或物品的进、出境；

（六）经国务院同意，临时关闭口岸或者临时封锁有关国境；

（七）其他必要措施。

第N+4条【风险评审和档案管理】海关会同国务院有关部门对风险管理机制的运行建立相应档案，对运行效果开展评审并进行动态调整。

第N+5条【风险预警】海关根据潜在风险的评估等级和工作需要依法发布风险预警。

第N+6条【风险报告】与进出境活动有关的单位和个人发现存在潜在风险的，应当立即停止相关活动并及时向海关报告。

理由：风险管理是现代海关管理的基础，风险管理的理念已融入海关各项职能职责的履行中。为推进海关风险管理工作法治化、规范化，建议借鉴RKC关于风险管理的基本步骤和详细描述，在《中华人民共和国海关法》中新增“海关风险管理”章节，明确海关风险管理机制的核心是根据风险评估结果实施分级分类监管并采取相应措施，对确定风险管理内容、风险识别、风险分析、风险评估、风险处置、监控和评审、风险档案管理等流程，风险预警和风险布控等措施以及联防共治、大数据应用等支持保障方面予以具体规定，为相关行政法规、海关规章提供上位法和基本框架支撑。

（三）完善有关配套制度的建议

1. 制定风险管理配套制度。如通过制定《海关风险管理实施办法》等方式对海关风险管理流程中涉及的各项制度进行细化，与《中华人民共和国海关法》总则及“海关风险管理”章节相统一，共同构成海关风险管理制度体系。

2. 健全大数据应用、联合防控等工作机制。如通过制定《海关大数据应用管理办法》等方式，明确海关在大数据开发、收集、效力和安全管理等方面的权责边界和规范措施，强化大数据应用等信息化技术对海关风险管理的支撑作用。建立健全海关、边检、税务、公安、外汇等部门间信息交换与共享机制，扩大全数据信息的开放共享；统筹宏微观、境内外全数据指标体系，提高风险管理覆盖面；加强宏观风险态势分析和重点敏感领域风险预警协作，开展数据整合、碰撞、比对和深度挖掘，提升风险管理精准度；建立各部门专项实验室协调机制，提升风险管理灵敏性。

3．加强海关风险管理原则的运用。以 RKC 为指引，完善海关风险管理在稽查、担保制度、企业信用认证、加施封志或固定物等方面运用的尺度标准，提升海关风险管理应用的精准性。

五、海关稽查制度

（一）完善海关稽查制度的总体思路

稽查是 RKC 确定的一种常规性海关监管制度。应通过修改完善《中华人民共和国海关法》，巩固稽查的法律地位，完善稽查措施，保障海关法律制度得到有效执行。主要考虑从以下几个方面修改完善《中华人民共和国海关法》。

1．明确海关稽查起点。现行《中华人民共和国海关法》规定海关稽查作业时效起点为“进出口货物放行之日”。机构改革后，海关已是《中华人民共和国海关法》《中华人民共和国进出口商品检验法》《中华人民共和国进出境动植物检疫法》《中华人民共和国国境卫生检疫法》和《中华人民共和国食品安全法》的执法主体。上述法律规范对“放行”有不同的规定，海关稽查作业时效起点有待进一步明确。

2．丰富海关稽查内容。机构改革后，海关承担起了进出口商品检验、进出境动植物检疫、进出口食品安全监督管理、国境口岸传染病检疫、监测和卫生监督等职责。现行海关稽查的制度设计和法律定位与新海关的职能不相适应。并且，检验检疫法律法规没有设定稽查制度，根据“法无授权不可为”的原则，海关对检验检疫业务是否具有稽查权存在争议。检验检疫的后续监管强调对企业的体系监管，而现行《中华人民共和国海关法》的规定是“对与进出口货物直接有关的企业、单位的会计账簿、会计凭证、报关单证以及其他有关资料和有关进出口货物实施稽查[①]”。对于仅参与进出口活动的某些部分的涉检类企业（如危包鉴定和木质包装熏蒸等），海关使用稽查手段进行监管面临“于法无据”的尴尬局面。鉴于 RKC 总附约第 6 章第 6.6 条（标准条款）的指南明确的“后续稽查的重点是国际货物流通中的有关人员”[②]比《中华人民共和国海关法》规定的“与进出口货物直接有关”更为宽泛，有必要对《中华人民共和国海关法》的稽查内容予以扩充。

（二）《中华人民共和国海关法》修订建议和理由

建议：将《中华人民共和国海关法》第四十五条“自进出口货物放行之日起三年内或者在保税货物、减免税进口货物的海关监管期限内及其后的三年内，海关可以对与进出口货物直接有关的企业、单位的会计账簿、会计凭证、报关单证以及其他有关资料和有关进出口货物实施稽查。具体办法由国务院规定”修改为“自进出口货物办结海关手续之日起三年内或者在保税货物、减免税进口货物的海关监管期限内及其后的三年内，海关可以对与进出口活动有关的企业、单位的会计账簿、会计凭证、报关单证以及其他有关资料和有关进出口货物实施稽查。具体办法由国务院规定”。

---

① 《中华人民共和国海关法》第四十五条。

② 海关总署国际合作司 . 关于简化和协调海关制度的国际公约（京都公约）总附约和专项附约指南［M］. 北京：中国海关出版社，2003：80.

理由：一是将“放行”修改为“办结海关手续”。在综合考虑《中华人民共和国海关法》《中华人民共和国进出口商品检验法》《中华人民共和国进出境动植物检疫法》《中华人民共和国国境卫生检疫法》《中华人民共和国食品安全法》对海关放行不同规定的同时，与“两步申报”改革相配套，将海关稽查的起始时间修改为“办结海关手续之日”，实现一线监管与后续稽查有效衔接。二是将“与进出口货物直接有关”改为“与进出口活动有关”，从而拓展稽查对象的广度，满足新海关的后续监管需求。

六、“单一窗口”制度

（一）完善“单一窗口”制度的总体思路

在《中华人民共和国海关法》中明确国际贸易“单一窗口”在企业办理进出口业务的主导地位，实现申报人通过电子口岸平台一点接入、一次性提交满足口岸管理和国际贸易相关部门要求的标准化单证和电子信息，相关部门通过电子口岸平台共享数据信息、实施职能管理，处理状态（结果）统一通过“单一窗口”反馈给申报人，持续推进贸易便利化。

（二）《中华人民共和国海关法》修订建议和理由

建议：在《中华人民共和国海关法》中新增一条：“【跨境贸易便利化】海关会同相关部门和地方统筹促进跨境贸易便利化工作，深化国际贸易‘单一窗口’建设，推动口岸跨部门信息共享，提供全程‘一站式’企业办事服务，持续优化口岸营商环境。”

理由：《优化营商环境条例》已初步确立国际贸易“单一窗口”在进出口贸易中的主导地位。该条例第四十五条规定：“政府及其有关部门应当按照国家促进跨境贸易便利化的有关要求……推动口岸和国际贸易领域相关业务统一通过国际贸易‘单一窗口’办理。”结合 RKC 有关通关制度以及当前国际贸易“单一窗口”推广应用情况，有必要在《中华人民共和国海关法》中确立“单一窗口”的法律地位，明确进出口环节海关业务通过国际贸易“单一窗口”办理，简化通关流程，提高通关效率，持续推进跨境贸易便利化。

七、自由区制度

（一）完善自由区制度的总体思路

通过修改完善《中华人民共和国海关法》中与自由区有关的表述，推动我国海关特殊监管区域制度进一步与 RKC 接轨，总体思路是通过《中华人民共和国海关法》修改，明确各种类型海关特殊监管区域的法律地位以及海关的职权；立足于我国海关特殊监管区域发展的实际，既考虑到我国的具体国情，又借鉴其他国家或地区自由区的先进经验，进行制度引进和创新。

1. 关于海关在自由区中的职权。RKC 将“自由区”定义为“缔约方境内的一部分，进入这一部分的任何货物，就进口税费而言，通常视同在关境之外[①]”，这里强调了“就进口税费而言”，不能随意扩大对“视同在关境之外”的理解。事实上，任何国家或地区的海关法律制度实施范围一般都远远大于关税法律制度。自由区内的货物，仍应接受海关监管。因此，“视同在关境之外”概念仅针对自由区税款征收的范围，海关在各类自由区内应当实施特定的监管。

① 海关总署国际合作司 . 关于简化和协调海关制度的国际公约（京都公约）总附约和专项附约指南［M］. 北京：中国海关出版社，2003：262.

2. 关于《中华人民共和国海关法》对“自由区”概念的体现。应将综合保税区、自由贸易试验区、自由贸易港等自由区概念纳入《中华人民共和国海关法》。目前,《中华人民共和国海关法》对于各类自由区的概念表述，主要有“海关特殊监管区域”“海关监管区”“经济特区”等（第三十四条、第一百条和第一百零一条），尚未包含综合保税区、自由贸易试验区、自由贸易港。海南自由贸易港是我国目前开放程度最高的自由区。我国自由贸易试验区的功能定位高于海关特殊监管区域，不仅包含了贸易、物流、加工等业态，更涵盖了金融、投资、行政管理等诸多领域。为明确区分法律概念，明晰海关执法职责，上述概念应当纳入《中华人民共和国海关法》。鉴于综合保税区、自由贸易试验区、自由贸易港的概念在有关行政法规、国务院文件、海关规章中已有体现,《中华人民共和国海关法》不宜再对其进行定义。随着我国高水平对外开放不断推进，存在对上述概念进行优化的可能，也存在探索其他特殊经济功能区的可能。因此，在《中华人民共和国海关法》层面无须阐述各类自由区的具体定义，为今后的发展留有空间。

（二）《中华人民共和国海关法》修订建议和理由

建议一：将《中华人民共和国海关法》第三十四条“经国务院批准在中华人民共和国境内设立的保税区等海关特殊监管区域，由海关按照国家有关规定实施监管”修改为“综合保税区、自由贸易试验区、自由贸易港等特殊区域，由海关会同有关部门按照国家有关规定实施监管”。

理由：现行《中华人民共和国海关法》关于“海关特殊监管区域”的规定，仅以保税区举例，不符合当前海关特殊监管区域发展趋势以及海关特殊监管区域整合为综合保税区的要求。故应在原有条款基础上，将举例改为综合保税区、自由贸易试验区、自由贸易港。同时，因国内法表述习惯的原因，不宜直接引入 RKC 中“自由区”的概念，建议将“海关特殊监管区域”微调为“特殊区域”，以便与“海关监管区”相区分。

建议二：在《中华人民共和国海关法》第一百条增加定义：“特殊区域，是指经国务院批准设立在中华人民共和国关境内，赋予特殊的关税制度等功能和政策，由海关会同有关部门按照国家有关规定实施监管的特定区域。”

理由：现行《中华人民共和国海关法》对“特殊区域”（“海关特殊监管区域”）没有明确定义，仅以举例形式说明，难以确定“特殊区域”的法律地位和基本特征。有必要借鉴 RKC 中“自由区”的定义和基本制度，明确“特殊区域”的定义，突出“经国务院批准设立”“关境内”“特殊的关税制度”基本特征，明晰海关监管职责。

建议三：将《中华人民共和国海关法》第一百零一条“经济特区等特定地区同境内其他地区之间往来的运输工具、货物、物品的监管办法，由国务院另行规定”修改为“特殊区域同境内其他地区之间往来的运输工具、货物、物品的监管办法，由国务院另行规定”。

理由：我国实施改革开放已有四十多年，关于“经济特区”的表述已不适应国家改革发展现状，且“特定地区”的概念较为模糊，宜统一表述为“特殊区域”，明确“特殊区域”同境内其他地区之间往来的运输工具、货物、物品的监管办法由国务院另行规定。

（三）完善有关配套制度的建议

1. 建立健全特殊区域法律规范体系。借鉴 RKC 中的“自由区”制度，结合《中华人民共和国海南自由贸易港法》的体例和规定，整合并提炼海关、商务、外汇等部门规章以及有关地方性法规、规章中涉及综合保税区、自由贸易试验区监管的内容，以法律或行政法规的形式分别制定综合保税区、自由贸易试验区法（条例），推动形成系统完备、科学规范、运行有效的特殊区域法律规范体系。

2．促进国际贸易便利化。在海关监管制度方面，目前我国海关特殊区域离“一线放开，二线管住，区内自由”还有一定差距。为此，可借鉴 RKC 的自由区制度，从制度层面作出具体规定，简化海关监管手续，将海关的监管重点放在二线，不断推进贸易便利化。以自由贸易试验区为例，对货物一线进出仅实行“备案制”，对区内的经济活动原则上不予干预，在金融、外汇等领域探索实施更加开放的政策等。

3．明确特殊区域的关闭制度。RKC 对自由区的关闭作出了原则性规定，但我国海关法律法规中未有明确体现。随着我国开放型经济的发展，今后还会有更多的特殊区域设立；对于已有的数量众多的特殊区域，针对各自的运行状况和区域经济发展情况，不排除须对某些特殊区域予以撤销或合并的可能性。因此，建议立法明确海关特殊区域的申请、设立和撤销、合并等程序，以优化市场资源配置，保证海关特殊区域健康持续发展。

八、AEO 制度

（一）完善 AEO 制度的总体思路

通过修订《中华人民共和国海关法》确立海关信用管理制度和 AEO 制度的法律地位，加快推动海关信用管理高质量发展，促进贸易安全与便利。

1．确认 AEO 制度的法律地位。鉴于现行《企业信用管理办法》法律位阶较低，建议在《中华人民共和国海关法》中对海关信用管理制度进行规定，明确海关信用管理的定义、原则等，并将 AEO 制度列为其核心内容。

2. 明确AEO互认合作相关原则性条款。考虑到目前AEO制度在国际上的广泛应用，建议在《中华人民共和国海关法》中明确中国海关依据国际公约等开展与其他国家或者地区海关AEO互认合作，强化海关在国家参与全球治理层面发挥作用。

3. 保障AEO享惠权益。在《中华人民共和国海关法》中明确AEO制度适用对象，通过立法保障其通关便利权益，促进关企合作。

（二）《中华人民共和国海关法》修订建议和理由

建议一：在《中华人民共和国海关法》新增一条："中国海关依照本法和其他有关法律、行政法规以及我国缔结或者参加的有关国际条约、协定，开展与其他国家或者地区海关的'经认证的经营者'（AEO）互认合作，并且给予互认企业相关便利措施。"

理由：海关AEO制度是现代海关信用管理的核心内容，是海关推动国际互认、推动关企合作、机构互信的重要手段。但现行《中华人民共和国海关法》未体现海关AEO制度及AEO互认合作内容，建议引入RKC和《标准框架（2021）》有关AEO制度，参照《企业信用管理办法》第八条"中国海关依据有关国际条约、协定以及本办法，开展与其他国家或者地区海关的'经认证的经营者'（AEO）互认合作，并且给予互认企业相关便利措施"的规定，结合我国海关推进AEO国际互认合作的成功经验，从立法层面明确海关开展AEO国际互认合作的法律依据，规定给予AEO互认企业相关便利措施。

建议二：在《中华人民共和国海关法》新增一条："高级认证企业是中国海关AEO，海关对其实施便利的管理措施。海关对失信企业实施严格的管理措施，对高级认证企业和失信企业之外的其他企业实施常规的管理措施。"

理由：参照《企业信用管理办法》第四条关于海关对高级认证企

业、失信企业和其他企业适用不同的管理措施的规定[①]，在《中华人民共和国海关法》中确认高级认证企业是中国海关 AEO，适用便利的管理措施，保障 AEO 企业享惠权益；规定对失信企业实施严格的管理措施，对其他企业实施常规的管理措施。

建议三：在《中华人民共和国海关法》新增一条："经海关注册的进口食品境外生产企业和进境动植物产品国外生产、加工、存放单位等境外企业的信用管理，由海关总署另行规定。"

理由：《企业信用管理办法》第三十六条"海关注册的进口食品境外生产企业和进境动植物产品国外生产、加工、存放单位等境外企业的信用管理，由海关总署另行规定"已经涉及我国 AEO 制度的域外管辖功能，但该规定法律位阶不高，应上升到《中华人民共和国海关法》层面，以法律形式赋予我国 AEO 制度实施域外管辖的功能，并预留制度接口。

关于明确海关按照诚信守法便利、失信违法惩戒原则对企业实施信用管理的《中华人民共和国海关法》修订建议，详见本章第二节第八项"合作原则"。

（三）完善有关配套制度的建议

1．健全完善 AEO 制度配套机制建设。整合完善实施 AEO 制度有关机构设置、职能划分、部门联系配合机制等，强化信用管理制度在海关履行进出关境监督管理职能方面的地位和作用发挥。比如，便利化管理措施的落实贯穿海关各个业务领域，需优化整合、明确职责分工，切

---

① 《企业信用管理办法》第四条："海关根据企业申请，按照本办法规定的标准和程序将企业认证为高级认证企业的，对其实施便利的管理措施。海关根据采集的信用信息，按照本办法规定的标准和程序将违法违规企业认定为失信企业的，对其实施严格的管理措施。海关对高级认证企业和失信企业之外的其他企业实施常规的管理措施。"

实发挥海关“信用+”的优势及作用。

2. 强化AEO制度域外管辖功能。《企业信用管理办法》第三十六条已经涉及我国AEO制度对进口食品境外生产企业和进境动植物产品国外生产、加工、存放单位等境外企业的域外管辖功能。在实际操作中，落实AEO制度供应链安全的要求刚性不足，缺乏延伸考察、境外执法的制度设计。因此，建议将上述域外管辖规定上升到《中华人民共和国海关法》层面，同时尽快建立健全有关配套制度，制定海关对经海关注册的境外企业实施信用管理的具体规章，为AEO制度实现域外管辖功能做好法律保障。

3. 推进第三方中介机构参与AEO认证机制。我国海关引入第三方机构参与高级认证企业认证工作尚处于初始阶段，对第三方机构的权利义务缺乏制度规范。建议深入落实“放管服”改革要求，参照引入第三方机构参与稽查等已有成功经验，健全完善引入第三方机构参与高级认证有关制度机制，利用外部专业力量协助解决海关监管资源不足的问题，激发AEO制度的弹性和活力。

九、知识产权海关保护制度

（一）完善知识产权海关保护制度的总体思路

RKC对海关制度及执法的原则要求以及对知识产权海关保护的具体规定[①]，对《中华人民共和国海关法》修订过程中适时优化知识产权

① 专项附约D第1章“海关仓库”第5条（建议条款）规定：“公用海关仓库可允许所有应缴纳进口税费以及各种禁止和限制进口货物存放，无论数量、原产国、发运国或者目的国如何，基于以下原因受到禁止和限制的进口货物除外……保护专利、商标和版权。”专项附约D第2章“自由区”第6条（建议条款）规定：“不应仅因为从国外进入的货物受到禁止或限制而拒绝准予进入自由区，无论原产国、发运国或者目的国如何，基于以下原因受到禁止或限制的除外……保护专利、商标和版权。”

海关保护制度而言，极具参考价值和前瞻、创新意义。

1.《中华人民共和国海关法》修订语境下的知识产权海关保护制度优化。一是构建符合国情、与国际公约协调、体现知识产权保护政策功能的海关法律制度体系，有效应对以知识产权为外延的新型贸易壁垒的降维打击；二是响应“一带一路”倡议，以 RCEP 生效实施为契机，科学推动我国与“一带一路”沿线国家（地区）知识产权海关保护制度“趋同化”；三是持续推进知识产权海关保护相关行政法规、部门规章的统一、协同修订工作，研究部署分阶段制度优化方案。

2.《中华人民共和国海关法》修订语境下的知识产权海关保护制度输出。对比 RKC 与《贸易便利化协定》、《与贸易有关的知识产权协定》（TRIPs）、RCEP、《全面与进步跨太平洋伙伴关系协定》（CPTPP）5 个文本，虽然其基于不同的关注重点，分别制定了适用于不同层级保护需求的知识产权边境保护制度共同标准，但实践中 RKC 缔约方通常将知识产权保护高度融合地嵌入海关通关程序之中，实质是在 RKC 框架下对 TRIPs 甚至 RCEP、CPTPP 的约定条款进行了替代性应用。因此，我国可以在完成本国知识产权海关保护制度优化后，把握知识产权国际保护规则“质变”的风口，适时推动制度输出。

（二）《中华人民共和国海关法》修订建议和理由

建议一：将《中华人民共和国海关法》第四十四条第一款“海关依照法律、行政法规的规定，对与进出境货物有关的知识产权实施保护”修改为“海关依照法律、行政法规的规定，对与进出境货物、物品有关的知识产权实施保护”。

理由：《中华人民共和国知识产权海关保护条例》第三十一条规定：“个人携带或者邮寄进出境的物品，超出自用、合理数量，并侵犯本条例第二条规定的知识产权的，按照侵权货物处理。”该条将进出境物品也纳入了知识产权海关保护范畴。执法实践中，海关对寄递渠道的侵权物品依照上述规定开展知识产权执法。为更好推进知识产权边境保护，结合相关法规以及执法实践，建议在《中华人民共和国海关法》中明确对与进出境物品有关的知识产权也实施保护。

建议二：将《中华人民共和国海关法》第九十一条“违反本法规定进出口侵犯中华人民共和国法律、行政法规保护的知识产权的货物的，由海关依法没收侵权货物，并处以罚款；构成犯罪的，依法追究刑事责任”修改为“违反本法规定进出口侵犯中华人民共和国法律、行政法规保护的知识产权的货物的，由海关依法没收侵权货物，可以并予以警告或者处以罚款；构成犯罪的，依法追究刑事责任”。

理由：执法实践中，对于某些涉案货物价值低（不足百元）的案件，依照《中华人民共和国海关行政处罚实施条例》第二十五条对当事人处以货物价值30%以下罚款的金额极低，既无必要又增加了执法成本。对于符合新修订的《中华人民共和国行政处罚法》和《中华人民共和国海关办理行政处罚案件程序规定》关于简易程序和快速办理案件规定的进出口侵权案件，可仅没收侵权货物并予以警告，无须并处罚款。因此建议将该罚则中的“并处以罚款”改为“并予以警告或者处以罚款”。

（三）完善有关配套制度的建议

1．完善过境、转运货物知识产权海关保护制度及侵权认定标准。结合RKC关于过境、转运货物应予监管及转运货物概念的规定，完善海关特殊区域、自贸区内的知识产权海关行政执法权制度基础，比如，可以考虑在以稽核查为切入点的事后监管模式下直接启动知识产权海关保护程序的制度可行性。同时，将过境、转运货物的侵权认定标准，从现行的“可能发生实质性侵权损害则保护”的标准，逐步转向“可能发生损害或对受一国法律保护的知识产权的对外贸易利益产生损害或实质性威胁即纳入保护范围”，推动从根本上解决有关执法难点。

2．在自贸区内率先试点开展知识产权海关保护保证保险。结合RKC关于“自由区”和担保制度、模式的规定，借鉴关税保证保险制度经验，试点接受权利人以知识产权保险保单形式提交海关知识产权担保，以简化担保手续，减轻企业负担。具体来讲，投保人为权利人，被保险人为海关，保险标的为权利人因错误申请或恶意申请导致错扣或错放造成的相对人的损失以及货物的仓储、保管和处置费用，一旦权利人因各种原因拒绝履行赔付和支付义务，由保险公司全额代偿；除并案处理的外，均应一案一保。同时，将该项试点制度与进出口企业信用评级体系挂钩，形成有效震慑[①]。

3．优化知识产权侵权专题风险布控要素甄别精度和海关制度整体性输出。结合RKC关于将风险管理作为海关有效监管的重要形式的规定，适当选择协调制度编码、货物性质和描述、原产国（地区）、货物启运国（地区）、货值、贸易商合规记录以及运输工具类型等申报要素作为风险管理效能的选择性评估要项，适度平衡当前国外海关对我国侵权反向通报居高的局面，进而构建基于风险管理的多层次监管方式，并在参与推进RKC全面审议进程的同时，以我国与“一带一路”沿线国家和地区边境侵权风险信息共享与执法合作机制等为平台或切入点，适时整体性输出海关管理理念，争取掌握知识产权海关保护国际规则话语权。

① 叶倩．探析双循环新发展格局下知识产权海关担保模式创新［J］．海关与经贸研究，2022（2）．

十、信息技术应用制度

（一）完善信息技术应用制度的总体思路

在《中华人民共和国海关法》中总领性明确海关信息化应用，确立电子数据、电子申报的法律地位，为海关实施数字化监管提供法律依据，确立海关对依法获取的有关数据的合法使用权。

（二）《中华人民共和国海关法》修订建议和理由

建议：将《中华人民共和国海关法》总则第六条第三项“海关可以行使下列权力……（三）查阅、复制与进出境运输工具、货物、物品有关的合同、发票、账册、单据、记录、文件、业务函电、录音录像制品和其他资料……”修改为“海关可以行使下列权力……（三）查阅、复制、合法使用与进出境运输工具、货物、物品有关的合同、发票、账册、单据、记录、文件、业务函电、录音录像制品、电子数据和其他资料……”

理由：引入 RKC 中电子文件的应用、海关对有关电子信息的使用权等制度和做法，结合《中华人民共和国数据安全法》等国内法规定与海关信息化建设实践，在《中华人民共和国海关法》权力条款中确立海关对与进出境运输工具、货物、物品有关的电子数据的查阅、复制权，同时增加海关对依法获取的有关数据的合法使用权，明确电子数据的法律地位，为海关实施数字化监管提供法律依据，预留制度接口。

关于明确海关信息化应用原则、确立电子申报法律地位的两条修订建议，详见本章第二节第六小节“应用信息技术原则”。

（三）完善有关配套制度的建议

建议加强海关电子文件与纸质文件的鉴别相关制度建设与信息化应用。鉴于海关电子文件与纸质文件的鉴别对于进出口贸易数据安全具有重要作用，建议对该问题予以深入研究，通过海关有关电子数据、数据安全的公告或者与其他部委发布联合公告的方式予以具体规定。建议进一步加强与其他国家和地区海关的沟通协作，扩大检验检疫电子证书信息交换核查系统的覆盖面；探索在“单一窗口”或“互联网+海关”平台为有关政府部门和社会公众提供报关单和入境货物检验检疫证明的真伪查询服务，打击伪造、变造海关单证等违法行为，维护正常的国际贸易秩序。

第四章 《经修订的京都公约》全面审议及相关启示

新一轮对 RKC 的全面审议工作已于 2018 年启动，目前已经完成对 RKC 全面审议工作四个阶段的前三个。

第一节
《经修订的京都公约》全面审议工作的动因及成员方的主要需求

一、国际背景

（一）国际经贸规则重构：多边框架下跨境贸易便利化面临挑战

1. 经济全球化和区域一体化提出了更高的贸易便利化要求

随着贸易自由化的不断深化，世界各国（地区）不断降低关税和配额，全球贸易迅速增长，越发凸显了贸易便利化的重要性。贸易便利化与贸易之间存在正向联系，宏观体现为适度降低贸易交易成本可以显著增加贸易量。国际贸易量的增大意味着越来越多的货物需要越过关境和办理海关手续，给海关以及该国政府带来巨大的资源压力。因此，改进海关程序成为推进跨境贸易便利化的重要一环，实施贸易便利化改革的国家将提升海关程序的效率，增加贸易流量，同时避免因海关程序效率低下而带来的贸易成本。

随着国际经济社会的发展和信息科学技术的进步，国际经贸规则开始了新一轮重构。WTO《贸易便利化协定》（TFA）于 2017 年 2 月 22 日生效，其部分条款有助于发展中国家简化其海关职能，通过发达国家的援助和能力建设支持来推进实施贸易便利化。以 TFA 第一节第 7 条“货物的放行和结关”和第 9 条“受海关监管的进口货物流动”为例，TFA 第 7 条规定了影响货物放行和结关的相关标准，例如快运货物、易腐货物、电子支付和到达前处理等多个方面。第 7.3 条要求将进口货物的放行与关税、国内税、规费及费用的最终确定相分离，该条规定缩短了货物放行时间，提高了海关效率，对进口商和海关来说都是一个很好的措施；TFA 第 9 条允许进口货物在其领土内在海关的监管下进行移动，从入境地海关移至予以放行或结关的其领土内另一海关，该条规定加快了清关速度，简化了货物清关流程。贸易便利化议题不仅存在于 WTO 多哈回合谈判议程中，还在区域贸易协定（RTAs）中得到加强。

1995 年至 2010 年间，涵盖贸易便利化条款的区域贸易协定的数量显著增加，特别是自 WTO 多哈发展议程启动贸易便利化谈判以来[①]。目前，区域贸易协定（RTAs）成为 TFA 的一种潜在替代方式，国际和区域组织利用区域贸易协定下的相关贸易便利化条款促进全球贸易便利化，并与新兴的多边贸易便利化协定产生协同效应。因此，目前越来越

① https://publiceyenews.com/trade-facilitation-in-regional-trade-agreements-rtas/#:~:text=In%20the%20case%20of%20Regional%20Trade%20Agreements%20%28RTAs%29,comparative%20advantage%20and%20RTAs%20establish%20regional%20economic%20cooperation.

多的国际和区域组织将工作重点放在将贸易便利化纳入区域贸易协定条款中，这对确定贸易便利化的价值作用、探究贸易便利化在各个领域的最佳实践意义重大。

2．高标准大型区域贸易协定逐渐成为经贸规则国际化的平台

当前的区域贸易协定中采用的有关贸易便利化的条款涉及多方面的措施，从规则一致化、相互承认和认证到文件要求标准化、简化贸易程序、边境协调与合作、加强互联互通和信息通信技术（ICT）的使用，再到政策协调等，这是区域贸易协定中有关贸易便利化条款的共性。多边框架下的部分贸易便利化规定得到拓展与延伸，例如透明度规定，与贸易相关的法律、法规和裁决的公开可用性，以及使用国际文书来简化程序和文件，无纸贸易环境及国家“单一窗口”等。

此外，涉及海关核心技术的三大领域也出现了更进一步的创新与促进。以 CPTPP、USMCA、RCEP 为例，其中原产地规则与程序条款形象地展现出来这种变化（见表 4–1）。

表 4–1　CPTPP、USMCA、RCEP 原产地规则条款分析[①]

原产地规则		CPTPP	USMCA	RCEP
实质性改变标准	税则归类改变	√	√	√
	区域价值成分	√	√	√
	制造与加工工序	√	√	√
补充规则	微量条款	√	√	√
	累积规则	√	√	√
	环保回收材料使用	√	√	
	生产材料使用说明及价值计算	√	√	√

① 赵世璐，李雪松．后 TPP 时代自由贸易协定原产地规则国际比较与我国应对策略研究［J］．国际商务研究，2022（2）．

（续表）

原产地规则		CPTPP	USMCA	RCEP
补充规则	微小加工处理	√	√	√
	中性成分			√
	间接材料	√	√	√
	可互换材料	√	√	√
	成套货品	√	√	
	包装材料容器	√	√	√
程序性规则	直运规则	√	√	√
	处罚事项	√	√	√
	原产地规则委员会	√	√	
	原产地证明	√	√	√
	原产地声明	√	√	√

最初，区域贸易协定只是关注海关程序的条款。近年来，这些规定已扩展到贸易单证的透明度、简化和协调，边境机构之间以及与贸易界的协调等领域。处理海关事务的规定也发生了变化，涵盖了更广泛的措施，包括风险管理、上诉权、预裁定、货物放行、暂准进境和快运货物。高标准大型区域贸易协定的出现，成为诸多经贸规则上升为多边规则的平台，其中 CPTPP 与 USMCA 对于传统议题的冲击最为明显。

CPTPP 作为一项高标准自由贸易协定，在《跨太平洋伙伴关系协定》（TPP）的基础上进行了调整，并对部分 TFA 规则条款进行了细化和创新，主要表现在数字贸易和电子商务、知识产权和国有企业（SOEs）等重点领域。CPTPP 的特点在于进行了广泛的关税削减，取消了对 CPTPP 成员 98% 的出口产品的关税和壁垒。除关税削减外，CPTPP 还涵盖海关和贸易便利化的高标准章节。

CPTPP 与其他自由贸易协定的区别在于它的规定更深更广，其基本规则平等地适用于所有缔约方，即使一些发展中国家成员（例如越南）需要更长的时间来履行某些承诺。

2020 年 7 月 1 日生效的 USMCA 是《北美自由贸易协定》（NAFTA）的“继承者”，其部分章节借鉴了 TPP 的规定。USMCA 第 7 章“海关管理和贸易便利化”部分与 NAFTA 的“海关程序”一章对应，同时以 TFA 和 TPP 的要素为蓝本引入了一系列更详细的规定。例如，USMCA 条款 7.8 是 NAFTA 中没有规定的新条款“加快快件清关”，该条款以 TPP 条款 5.7 为蓝本，并制定了更详细的规定。除此之外，还有如 7.7（货物放行），包含 TPP 第 5.10 条和 WTO TFA 第 7 条的元素；7.9（信息技术的使用），USMCA 要求缔约方在所有流程中使用信息技术，以此来提高效率；此外还有 7.10（“单一窗口”）、7.14（AEO）、7.22（贸易便利化委员会）等贸易便利化相关条款。总体而言，USMCA 中规定的海关程序以 NAFTA 为基础，同时纳入了 TFA 和 TPP 中与透明度和效率相关的新元素[①]。

同时，将这些措施建立在国际标准之上有利于将贸易便利化从区域扩展到多边层面实施，也有助于在国家与国家之间，以及在不同区域贸易协定的签署国之间实施贸易便利化。早在 2007 年，全球贸易总量的一半以上都是在 RTAs 框架内进行，今后，提高国家能力以使各国能够更有效地深化贸易便利化是国际组织的工作重点之一。

（二）新冠肺炎疫情对国际组织提升跨境贸易便利化水平提出更高的现实需求

1. 世界贸易组织持续深化涉疫物资通关便利化

2022 年 3 月 25 日，联合国贸易和发展会议（UNCTAD）发布的《全

① https://www.whitecase.com/publications/alert/overview-chapter-7-customs-administration-and-trade-facilitation-us-mexico-canada.

球经济最新动态》报告显示[①]，世界经济的平均增长率将为 2.6%，低于 2021 年的 5.5%。2022 年全球经济增长预期可能下降 1%。新冠肺炎疫情使得全球供应链更加脆弱且面临风险，发展中国家将面临更多挑战。

依据 WTO 2022 年第二季度的晴雨表指数，预计 2022 年世界商品贸易量将增长 3.0%。然而，由于乌克兰危机持续、通胀上升，以及发达经济体预期的货币政策收紧，世界商品贸易量趋于平稳，2022 年第一季度同比增长放缓至 3.2%，低于 2021 年第四季度的 5.7%（如图 4–1 所示）。

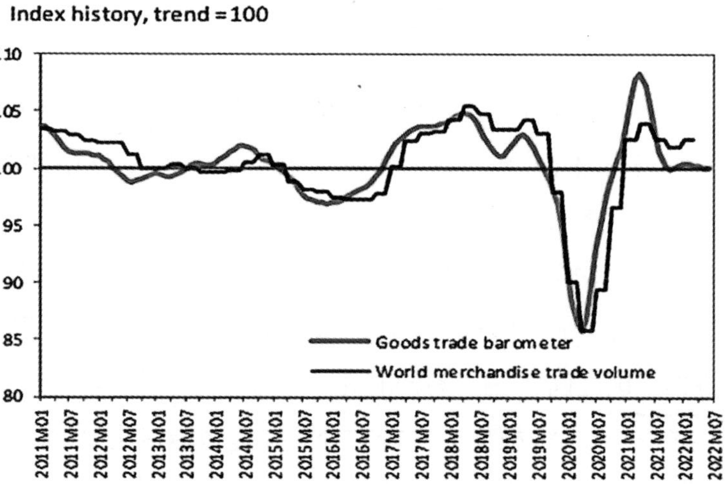

图 4–1　2011 年第一季度至 2022 年第二季度世界贸易组织晴雨表[②]

从图 4–1 可以看出，自 2017 年以来，国际货物出口总额趋于稳定，而新冠肺炎疫情发生后，国际货物出口总额严重下跌，2020 年上半年世界商品贸易量急剧下降。PMI 指数显示，2020 年 4 月，制造商和服务业新出口订单分别下降至 27.1 和 21.7（基准值为 50）；2020 年

① https://www.wto.org/english/res_e/booksp_e/tradtechpolicyharddigit0422_e.pdf.

② 数据来源：中国物流与采购联合会。

5月，制造业和服务业出口订单指数分别回升至32.2和29.8，但仍大幅低于趋势水平。PMI指数的变化预示着实际贸易流量的变化，这表明贸易水平在2020年4月或5月触底，然后在6月开始复苏。2021年以来PMI指数总体呈现波动下降趋势，虽然在2022年6月略有复苏，但未来情况不容乐观（如图4–2所示）。

图4–2 2019年1月至2022年7月全球制造业PMI指数变化[①]

WTO作为国际最大的贸易组织和贸易争端解决平台，贸易便利化一直是WTO成员广泛讨论的主题。TFA于2017年2月22日生效。自新冠肺炎疫情发生以来，很多WTO成员颁布贸易禁止或限制措施，包括限制贸易往来和人员流动等，这对国际贸易产生巨大的不利影响。对此，在新冠肺炎疫情全球大流行的背景下，WTO从2020年4月3日至2022年7月20日共发布了29篇报告，多次阐述新冠肺炎疫情下各国贸易限制措施对国际贸易产生的影响，同时还涉及促进医疗用品贸易、提高透明度、减少各国出口禁令和限制、促进跨境电商和服务贸易、提高农业恢复力、促进无纸化等众多领域的贸易便利化最佳实践，列举多国

① 数据来源：世界贸易组织数据库。

的贸易便利化措施模范，彰显贸易便利化在疫情时期的重要性[①]。

同时，WTO 贸易便利化委员会（TFC）就新冠肺炎疫情对国际贸易的影响以及促进疫情期间货物流动的可能举措举行了一系列的讨论，WTO 成员、其他国际组织和私营部门在此期间讨论了基本医疗用品和其他商品的各种贸易便利化倡议和临时机制。这些措施包括“绿色”优先清关渠道、暂时中止进口许可证要求、免除进口消费税、简化进出口申报表格以及使用电子签名和电子文件等要求。

2. 世界海关组织致力于全球经贸复苏

WCO 自 1952 年成立以来，一直致力于通过协调和简化海关程序[②]来提高海关管理部门的效率，从而推动贸易便利化。自 2020 年 1 月 30 日，世界卫生组织（WHO）宣布新型冠状病毒（COVID-19）的爆发构成国际突发公共卫生事件以来，救援物资的跨境流动大幅增加，但同时物资的跨境流动和跨境贸易也受到限制。WCO 自新冠肺炎疫情开始就认识到了促进贸易便利化的重要性，并于 2020 年 7 月启动了“COVID-19 项目”，旨在提升国际海关应对 COVID-19 以及其他传染病的能力，已经取得积极成效。截至 2022 年 6 月 13 日，WCO 就“COVID-19 项目”共举办研讨会 19 次，并在当天决定将该项目延长至 2023 年 6 月；同时与其他国际组织，如 WTO、国际海事组织（IMO）、国际商会（ICC）、国际道路运输联盟（IRU）、国际铁路运输政府间组织（OTIF）、世界银行集团（UN-OHRLLS）共同发布联合声明 6 篇，涉及贸易措施、全球供应链完整性、跨境运输、跨境贸易便利化等方面。这些文件或声明中涉及大量有关促进贸易便利化的政策和措施[③]。

---

① https://docs.wto.org/dol2fe/Pages/SS/directdoc.aspx?filename=q:/WT/MIN22/34.pdf&Open=True.

② https://www.wto.org/english/tratop_e/covid19_e/covid_reports_e.htm.

③ http://www.wcoomd.org/en/topics/facilitation/activities-and-programmes/natural-disaster/coronavirus.aspx.

（三）数字时代新贸易模式的发展与跨境贸易便利的数字化趋势

1. 数字经济背景下新贸易模式的发展与变革

进入 21 世纪以来，信息技术与网络飞速发展，全球生产方式、交易手段、产业结构、产品与服务内容和结算方式等都发生较为深刻的变化，其中最为突出的就是数字经济快速发展。在数字经济时代，依托数字技术，通过传输数字化信息，进行货物、服务以及信息数据交易的数字贸易俨然成为一种不可忽视的经济模式。

当前，数字经济正在成为新的经济活动的主题。数字贸易发展至今在全球已衍生出多种具体的经济形式，以电子商务为主，包括诸如数据交易、数字文化产品等多种具体贸易类型。同时，由于数字技术的快速发展，货物贸易和服务贸易领域也呈现出数字化趋势，数字贸易、货物贸易、服务贸易三者间的关系日趋复杂紧密，这对国际海关推进数字化改革，建设数字海关，加强对数字贸易领域的监管和程序改革提出了新的要求。

2. 新冠肺炎疫情背景下跨境贸易便利的数字化趋势越发凸显

2021 年，全球零售电子商务销售额约为 4.9 万亿美元。预计这一数字在未来几年将增长 50%，到 2025 年将达到约 7.4 万亿美元①。根据中国信息通信研究院发布的《全球数字经贸规则年度观察报告（2022 年）》（以下简称《报告》）②，数字贸易已成为全球贸易增长的关键驱动，这主要反映了贸易方式的数字化。2011—2020 年，全球数字贸易快速发展，数字服务贸易复合增长率达 4.4%，显著高于服务贸易（1.19%）和

① https://www.statista.com/statistics/379046/worldwide-retail-e-commerce-sales/#statisticContainer.

② http://www.caict.ac.cn/kxyj/qwfb/bps/202207/t20220729_406686.htm.

货物贸易（–0.4%）。同时，全球跨境数据流动规模大幅增长。据世界银行2021年报告估算，2022年全球跨境数据流动量将超过153000GB/s，是2012年的9倍。全球跨境数据流动对经济增长有明显的拉动效应，据麦肯锡预测，数据流动量每增加10%，将带动GDP增长0.2%。预计到2025年，全球跨境数据流动对经济增长的贡献将达到11万亿美元。近年来，多边机制和国际组织高度关注跨境数据流动的跨国协调问题。

从此次新冠肺炎疫情可以看出，数字经济在危机期间发挥了核心作用，但仍亟须弥合国家内部和国家之间的数字鸿沟。许多传统障碍更加突出，一定程度上阻碍了发展中国家特别是最不发达国家的小生产者、销售者和消费者参与电子商务活动。这表明在新冠肺炎疫情背景下，需要高效率和高负荷的信息和通信技术服务，包括电信、计算机和其他信息技术服务以及新兴技术。同时，各国政府和海关应采取新的措施，私营部门也应采取行动，以应对跨境电子商务在面临新冠肺炎疫情威胁中的一些挑战。

3. 数字贸易便利化条款在多边和区域自由贸易协定中的地位越发重要

自WTO多哈回合谈判难以取得实质性进展以来，RTAs发展进入快车道。2015年以来，受全球经济复苏乏力、贸易保护主义抬头等因素影响，RTAs增速趋缓。2017年1月，特朗普就任美国总统后宣布退出TPP，开启了后TPP时期。在此阶段，诸多高标准大型区域贸易协定涌现，许多WTO多边框架下的规则得到了深化，其中一些新型条款甚至被更多区域贸易协定参考和引用，逐步上升为具有较高影响力的国际规则。这些高标准大型区域贸易协定无一例外都将数字贸易（电子商务）单独列章，对相关领域的贸易规则进行一定的升级和延伸（见表4–2）。

表 4–2 部分高标准大型区域贸易协定数字贸易章节梳理

协定名称	CPTPP	USMCA	RCEP
签署时间	2018 年 3 月 8 日	2018 年 11 月 30 日	2020 年 11 月 15 日
电子商务章节	第十四章 电子商务	第十九章 数字贸易	第十二章 电子商务
章节目录	14.1 定义	19.1 定义	12.1 定义
	14.2 范围和总则	19.2 范围和总则	12.2 原则和目标
			12.3 范围
	14.3 海关关税	19.3 海关关税	12.11 海关关税
	14.4 数字产品的非歧视待遇	19.4 数字产品的非歧视待遇	
	14.5 国内电子交易框架	19.5 国内电子交易框架	12.10 国内监管框架
	14.6 电子认证和电子签名	19.6 电子认证和电子签名	12.6 电子认证和电子签名
	14.7 在线消费者保护	19.7 在线消费者保护	12.7 线上消费者保护
	14.8 个人信息保护	19.8 个人信息保护	12.8 线上个人信息保护
	14.9 无纸贸易	19.9 无纸贸易	12.5 无纸化贸易
	14.10 关于接入和使用互联网开展电子商务的原则	19.10 关于接入和使用互联网开展电子商务的原则	12.16 电子商务对话
	14.11 通过电子方式跨境传输信息	19.11 通过电子方式跨境传输信息	12.15 通过电子方式跨境传输信息
	14.12 互联网互通费用分摊		
	14.13 计算设施的位置	19.12 计算设施的位置	12.14 计算设施的位置
	14.14 非应邀商业电子信息	19.13 非应邀商业电子信息	12.9 非应邀商业电子信息
	14.15 合作	19.14 合作	12.4 合作
	14.16 网络安全事项合作	19.15 网络安全	12.13 网络安全
	14.17 源代码	19.16 源代码	
		19.17 交互式计算机服务	
	14.18 争端解决		12.17 争端解决
		19.18 开放的政府数据	
			12.12 透明度

通过分析表 4–2 可以发现，在 RTAs 中数字贸易尤其是电子商务成为各国间谈判的重点。在诸多高标准大型区域贸易协定中，如数字税收、信息传输、数据流动、电子签名与电子认证等问题均达成了一定共识，成为数字贸易不可或缺的规则。同时，部分区域贸易协定确立的相关原则和条款也得以被后续协定引用，通过区域贸易协定平台上升为一种国际规则和范例。由此可见，国际海关在数字经济时代应推进数字贸易发展，推进自身数字改革，在 RKC 全面审议工作中增加数字贸易条款，是全球跨境贸易便利的必然要求，也是时代经济发展的大势所趋。

4．数字技术驱动跨境贸易便利化工具转型升级

在数字时代，产业数字化和数字产业化进程逐步加快。数字技术不仅应用于经贸活动，更成为一种贸易便利化的措施手段。2022 年 4 月 12 日，世界经济论坛（WEF）和 WTO 联合发布报告《贸易技术的承诺：利用贸易数字化的政策方法》（The promise of TradeTech: Policy approaches to harness trade digitalization）[①]。报告指出，人工智能、区块链和分布式账本技术等新兴技术与国际政策协调相结合，可以推动全球贸易并加速经济复苏。贸易技术（TradeTech）是一套支持全球贸易及其数字化的技术，是供应链弹性的关键部分，也是通向更高效和包容性贸易的途径。通过公私伙伴关系建立国际政策协调，将促进贸易技术的跨境采用，贸易协定可以在这方面发挥关键作用。最近的贸易协定和诸边倡议已开始探索技术与贸易之间的相互作用。

全球庞大的跨境数据流动已经形成，而且数据作为一种贸易技术已经产生了非常重要的作用。在数字时代背景下，建立合理有效的国家数据战略有助于将国内数据使用与跨境数据流动有机结合，为跨境数据流动潜在效益的发挥营造环境。2022 年 2 月 19 日，美国商会发布《数字

① https://www.wto.org/english/res_e/booksp_e/tradtechpolicyharddigit0422_e.pdf.

贸易革命：美国工人和企业如何从数字贸易协议中获益》[①]，构建了国家数字贸易战略，并将跨境数据流动列为14条优先事项的首位，之后第2项和第3项分别为数据保护、数据治理与创新。欧盟更是构建了雄心勃勃的数据战略，旨在使欧盟成为数据驱动社会发展的领导者，为数据创建一个单一市场使其能够在欧盟内部和跨部门自由流动，以造福于企业、研究人员和公共行政部门。

此外，欧盟还致力于建设单一数据市场，搭建公平、实用、清晰的数据访问和使用规则。通过就数据的访问和重复使用制定明确和公平的规则，投资更新工具和基础设施来储存和处理数据，联合欧洲数据云，在关键部门对欧盟数据汇总和交互操作以及赋予用户控制自身数据的权利、工具和技能，欧盟正努力成为一个有吸引力、安全和动态的数据经济体。2022年2月，欧盟提出的《欧洲数据法案》，解决导致数据未被充分利用的法律、经济和技术问题，并预测新规则到2028年将为欧盟成员国创造2700亿欧元的额外GDP。

针对新冠肺炎疫情下贸易受阻和数字时代的兴盛，WEF和WTO也联合推出了贸易数字化的政策，并将其核心称为“贸易技术5Gs”（如图4–3所示）。

除此之外，各部门尤其是涉及国际经贸的部门未来应当更加注重数据战略的重要性。以海关为例，WCO秘书长御厨邦雄在2022年1月26日国际海关日宣布WCO 2022年工作主题为“拥抱数字文化、打造海关数据生态，提升海关数字化变革”。这是继2016年“数字海关：渐进发展”后WCO又一次将数字化作为发展主题。WCO将在新的一年致力于通过拥抱数字文化和构建数据生态系统来加速海关数字化转

① https://www.uschamber.com/international/trade-agreements/the-digital-trade-revolution-how-u-s-workers-and-companies-can-benefit-from-a-digital-trade-agreement.

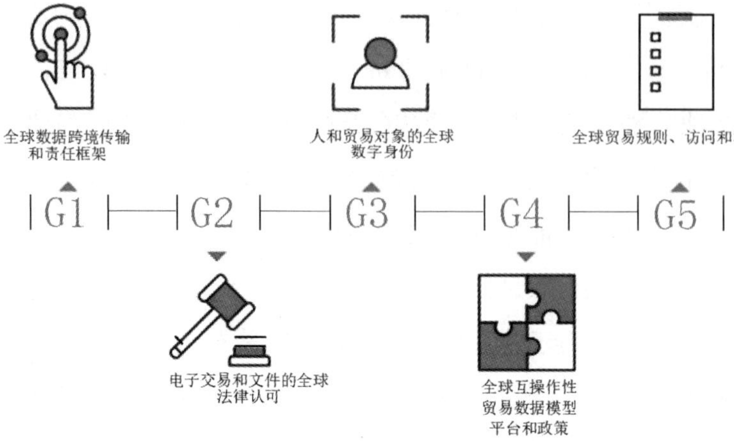

图 4–3　贸易技术 5Gs 构成图

型，邀请全球海关界共同推进该主题的实施，思考如何在全球数字环境中以最佳方式运营，打造运营模式，以获取和利用来自整个贸易生态系统的数据。为构建数据生态系统和整合现有系统，WCO 提出以下建议：一是建立正式的数据治理，以确保数据的关联性、准确性和及时性；二是利用世界海关组织和其他机构已经制定的有关数据格式和交换的标准规则；三是构建适当的数据管理模式，以确保正确的人访问正确的数据，并遵守数据保护法规；四是采用渐进式方法，例如通过数据分析来收集和利用数据来支持决策。当前，科学技术尤其是信息通信技术的发展，为贸易便利化进一步深化提供了可能性。区块链、大数据、云计算等新技术促进了贸易新业态的迅猛发展。

二、RKC 主要成员方与观察员的需求

1．欧盟

欧盟在本次 RKC 全面审议过程中呈现出“积极的推动者”姿态。在讨论过程中，欧盟坚持“进一步完善 RKC，巩固其作为 WCO 旗舰性文件与国际海关公约的重要地位”这一立场，结合当前国际经贸发展

趋势与欧盟相关核心关切，积极推动审议与谈判进程。在 RKC 文本内容上，欧盟主张需要进一步体现出高度的专业性与独立性，尽可能避免与 WTO《贸易便利化协定》等其他文本在内容上产生重复。在 RKC 提案审议过程中，其一，欧盟对贸易便利化、无纸化、数字化趋势持有较为开放的态度，对“数据与信息技术”“关税电子支付”等新兴技术驱动型提案（Proposals）普遍表示支持；其二，欧盟期望着力解决 RKC 当前文本在海关实务应用中可能存在的隐患，如强烈主张对当前“自由区”的定义进行修改，以在文本上充分体现“自由区”属于关境内领土这一属性，通过明确“自由区”需要接受海关监管这一要求以解决海关在实际监管过程中可能面临的困境；其三，欧盟希望其自身特殊性可以在文本中得以充分体现，如在“非优惠性原产地规则”提案下，希望就关税同盟所具有的特殊性而对“原产地”的定义进行调整。此外，欧盟坚决反对在 RKC 当中容纳任何可能与《欧盟海关法典》相违背的内容要求，如在“通关放行后允许修改货物报关单”这一提案上明确表示不予支持。

2．美国

美国在本次 RKC 全面审议过程中的参与度与贡献度较小，并且在一定程度上阻碍了审议工作的有效进行。在讨论过程中，美国坚持“倾向于开发 WCO 其他新文书、新工具，而不再推动 RKC 更新”这一立场，结合 RKC 主约第 6 条与第 15 条，在审议与谈判过程中提出的观点独树一帜。在前期讨论过程中，美国主要就 RKC 审议工作步骤及计划的合法性、合理性、经济成本、缔约方权利等问题表达关切；在 RKC 管委会第 20 次会议中，美国发表声明退出 RKC 工作组，以实际行动表示其对工作组“开展超出政策委员会授权范围的相关活动”的强烈不满，表示在未来仅会以管委会成员身份关注情况进展；在随后的管委会第 21 次会议中，美国提出其核心观点，即“推动海关现代化进程的是各类文书与工具，而不仅仅是RKC文本；应当将精力集中在制定能够解决问题的文件上，而不是试图修改RKC文本”。在后续对于提案的审议过程中，美国对于相关提案均不作明确表态。由此可见，美国希望以最为迅速且经济的方式在国际层面解决海关问题，体现出略显过度的实用主义价值判断，美国这一接近“不作为”的选择使得RKC的审议过程受到一定程度的干扰，对于日后更好发挥RKC的效力与作用构成一定程度的挑战。

3．日本

日本在本次RKC审议过程中呈现出“积极参与，审慎推进”这一特点。在讨论过程中，日本坚持“严谨判断”这一立场，结合本国实际情况，广泛参与审议与谈判过程。在讨论过程中，一方面，日本着重关注相关提案的可行性、合法性、简洁性、措辞质量、包含关系等问题要素；另一方面，日本希望明确体现出RKC、非RKC的其他公约及文书、缔约方国家立法三者间存在的区别，不支持RKC文本对国家立法作出过多限制。

4．中国

我国在本次RKC全面审议工作中展现出“负责任的大国”形象。在讨论过程中，我国坚持“维护RKC作为国际海关公约的重要地位，更好发挥WCO国际引领与协调作用”这一立场，结合国际经贸发展趋势与本国实践经验，积极为审议工作贡献中国智慧与中国方案。法理层面，我国始终坚持有序推进RKC全面审议的立场，认为工作组应明确“审议”（Review）与“修订”（Revision）两种不同措辞的潜在区别，强调在保证RKC各部分措辞一致的基础上，工作组应当充分尊重RKC管委会的决定权，如实向管委会作出报告。提案层面，我国充分把握RKC全面审议机遇，结合中国海关改革实践提出“自由区”“AEO”“单一窗口”“海关在安全中的作用”“原产地规则”“跨境电商数据模型”“海关与企业的合作”7项提案并成功纳入RKC全面审议工作框架。机制层面，我国深入参与RKC全面审议工作机制和工作计划的制订与完善，推动RKC管委会高效推进相关工作。

5．国际组织与区域组织

在本次RKC全面审议过程中，有关国际组织与区域组织均积极表达各自的观点立场。全球快递协会广泛参与各项提案的讨论过程，在“易腐货物”项下询问是否会将易腐货物的范畴扩展到任何寿命相对较短或需要出于保存目的以进行特殊处理的货物，充分体现出其作为“贸易界利益发言人”的谈判立场；在“数据问题”项下主张海关必须深思熟虑地决定其所需要的数据类型、来源以及获取时间点等问题，一定程度上体现出贸易界对于数据隐私问题的关注。欧亚经济委员会则对RKC全面审议的相关工作明确表示赞赏，愿意分享其自身在改进海关文书和法规方面的经验，体现出部分参与审议的区域组织的利益诉求。

第二节 《经修订的京都公约》全面审议工作的相关进展

RKC管委会通过“四步工作法”（四个阶段）推进具体全面审议工作，现将各阶段进展情况总结如下。

一、第一阶段：提交提案并制定建议（2018 年 6 月至 2021 年 1 月）

第一阶段任务已由缔约方及观察员、RKC 工作组共同完成。RKC 缔约方与观察员负责提出提案，获得管委会授权的 RKC 工作组负责制定建议。为了履行管委会所授予的职权范围，工作组设立了直接向其汇报情况的三个子工作组，分别负责审议主约部分以及相关横向问题、总附约部分、专项附约与指南部分。工作组需要在全面审查各项提案后，对提案进行分类，将其归入四类（A 类，可就该提案达成一致；B 类，需要就该提案进行进一步讨论；C 类，无法就该提案达成一致，该提案会被搁置；D 类，该提案应根据其成熟度进入文本起草阶段）之一，归入 A 类和 D 类的所有提案构成工作组报告的主要部分。此外，工作组可就 RKC 本身以及 WCO 其他文书或工具向管委会提出建议，构成报告另一主要部分。最终，在 2020 年 12 月 RKC 管委会第 23 次会议上，工作组主席向管委会正式提交最终报告供其审议，完成了第一阶段任务。

二、第二阶段：评估针对 RKC 和 WCO 各种文书和工具制定的建议（2021 年 1 月至 2021 年 6 月）

第二阶段任务已由 RKC 管委会完成。RKC 管委会通过讨论，将上述 A 类和 D 类内的所有提案进一步归入下述七种类别之一（第一类，在 RKC 内予以考虑；第二类，在 RKC 指南内予以考虑；第三类，在 WCO 其他文书或工具内予以考虑；第四类，需要开发 WCO 新工具或文书；第五类，不采取进一步行动，该提案在内容上与 RKC 当前文本或其他提案产生重复；第六类，在闭会期间开展工作并在下次会议重新讨论；第七类，在 RKC 及其指南范围内予以考虑），只有被归入第一类与第七类的提案才能够进入后续审议阶段。最终，在 2021 年 6 月管委会第 25 次会议上，WCO 秘书处通报了第二阶段最终成果：经考虑的 203 个要素（Components）中，其中 93 个被分配到第一类和第七类，其余 110 个被分配到其他类别，第二阶段任务到此结束。

三、第三阶段：根据商定的准则审议相关建议，以便对 RKC 进行可能的修订（2021 年 6 月至 2021 年 9 月）

第三阶段任务已由 RKC 管委会完成。在 2021 年 9 月 RKC 管委会第 26 次会议上，管委会讨论了在第二阶段取得进展的全部 23 个主题（Concepts），并为提案中与 AEO、电子申报、预裁定、自由区、快运货物、原产地规则、提前货物信息等有关的每个要素分配了之前商定的各类准则（准则一，全球协调统一；准则二，全球范围内应用；准则三，21 世纪的海关程序；准则四，对 RKC 进行改进；准则五，具有法律约束力的标准；准则六，合作。6 类准则可根据需要叠加在同一要素上）。最终，管委会通过第 26 次会议完成了第三阶段审议任务。

四、第四阶段：根据 RKC 第 6 条和第 15 条制定潜在文本草案（2021 年 11 月至 2023 年 12 月）

第四阶段任务由秘书处进行铺垫，RKC 管委会正在针对修正案文本开展磋商与谈判。从第 27 次会议开始至 2023 年 6 月，RKC 管委会成员持续对于前述第三阶段的主题（Concept）、提案（Proposal）、要素（Component）、潜在文本草案（Potential Draft Text）[①] 展开讨论，涉

① 主题：指 RKC 全面审议过程中涉及的大类概念，包含如救援物资、自由区等内容。提案：指在各主题项下更为具体的一类概念，包括如 WCO 成员所提出的独立或联合提案。要素：指构成提案内容的基本单位，一项提案一般包括一个或多个要素。潜在文本草案：指可能成为 RKC 文本新内容的、供管委会成员进行讨论与修订的相关文本草案。

及 RKC 总附约、专项附约及指南。鉴于文本磋商工作耗时较长，RKC 管委会决定将全面审议工作期限从 2023 年 3 月延长至 2023 年 12 月。在此期间，将会完成对 RKC 指南的审议工作，同时，提案方和有关各方将在 WCO 秘书处的支持下进一步审议已经讨论过的 RKC 总附约与专项附约潜在文本草案。

第三节 《经修订的京都公约》全面审议工作的焦点问题

一、主要成员方与观察员重点关注议题

（一）总附约层面

1. 先进技术的应用

在这一主题项下，考虑到数据的重要性，欧盟提议将总附约第七章的标题改为“数据和信息技术的应用”这一表述。WCO 秘书处建议在第七章中涵盖关于“主题 7：数据问题”的潜在文本草案。埃及和南非支持欧盟关于第七章主题变更的提案。喀麦隆要求澄清拟议的标题变更是否与新的数据规定有关。

2．海关数据应用

在信息化时代背景下，数据已成为海关拥有的一项重要资产，谈判各方对这一议题给予高度关注。一是海关数据采集问题。海关需要拥有“保留信息供其自身使用”的权利，以及与其他海关和当事方交流信息的权利；海关有必要制定与数据共享与隐私相关的法律框架与其他规定；从所有潜在信息来源及时获取高质量数据对海关监管和风险管理愈发重要。二是海关数据互操作性问题。海关在进行数据交换时，需要采用国际化、标准化的电子信息格式和数据标准。谈判各方需决定是否仅采用 WCO 数据模型，或需引入其他国际组织的数据维护技术（标准）；为避免对海关相关数据交换技术的发展构成阻碍，如有必要，应避免在 RKC 中引用任何特定的技术类型。三是信息交流和数据再利用问题。各缔约方需要通过共享数据、信息管理知识与技术以应对供应链风险，使用标准化数据格式对数据交换和再利用具有重要意义，可将数据收集、数据共享以及通信技术使用的标准纳入其中。

3．电子申报

在全球贸易便利化程度不断加深的背景下，RKC 需要反映出海关手续自动化程度的提升以及信息技术在海关流程中的应用情况，谈判各方对这一议题给予高度关注。一是考虑修正主约中的序言部分。考虑在其末尾添加“为海关和贸易创造一个简单和无纸化的环境”这一表述。二是货物申报的定义问题。尽管电子申报形式更为普遍，但仍然需要为特殊情况下的纸质申报以及旅行者口头申报留有余地。三是货物申报的格式问题。有必要在条款中纳入目前广泛使用的两种格式（统一货物申报“Single Goods Declaration”、统一单证申报“Single Administrative Declaration”），并阐明该标准条款共同适用于电子货物申报和纸质货物申报；WCO 数据模型规定，包括货物申报在内的海关程序需采用电子格式。四是申报辅助单证的无纸化问题。拟鼓励海关确认货物申报通常所需的辅助单证，并审查是否的确需要此类单证进行清关；WCO 数据模型还规定了监管性辅助单证（如原产地证书）的电子格式。五是申报地点的选择问题。应允许贸易商选择对其而言最为便利的海关办公地点来完成必要的申报手续。对于海关要求在特定办公地进行申报的某些特殊货物而言，此类地点需配备必要的设备或设施以对货物进行搬运和清理。六是申报的时间限制问题。不论是以电子、人工还是口头方式进行申报，海关均应采取适当措施以确保申报人可以随时进行申报。七是货物放行依据问题。强调“简化申报”的作用，淡化现有文本中“允许将与货物相关的文件作为海关快速放行的全部依据”这一目标。

4．AEO

为了鼓励合法贸易、提升贸易安全与便利化水平，谈判各方对这一议题给予高度关注。一是打造 AEO 伙伴关系项目。海关与其他部门可通过合作实施 AEO 项目，为企业提供便利；AEO 企业与政府部门所确立的伙伴关系可能涉及最低监管要求以外的合作和信息交换；海关应公开 AEO 项目的相关信息并酌情提供培训机会。二是明确 AEO 认证标准与条件。具体包括：良好守法记录、适当管理系统、财务可行性、专业资格与能力、适当的安全标准。三是展现 AEO 的优势与益处。四是界定 AEO 企业的授权与验证程序。五是鼓励 AEO 项目技术研发。AEO 项目将寻求与贸易界合作，开发前沿技术。六是推进 AEO 互认安排。七是开发区域或多边 AEO 项目与可信任的贸易航线。八是开展 AEO 多主体合作。具体包括：海关与海关、海关与其他政府部门、海关与企业、海关与国际组织合作。

5．海关在安全中的作用

海关可通过对货物的跨境流动进行监管以降低风险并预防犯罪，有效保护一国的公民安全与经济发展，谈判各方对这一议题给予高度关注。一是明确海关在安全中的作用。谈判方应促进各国海关与其他政府、政府间机构的密切合作，以加强国际安全。各方间合作可包括信息获取、共享以及开展联合行动。二是强化海关在安全中的作用。应在海关履行的一系列强制性职能中规定海关在安全方面起到的作用；可以酌情在 RKC 专项附约中体现海关在代其他机构进行执法时所履行的其他职能。三是海关需要有效应对安全风险。应修正 RKC 现存的风险管理基本标准，以涵盖海关当前所面对的、更为广泛的风险；应在相关机构和海关之间开展风险管理协调性工作，以保障安全并提升风险防控水平。

6．海关风险管理

在这一主题项下，相关谈判方存在较大的意见分歧。中国、欧盟、乌拉圭等成员认为，随着海关职能的不断演变，开展风险管理是应对新风险的有效途径。联合提案建议在 RKC 总附约“定义”部分增加“风险”一词，明确风险管理的含义和范围；日本认为“风险”定义已存在于 RKC 指南中，没有必要写入总附约；中国、欧盟强调总附约与指南的效力不同，作为国际海关关注重点，写入总附约将有助于指导各国（地区）海关在统一认识下开展风险合作。秘书处对总附约 6.5 条（标准条款）进行澄清：绩效评估机制设想了一定数量且相互关联的关键绩效指数（KPI）来衡量预期结果，其中一些 KPI 与风险管理有关。欧盟对于总附约 6.2 条（标准条款）的立场有所改变，提议增加一句，而非之前提议的删除此条。塞内加尔、印度等对欧盟提案表示支持，日本、科特迪瓦出于维护“四步工作法”规定这一角度不支持欧盟提案。美国认为相关提案数量与审议工作量的不断增长已触及 RKC 修订成员的核心关切。

7．信息的发布与可获得性

RKC 现有文本对信息的公布与可获得性仅作出笼统性规定，并未具体确定海关需要公布哪些信息类型，也并未将互联网这一重要渠道作为一类信息来源纳入其中。为了提升海关运行透明度、顺应信息化时代潮流、促进贸易便利化发展，谈判各方对这一议题给予高度关注。一是需要明确海关有义务提供的相关信息。如有必要可在 RKC 中以清单形式扩充海关需要公布的信息项目，需要修订相关指南并注意海关信息发布所用语言的通用性。二是海关应当通过互联网发布信息。缔约方应在其海关官网上公布信息，并向 RKC 管委会通报其海关官网网址。三是海关需要设立提供联系信息的咨询点。四是允许社会通过社交媒体对海关条例与文件等发表意见。

8．国家立法适用一致性

在这一主题项下，相关谈判方存在较大的意见分歧。一方面，日本强调通过特定机制以统一适用海关法规的重要性，日本认为“RKC 序言部分不具约束力”，因此建议在总附约中创建一个国家立法适用一致性相关标准，使之具有较强约束力；另一方面，印度表示拟议的潜在文本草案已是 RKC 现有序言的一部分，总附约内容应保持具体并且以行动为导向，其中不应包括国家立法适用性问题。此外，菲律宾要求澄清该潜在文本草案是否仅允许国家立法在一国关境内可得到适用这一问题，对这一提案下自由区内的立法适用问题表示关切。

9．货物运输、处理与费用标准

在这一主题项下，相关谈判方意见较为一致。日本认为当前 RKC 并未规定与（采样）货物运输、处理及其附带费用相关的标准，为了更具透明度和可预测性，在 RKC 中创建一项统一标准至关重要。印度代表原则上同意日本观点，表示第二句最好使用“符合成员方国家立法条件的规定”这一表述。

10．放行时间研究（TRS）

在这一主题项下，相关谈判方提出了多项修订意见。印度、日本、韩国和塞内加尔均支持将 TRS 原则作为标准纳入 RKC 总附约，并在指南中包涵更详细的规范。其中，印度表示支持以统一方式发布 TRS 结果，保持 RKC 的技术中立性。日本表示应当在绩效评估案文中优先保留 TRS 表述，以解决当前案文过于宽泛，对所提及的国际准则缺乏明确性等问题。

（二）目前总附约层面无专门内容，可考虑纳入总附约的内容

在“协调边境管理”这一主题项下，相关谈判方提出了多项修订意见。印度表示 RKC 总附约仅应涵盖提高海关业务效率的标准和基本的“单一窗口”机制，与跨境监管机构进行协调等复杂性问题应留给国家立法处理。印度支持关于“单一窗口”的第一种定义，并倾向于将其纳入总附约，前提是其先进功能在专项附约中或作为过渡标准得以涵盖。欧盟则支持第二种定义，并表示需要在定义中包含“互操作性”这一“单一窗口”运作的基础。日本对 29-2 号联合提案的要素 2 和要素 3 的措辞表示关切，其潜在文本草案中包括了其他政府机构应承担的义务，这超出了 RKC 与成员的职权范围；在厘清职权的基础上，日本强调审议工作应旨在增强而并非削弱 RKC 的效力。泰国、印度等认为需要明确不同文本草案是否存在差异，需要避免文本重复问题。

“单一窗口”环境对于实现海关程序现代化、维持协调边境管理、提升国际贸易效率而言十分关键，谈判各方对这一议题给予高度关注。一是明确“单一窗口”的定义。在拟议提案中，“单一窗口”被界定为一种能使参与贸易和运输的各方通过向单一接入点提交标准化信息的跨境智能设施，在信息通信技术的支持下可提供一系列服务。二是开展国家层面的协调边境管理。各国跨境监管机构需对“单一窗口”及其要素规定出统一范围和明确定义。海关与其他跨境监管机构间合作旨在确保（系统使用者的）单点联络能够符合进出口和过境的全部监管要求。三是提升“单一窗口”互操作性。海关应通过适当纳入国际公认标准，

为在“单一窗口”生态系统中提交数据、处理信息、采用技术、使用工具等活动提供互操作性；双边或多边层面的“单一窗口”信息交换应包括开发全球网络化海关通用区块（如业务层、法律方面、技术互操作性等）的所有必要步骤。四是给予“单一窗口”建设以组织保障。各方应通过立法或颁布相关文书，积极推动“单一窗口”的实施，规定出相关的牵头机构和协调机制。五是扩展“单一窗口”功能。相关机构应逐步将其有关业务纳入“单一窗口”，并通过持续整合与优化，不断扩大“单一窗口”的功能范围。六是加强“单一窗口”信息管理。既要保障信息安全，同时需要参考相关国际标准与建议做法。七是运用高新科技满足“单一窗口”业务需求。可通过大数据、云计算、移动互联网、区块链和人工智能等技术手段保障贸易安全、提升用户体验。八是保持“单一窗口”各方持续沟通与互动。积极学习、参考“单一窗口”相关最佳实践，可单独或联合制订能力建设方案。

（三）专项附约层面

1．货物加工

在这一主题项下，中国、欧盟、印度、塞内加尔均认为，RKC 可以将海关给予“进口加工”和“加工货物供国内使用”进行合并授权这一提案作为专项附约的一项建议做法。

2．邮递运输

在这一主题项下，相关谈判方存在较大的意见分歧。一方面，欧亚经济委员会、日本、印度、瑞士认为应将所有与邮政项目相关的规定均包含在 RKC 的专项附约 J“特别制度”中；另一方面，全球快递协会则认为 RKC 不再需要关于邮递运输的专项附约，而这些规定应该受总附约约束，并且应避免使用“符合缔约方国家立法条件的规定”等类似措辞，以增强 RKC 条款的约束力。

3．救援物资

在这一主题项下，多数谈判方均不支持由红十字会与红新月会国际联合会代表所提出的潜在文本草案，普遍认为：其一，对救援物资更为细化的规定不应该体现在RKC文本中，需要另寻其他条约载体；其二，与救援物资相关的企业资质判定、税收优惠与豁免、税收豁免期限等问题超出了海关职能范围，需要由一国政府决定，且不同缔约方国内实际情况差别较大，需要切实尊重各国主权，明晰海关自身的职权范围。此外，欧盟对RKC现有专项附约J“特别制度”第五章“救援物资”的定义表述提出疑问，询问将“货物”（Goods）和“设备”（Equipment）分别进行定义的原因。

4．快运货物

在这一主题项下，相关谈判方存在较大的意见分歧。一方面，欧亚经济委员会、菲律宾希望在RKC中为这一主题设立一个新的专项附约，其内容将会因缔约方的广泛实践而得到不断扩充；另一方面，全球快递协会则倾向于将这一主题纳入总附约，而非缔约方数量较少的专项附约。当前，提案方澳大利亚正在考虑撤回该提案。

5．旅客

在这一主题项下，相关谈判方提出了多项修订意见。其一，全球快递协会、日本、瑞士均认为，RKC不是授权海关制定风险执法或风险管理战略的适当工具，因为RKC仅与海关程序的协调和标准化有关，对在RKC中包含与执法相关的主题表示担忧，此举可能不会为旅客带来便利，并且可能会对RKC的未来发展产生影响。其二，欧盟提出针对要素3a和3b[①]的潜在文本草案进行修订，这一建议受到了部分缔约方的支持与关注。其三，部分缔约方认为需要明确欧盟这一修订建议中

---

① 该要素的具体内容分别是：3a需要申报货币和其他流通票据，3b用于货币申报的文件。

提及的“高价值商品”（High-value Goods）的详细定义。

6．原产地规则

在这一主题项下，相关谈判方提出了多项修订意见。欧盟主张：在非优惠性原产地规则框架下，只有在进口国法律允许的情况下，才应承认关税同盟为原产地；保留对“协调非优惠性原产地规则的（其他）国际协定”的规定；可以简化 RKC 下非优惠性原产地的补充规则[①]。针对欧盟意见，喀麦隆、塞内加尔表示倾向于维持现有文案不变；中国、瑞士支持对补充规则进行简化；日本则认为 RKC 当前的补充规则条款中某些术语或表述可能与该条款无关，要求澄清是否仍需要该规则。此外，相关谈判方对“以电子格式提供的原产地文件证据”的法律地位、具体措辞、后续影响等问题仍然存在意见分歧。

7．自由区

在这一主题项下，相关谈判方存在较大的意见分歧。在 2022 年 9 月召开的 RKC 管委会第 30 次会议上，中国强调，即使海关在自由区吸引商业或投资方面并非牵头机构，但仍可在这方面发挥重要作用；海

---

① 在无法使用“实质性改变”标准来判断非优惠性原产地这一情况下，补充规则的潜在文本草案的具体内容为：

（a）如果货物是由对被归为同一子目下的原材料作进一步加工所得到的产品，则该货物的原产国应为该原材料的单一原产国或原产关境或原产关税同盟；

（b）如果货物是由对不满足该货物基本规则的原材料作进一步加工所得到的产品，则该货物的原产国应为该原材料的原产国或原产关境或原产关税同盟。就本规则而言，应考虑到原产与非原产的原材料；

（c）货物的原产国即补充规则在“章”的层面得以满足的国家；

（d）货物的原产国应为通过进一步加工而并入该货物的原材料的原产国，只要该原材料的原产地是单一的国家；

（e）如果货物是由来自一个以上国家或关境或关税同盟的原材料生产的，则该货物的原产国应为由适用的标准所决定的那些原材料的主要部分的原产国家或原产关境或原产关税同盟；

（f）如果适用上述规则的标准是重量，而该标准无法确定原产地，则应使用价值标准。

欧盟认为上述关于补充规则的潜在文本草案在内容上可以精简为以下一段：

货物应被视为已在其基于价值（或重量）所确定的主要原材料的原产国或原产关境或原产关税同盟经过最后的实质性（划算的加工或制作），从而构成一种新产品的制造或代表制造的一个重要阶段。

关应该有权就关闭自由区进行提议，这能够提高海关在自由区问题上的参与度。在关闭自由区这一问题上，印度认为作为行政部门之一的海关无法独自承担关闭自由区这一责任，因此应在相关国内立法中作出规定。从消除用语歧义的角度出发，秘书处同意塞内加尔代表所提意见，会对潜在文本草案中部分词汇的法语版译法作出修改。新加坡代表要求澄清海关应如何遵守鼓励（自由区内）商业发展这一承诺，主席建议在闭会期间，草案的支持者可以对新加坡提出的这一问题进行回应。

2019 年 WCO 发布了名为《自由区的“域外性”：加强海关参与的必要性》的研究报告。该报告通过 WCO 成员通过海关执法网络（CEN）搜集的数据，并调研了 61 个 WCO 成员，用案例和数据说明的自由区可能带来的违法行为和各种安全威胁（如恐怖主义等）。由此提出，在海关不充分参与自由区运作的背后，普遍存在着自由区“域外性”的看法。如果 RKC 专项附约 D 第 2 章中自由区的定义（即“缔约方境内的一部分，进入这一部分的任何货物，就进口税费而言，通常视为在关境之外”）只是简单解释为自由区本身处于关境之外的意思，那么这是一个误解；如果定义被解释为意味着位于自由区中的货物也一同被认为是“在关境之外”，包括非关税 / 税收方面，这也是一种误解。所以，海关应当努力取得必要的信息，以便监管货物的流动；应进一步加强海关之间的国际合作，以分享可获得的自由区有关的情报及其在风险管理中的运用，包括通过 CEN 报告的非法贸易案件。

在 RKC 全面审议阶段，我国与欧盟、南非针对“自由区”联合提案中的一项组成要素是为了避免将自由区视为“境内关外”的误解，建议重新对“自由区”进行定义，并对“自由区”的新定义提出了若干建议。但是喀麦隆、塞内加尔、科特迪瓦等认为海关确实在自由区中具有监管权，但自由区还是属于“域外”，并对联合提案中“自由区”定义修改提出了强烈反对。

8．**暂准进口**

在这一主题项下，WCO 秘书处提出，根据要素 1①，提议者建议在 RKC 总附约第二章中包含“集装箱”一词的定义，而目前有三项公约已经包括这一定义，即 1972 年《集装箱关务公约》、1975 年《国际公路运输公约》(《TIR 公约》) 和 1990 年《货物暂准进口公约》(又称《伊斯坦布尔公约》)。因此，在 RKC 纳入“集装箱”一词定义，将意味着如果修改其中任何一个公约中的定义，将导致其他三个公约的修订，以确保一致性。此外，提到的定义仅涉及内部体积为 1 立方米或以上的集装箱，而不包括需被允许暂准进口的例如包装或托盘等物品。国际集装箱局（BIC）强调了三点，一是对于集装箱来说应当需要一个简化的办法；二是这一提案试图满足 RKC 审议的两项标准，即实现不同 WCO 工具之间的全球协调，以及 WCO 成员内的全球应用；三是关于暂准进口问题，《货物暂准进口公约》附件 B3 第 1 条已经对包装和托盘作出精确定义。欧盟对这项提案表示支持，印度则表示，由于“集装箱”的定义已经在三个国际公约中存在，因此该定义需要进一步讨论。

---

① 要素 1 提出了关于集装箱的一种定义，具体内容如下：

集装箱——一种运输设备（升降机、可移动罐装设备或其他类似结构）：

i）完全或部分封闭，构成用于装货的隔舱；

ii）具有永久特性，因此强度需足以适合重复使用；

iii）专门为方便一种或多种运输方式的货物运输而设计，无须立即重新装载；

iv）专为便于搬运而设计，特别是在从一种运输方式转移到另一种运输方式时；

v）为易于填充和清空而设计，以及

vi）内部体积为一立方米或以上。

“集装箱”应包括特定类型集装箱所搭载的适当的附件和设备。“集装箱”一词不包括车辆、车辆零配件、包装或托盘。“可拆卸车体”应被视为集装箱。

二、中方的重点提案及动因

1．中方的重点提案

在本轮 RKC 全面审议工作中，我国海关积极参与各项讨论并提出了多项具有中国智慧的提案、观点与建议。截至 2022 年 9 月底，RKC 管委会第 30 次会议结束，共有自由区、AEO、“单一窗口”、海关在安全中的作用、原产地规则、跨境电商数据模型、海关与第三方关系 7 项中方提案进入到全面审议的第四阶段，标志着我国海关在当前 RKC 全面审议中已取得突破性进展。

2．中方重点提案的动因

（1）自由区：提高海关在自由区的参与水平，促进自由区持续健康发展。在世界范围内自由区数量不断增加，对各国各地区经济效益越来越凸显。我国海关立足自身监管实践，细致研判和推动完善 RKC 原有条款内容，提高海关在自由区运作方面的参与度，确保自由区发展活力的同时，进一步促进自由区规范运作和持续健康发展。

（2）AEO：扩大双多边互认范围的重要选择。在《海关“十四五”发展规划》指引下，我国海关需要在未来深化 AEO 合作，缔结更多双（多）边互认安排。将 AEO 的定义、标准、优势、合作框架等要素体现在 RKC 文本中，将使 AEO 这一概念、背后理念以及认证体系得到广泛宣传与认同。将我国海关的 AEO 经验提炼、上升为国际公约条文，这既是我国积极顺应全球贸易安全与便利化潮流的明确体现，也是通过共享经验以扩大我国 AEO 合作互认范围的有益探索。

（3）“单一窗口”：贯彻落实“三智”倡议的必然要求。推进不同层级的“单一窗口”（一国国内、多国区域、国际）建设是贯彻落实“三智”倡议的必然要求。在 RKC 全面审议中就“单一窗口”制定提案，提出各方开展“单一窗口”建设合作与数据共享，是将“三智”倡议推向国际舞台、获得国际认同、成为国际共识的有效方式。

（4）海关在安全中的作用：统筹发展与安全的重要支撑。在促进外贸保稳提质、营造国内外安全发展环境的双重要求下，立足国门，海关需要发挥建设性作用。面对当前国际不确定性风险，在RKC文本中强调海关的安全保障职能以及开展国际安全合作，是我国海关抵御外部不确定性风险、为外贸发展构建稳定环境的重要手段。

（5）原产地规则：完善海关专业技术标准的关键基础。RKC作为WCO旗舰性公约，对海关三大技术作出了基础性规定。当前，全球双边、诸边、多边贸易协定发展迅猛，优惠性与非优惠性原产地规则被大量应用并创新。将新形式、新规则、新要求体现在RKC文本中，是完善国际海关专业技术标准、巩固RKC作为全球领先的海关技术性公约这一地位的必然选择。

（6）跨境电商数据模型：中国智慧与方案的重要体现。我国海关在跨境电商监管领域具有先进性、示范性实践，在RKC全面审议中推进“跨境电商数据模型”提案，有利于促进各国海关在跨境电商监管中开展数据信息共享、国际监管协作，以提升执法效率与公平性。

（7）海关与第三方关系：促进贸易便利与安全的重要因素。目前RKC的附约没有关于在安全和执法方面加强海关与企业合作的规定，这未能满足海关在打击跨国有组织犯罪方面发挥日益重要作用的需求。这些犯罪对供应链安全构成巨大威胁，需要海关和企业，特别是承运人共同提供解决方案。海关和企业可以在贸易便利化和供应链安全方面加强合作。

第四节

对我国参与《经修订的京都公约》全面审议工作的建议

一、当前我国海关全面改革措施与 RKC 新一轮全面审议工作内容比较分析

当前我国已进入制度型开放阶段，在数字经济蓬勃发展的背景下，我国海关积极推动全面改革，并于 2021 年 7 月发布了《“十四五”海关发展规划》，该规划对全面建设社会主义现代化海关开好局、起好步，具有重大现实意义和深远历史意义。将目前我国海关全面改革措施与 RKC 新一轮全面审议工作的内容进行对比（见表 4–3），可以发现，当前我国海关的改革措施与 RKC 新一轮全面审议工作的基本理念及发展方向是高度一致的，在某些方面的改革具有一定的超前意识，改革措施处于全球领先水平。

表 4–3　我国海关全面改革措施与 RKC 新一轮全面审议工作内容对比

对应目前 RKC 的内容	主题编号（Concept No.）	主题名称（Concept）	核心内容	我国海关实施现状（领先、基本符合、有一定差距）
主约	1	应对未来发展（Future Proofing）	定期评审程序应每五年进行一次（尚待进一步讨论），同时需要明确定期评审的范围（有必要澄清是否仅限于对总附约和专项附约进行定期评审）	RKC 主约内容，与我国海关业务改革无直接关系
主约	2	监督、报告和评估（Monitoring, Reporting and Evaluation）	引入监督、报告和评估机制	RKC 主约内容，与我国海关业务改革无直接关系
主约	3	结构（Structure）	提案方基于确保全球统一的理想目标，建议通过将标准条款转换为总附约，以此来减少专项附约的数量。但考虑到 RKC 的稳定性，该内容暂未开展实质性讨论，调整至该审议工作的后期阶段再讨论	RKC 主约内容，与我国海关业务改革无直接关系
总附约第三章	4	先进技术的使用（Use of Advance Technologies）	一是在查验中运用非侵入式设备。二是运用设备进行风险管理。三是要求各缔约方在海关监管中优先使用现代技术和非侵入性检查设备。四是使用互联网技术进行授权信息交换应当遵循的原则。五是扩展第七章“信息通信技术”的应用范围。六是海关应尽可能利用先进技术，以提高海关程序和监管的效率。七是 RKC 在技术选择上应保持中立性与灵活性。八是缔约方需要能够获得正确的信息技术知识和技能	基本符合。我国全面推广应用通关管理系统，加快各类信息系统整合优化，加强智能审图、智能化卡口、区块链等技术应用，提升智能监管水平
	5	未进入文本磋商阶段		

（续表1）

对应目前RKC的内容	主题编号（Concept No.）	主题名称（Concept）	核心内容	我国海关实施现状（领先、基本符合、有一定差距）
总附约、专项附约	6	定义的丰富（Enrichment of Definitions）	一旦就提案的最终内容达成一致,将处理定义问题。然后将对需要定义的术语或需要改进的现有定义进行评估	视具体情况而定
总附约第三、六、七章，专项附约E第一章	7	数据事项（Data Issues）	一是海关数据采集问题。二是海关数据互操作性问题。三是信息交流和数据再利用问题	基本符合。近年来，我国海关高度重视数据工作，2018年发布了《海关大数据使用管理办法》，但是在数据互操作和数据交换方面需要进一步深化
总附约第二、三、七章	8	电子申报（Electronic Declarations）	一是考虑修正主约中的序言部分。二是货物申报的定义问题。三是货物申报格式问题。四是申报辅助单证的无纸化问题。五是申报地点的选择问题。六是申报的时间限制问题。七是货物放行依据问题	目前我国海关法中已承认电子申报的法律地位，但是与真正意义的无纸化操作还有一定的差距
总附约第六章、专项附约A	9	预先获得货物信息（Advance Cargo Information）	一是提前货物信息的获取。二是在总附约和指南中加入有关数据集的规定。三是保障数据准确性	基本符合。目前我国海关已实施舱单提前传输等制度
总附约第三章、专项附约A	10	货物预申报（Advance Goods Declaration）	一是在总附约中补充关于“初步海关申报”的标准条款。二是将专项附约A的第1章和第2章内容移入总附约。三是将总附约的过渡性标准条款3.24转化为一项标准条款	基本符合。目前已实施提前申报，但提前申报在具体实施过程中需要基于企业的实际需求，不能采取一刀切的方式

（续表2）

对应目前RKC的内容	主题编号（Concept No.）	主题名称（Concept）	核心内容	我国海关实施现状（领先、基本符合、有一定差距）
总附约第三、六、九章	11	经认证的经营者（Authorized Economic Operators）	一是AEO伙伴关系项目。二是AEO标准与条件。三是AEO的益处。四是AEO企业的授权与验证程序。五是AEO项目技术研发。六是AEO互认安全或协定。七是区域或多边AEO项目与可信任的贸易航线。八是开展AEO相关合作	领先。我国海关自2008年实施AEO制度以来，一直大力推进AEO国际互认，着力提升我国企业境内外通关便利化水平，降低企业通关成本，增强企业在国际市场的竞争力。截至2022年7月，我国已经与新加坡、欧盟、南非等22个经济体签署AEO互认协议，覆盖48个国家（地区），互认国家（地区）数量稳居世界首位。其中，包括32个共建“一带一路”国家（地区）、5个RCEP成员国和13个中东欧国家
总附约第三章、专项附约A	12	易腐货物（Perishable Goods）	一是在正常情况下的清关规定[参见TFA第9.1（a）条]。二是特殊情况下的清关规定[参见TFA第9.1（b）条]。三是在易腐货物放行前组织相关人员为易腐货物提供经进口方批准或指定的适当储存设施（参见TFA第9.3条）。四是当易腐货物的放行出现严重延误时，通知进口商（参见TFA第9.4条）	基本符合。我国海关在全面实施TFA相关规定的情况下，对易腐货物设置绿色通道。2022年1月RCEP生效，全面落实RCEP易腐货物“6小时放行”措施，对进口易腐货物优先安排单证检查作业，优先拟制《入境货物检验检疫证明》，依企业申请优先安排查验

（续表 3）

对应目前RKC的内容	主题编号（Concept No.）	主题名称（Concept）	核心内容	我国海关实施现状（领先、基本符合、有一定差距）
总附约第四章	13	关税的电子支付（Electronic Payment of Duties）	一是所有进口税费的电子支付。二是所有税费的电子化退税。三是瑕疵货品补偿系统[①]的使用。四是对海关债的发生加以区分并给出明确的规定。五是区分“常规”与“非常规”海关债。六是禁限货物海关债的产生。七是估算关税和进口税的期限。八是估算的因素与确定关税和进口税的条件。九是海关债产生的时间与地点。十是有义务缴纳关税与进口税的人。十一是未按时缴纳的情况下，采取征收关税和进口税法律行动的期限。十二是海关债的消灭	基本符合。目前初步估计电子方式支付海关税款的比率已达到 95% 以上。2018 年 11 月 19 日起，我国海关全面推广《海关专用缴款书》企业自行打印改革，税单实现无纸化。目前在我国海关法的语境下，没有采用“海关债”的概念
总附约第六章	14	海关在安全方面的作用（Customs Role in Security）	一是明确海关在安全保障中的作用。二是加强海关在安全保障中的作用。三是需要有效应对安全风险	基本符合。我国海关全面落实总体国家安全观，坚持底线思维，构建以风险管理为主线的国门安全防控体系，全面履行监管职责，坚决维护国家安全和人民群众利益

① 瑕疵货品补偿系统（Compensation System for Defective Items）：关于退回有缺陷的货物（标准条款 4.19），可以通过使用补偿系统来退还税费，即在用来更换有缺陷商品的进口中不收取任何税款（因为这些关税和税费已经在原始进口中收取）。

（续表4）

对应目前RKC的内容	主题编号（Concept No.）	主题名称（Concept）	核心内容	我国海关实施现状（领先、基本符合、有一定差距）
总附约第六章	15	海关监管（Customs Control）	一是细化 RKC 中关于风险管理流程的规定。二是引入“风险管理文化”这一概念。三是选查、确定和分析，以及侦查犯罪。四是有必要对集中风险管理与分散风险管理这两种模式（集中程度问题）作详细解释。五是在海关法规中明确说明风险管理的原则。六是扩充对海关风险管理的定义。七是风险管理的各个层面。八是在风险管理过程中使用信息技术。九是风险管理方式。十是适当引用《风险管理汇编》内容。十一是基于风险管理的快速放行。十二是货物放行前修改货物申报单。十三是货物放行后修改货物申报单。十四是根据海关的规定条件，在货物放行后撤销货物申报单，以执行和请求另外的海关程序的可能性。十五是对主动披露的认可	基本符合。近年来，我国海关强化监管优化服务，全面提升海关制度创新和治理能力建设水平，加快形成与全面建设社会主义现代化国家相适应的海关监管体制机制
总附约第三、六、七章	16	海关稽查（Post-Clearance Audit）	一是建立稽查制度。二是在海关稽查中进行风险管理。三是稽查需要具有透明度，海关应以透明公开的方式进行后续稽查。四是稽查成果的进一步转化利用。五是确定需要接受稽查的人员。六是确定需要保存的账簿和记录。七是确定需要保存和展示账簿和记录的时间期限。八是海关有权检查经营场所的账簿和记录。九是明确被稽查人员的权利和义务。十是海关应规定稽查查发情况记录按要求保存，并对被稽查人违规或违法行为予以处罚。十一是海关应配备稽查人力资源并开展相关培训。十二是海关应拥有足够的分析工具与通信技术以为稽查提供支持。十三是海关稽查和调查之间必须存在明确界限	基本符合。多年来，我国海关充分实施后续稽查，在强化海关实际监管、提升海关监管效能，监督和规范企业的进出口活动、维护正常进出口秩序，查发企业各类问题、保障国家税收等方面发挥了重要作用。我国海关建立了较为完备的稽查制度，《中华人民共和国海关稽查条例》《〈中华人民共和国海关稽查条例〉实施办法》等法律法规对海关开展稽查的主体、程序、时限等作出明确等规定。稽查结论在对企业信用管理、对进出口风险管理中起到印证和支持作用

（续表5）

对应目前RKC的内容	主题编号（Concept No.）	主题名称（Concept）	核心内容	我国海关实施现状（领先、基本符合、有一定差距）
	17		未进入文本磋商阶段	
总附约第一、九章	18	信息的发布和可获得性（Publication and Availability of Information）	一是明确海关有义务提供的相关信息。二是通过互联网发布信息。三是设立提供联系信息的咨询点。四是通过社交媒体对海关条例与文件发表意见	基本符合。我国海关门户网站“全国一体化在线政府服务平台”，提供“在线查询”“行政许可”“办事指南”等信息服务，覆盖了通关方面的大多数信息需求，其中“下载中心”子栏目可下载各类通关表格、单证。另外，全国各地海关门户网站提供登陆我国海关门户网站联接以货物进口为例，从企业注册、报关准备、申报、纳税、查验、物流、仓储、检验、销售等，企业是按流程推进，一环扣一环。但海关公布的进口、出口和过境程序信息，分为运输工具、卫生检疫、货物通关等十几个模块，相互缺乏关联性，容易形成信息孤岛，缺乏客户导向
总附约第九章	19	预裁定（Advance Rulings）	一是明确预裁定的定义和范围。二是申请预裁定。三是拒绝和推迟发布预裁定。四是发布预裁定。五是预裁定的效力。六是预裁定的废止、修改、撤销或失效。七是废止、修改、撤销或使预裁定无效化的效力。八是预裁定申请人的复审权和上诉权。九是信息的公布和保密要求	基本符合。《中华人民共和国海关预裁定管理暂行办法》（海关总署令第236号）2018年2月1日起施行，我国海关正式实施预裁定制度

（续表6）

对应目前RKC的内容	主题编号（Concept No.）	主题名称（Concept）	核心内容	我国海关实施现状（领先、基本符合、有一定差距）
总附约第一章	20	确保适用国家立法一致性的措施（Measures to Assure Consistency in Applying National Legislation）	一是确保适用国家立法时采用的标准具有一致性。二是打造适用国家立法一致性的确保措施	基本符合。在全国通关一体化改革后，各地海关的执法标准实现了高度统一。在税收征管局、风险防控局的整体统筹下，全国海关的执法统一性获得了极大保障
总附约第一、二、六、八章	21	与第三方的关系（Relationship with 3rd Parties）	一是鼓励各方促进海关与承运商之间的合作，共同努力发现走私货物，开展控制下交付。二是纳入提供与海关开展业务所需的信息技术服务的商事主体，扩大第三方的范围（就与海关之间开展业务收取费用的非海关方）	基本符合。海关与各类货物承运商之间持续进行良性互动，从承运商一方有效获取监管所需数据，与技术服务供给企业开展深度合作，共同助力“三智”海关建设
	22		未进入文本磋商阶段	
专项附约D	23	仓库（Warehouse）	一是在海关仓储程序下扩展准许开展的更多活动。二是海关对海关仓库的监管作用。允许减免废物、损耗和数量不足货物的关税和税费。三是仓库经营者的额外设施和责任	基本符合。以《综合保税区管理办法》为例，综合保税区内企业可依法开展货物存储、物流分拨、融资租赁、跨境电商、商品展示、国际转口贸易等多项业务活动。对于不可抗力造成的货物损毁及灭失，可办理核销免税、内销、退运等多种手续

（续表 7）

对应目前 RKC 的内容	主题编号（Concept No.）	主题名称（Concept）	核心内容	我国海关实施现状（领先、基本符合、有一定差距）
专项附约 D	24	自由区（Free Zones）	一是自由区的定义问题。二是海关对自由区的领导（管辖）。三是需要向海关提供所需信息并使用现代技术。四是在自由区加工 / 进入自由区的货物不应缴纳关税和其他税款。五是进入自由区的货物不仅可以用于存储。六是货物在自由区内的停留期限。七是从自由区出口直接发往国外的货物需向海关传达的信息。八是共享关于自由区的最佳实践。九是统一修改自由区名称	领先。我国目前具有相对完备的海关特殊区域管理制度，《综合保税区管理办法》于 2022 年 4 月 1 日正式实施
	25	未进入文本磋商阶段		
专项附约 F	26	货物加工（Processing of Goods）	一是选择合并授权入境加工和加工供国内使用。二是计算进口税的两种方法。允许选择入境加工和加工供国内使用两者之一	领先。目前我国已在海关特殊监管区域实施相关措施，对海关特殊监管区域内生产的内销商品，探索实施特殊质量安全检验监管便利化措施。我国从 2013 年上海自由贸易试验区设立开始，已经在海关特殊监管区域内实施选择性征税

（续表8）

对应目前RKC的内容	主题编号（Concept No.）	主题名称（Concept）	核心内容	我国海关实施现状（领先、基本符合、有一定差距）
专项附约J	27	旅客（Travellers）	一是在总附约或指南中授权获取和使用API/PNR（预报旅客信息/旅客姓名记录）。二是在总附约中应提到数据集的必要性，数据元素的示例可在指南中列出。三是在总附约中规定关于数据准确性的要求。四是在总附约中规定API/PNR的标准数据格式。五是在指南中建议设立旅客信息/情报部。六是对专项附约中双通道的标准方法进行升级，从安全角度解决有关风险，以及应对两用物项、技术、违禁或限用物品带来的风险。七是使用先进技术，认可旅客便利化和海关监管的合规水平。八是规定需要申报货币和其他流通票据，以及用于申报货币的文件。九是交换车辆相关数据。建议海关之间通过双边协议交换关于旅客进口私用交通工具的标准化数据。十是建议车辆在入境时提交电子申报	基本符合。我国海关制定了《中华人民共和国进出境运输工具舱单管理办法》，能够有效获取旅客数据信息，海关将比对原始舱单与结关申请，以核对数据准确性。海关全面落实旅客进境申报红绿通道制度，对两用物项等禁限物品进行严格监管。海关已采用5G、AI、大数据等先进技术对旅客通关进行监管。对于旅客进行货币申报所需的相关文件，海关也有明确规定
专项附约K	28	原产地规则（Rules of Origin）	一是扩展原产地的定义。二是非优惠性原产地的确定。三是规定有关非优惠性原产地规则的程序性要求。四是对非优惠性原产地认定进行监管。五是其他。可能涉及透明度、微量/豁免规则、以及按平均水平计算非原产材料价值等内容。六是关于优惠性原产地的确定。七是规定优惠性原产地规则的程序。八是其他。具体可能包括：不退税规则、机密信息保护、对不合规行为实施制裁/处罚；建立机构、机制和工具以助于对规则进行共同解释和执行；或在发生争议，特别是在核查的情况下的争端解决机制	基本符合。目前我国签署了19个自由贸易协定，实施了优惠性原产地规则。2022年1月正式生效的RCEP，对优惠原产地规则有进一步拓展

（续表9）

对应目前RKC的内容	主题编号（Concept No.）	主题名称（Concept）	核心内容	我国海关实施现状（领先、基本符合、有一定差距）
无专门内容	29	协调边境管理（Coordinated Border Management）	一是国家层面的协调边境管理。二是国际层面的协调边境管理。三是“单一窗口”的定义。四是“单一窗口”范畴下国家层面的协调边境管理。五是通过纳入国际公认标准以保障“单一窗口”的互操作性。六是对“单一窗口”建设给予组织上的支持。七是扩展“单一窗口”的功能。八是注意参考现有标准。九是在“单一窗口”范畴下探索最新信息通信技术应用。十是保持工作层面的沟通，实现国家成员“单一窗口”间的互联互通，加强能力建设。十一是促进跨境贸易的数据交换	领先。我国海关逐步提升科技创新应用水平，推进基础设施、海关管理、海关监管的智能化，以数字化处理、网络化传输、智能化判别为主要手段，深化“智慧海关”建设。丰富国际贸易“单一窗口”功能，优化口岸营商环境，提高边境监管手段、各边境部门协同监管、跨境合作的智能化水平，实现信息互通共享、风险联防联控，推动“智能边境”建设
总附约三、六、七章	30	放行时间研究（Time Release Study）	开展联合放行时间研究。如为双边/多边贸易，物流操作方案可在双方协商一致后制定，并用于衡量放行时间研究	基本符合。目前，已建立进出口货物口岸放行时间评价体系，统一评测、公布全国口岸平均通关效率。全国进出口整体通关时间比2017年压缩超过三分之二
	31	未进入文本磋商阶段		
	32	未进入文本磋商阶段		

（续表 10）

对应目前 RKC 的内容	主题编号（Concept No.）	主题名称（Concept）	核心内容	我国海关实施现状（领先、基本符合、有一定差距）
专项附约 J	33	救援物资（Relief Consignment）	一是澄清“灾难”“合格行为者”等词的适用范围。二是法律便利性措施扩展列表。在现有便利措施基础上再度进行补充。三是关于“救援物资”的新定义。四是更新专项附约 J 第 5 章“救援物资”的指南。五是各国制定、维护并分享所需货物清单。六是建立恢复贸易程序。贸易恢复程序旨在尽量减少贸易中断的时间，从而减少潜在的经济损失	这一项主题与海关的关联度较为有限，救援物资的界定及其通关便利化措施往往由一国政府制定。在全面审议过程中，多方代表均认为 RKC 并非解决这一问题的适当载体，对这一主题及其提案广泛持否定态度。我国海关在新冠肺炎疫情、自然灾害等突发事件背景下均采取了行之有效的通关便利化举措，取得了良好成效
专项附约 J	34	邮政运输（Postal Traffic）	一是电子预付数据及风险管理，指定邮政经营者与海关的合作（伙伴关系）。二是邮递物品的报关和缴纳关税及其他税款	领先。2022 年 6 月，海关总署、国家邮政局在北京开展进境邮件税款信息联网项目试点，目前已在昆明等地开展第二期试点
总附约第三章，专项附约 A、J	35	快递 / 速运货物（Express/ Expedited Shipments）	一是与跨境电子商务相关的具体原则和标准。二是跨境电子商务参考数据集。三是用于跨境电子商务参考数据集的 WCO 数据模型信息包	领先。当前我国海关在跨境电商的通关监管方面处于全球领先水平

（续表 11）

对应目前 RKC 的内容	主题编号（Concept No.）	主题名称（Concept）	核心内容	我国海关实施现状（领先、基本符合、有一定差距）
无专门内容	36	电子商务 (E-Commerce）	海关应与相关政府机构合作，并与电子商务利益相关者密切合作，根据国际统计标准和国家政策准确捕获、测量、分析和公布跨境电子商务统计数据，以便作出明智的决策	领先。作为《WCO 跨境电商标准框架》的主要起草者，我国海关在与第三方跨境电商购物平台开展了深入合作，通过合作实现了“三单”比对等监管手段。相关统计数据均能够定期面向社会发布
专项附约 J	37	暂准进境和集装箱（Temporary Admission and Containers）	一是将集装箱的定义纳入总附约第二章“定义”。二是调整专项附约 J 第 3 章“商用运输工具”中对商用运输工具的定义。三是确保集装箱的透明度和简化海关处理手续	基本符合。《中华人民共和国海关对用于装载海关监管货物的集装箱和集装箱式货车车厢的监管办法》第二十八条规定：“符合本办法规定的集装箱和集装箱式货车车厢，无论其是否装载货物，海关准予暂时进境和异地出境，营运人或者其代理人无须对箱（厢）体单独向海关办理报关手续。”

二、相关建议

1. 全面做好海关应对数字经济发展的挑战

一是注重海关促进数字经济发展的作用。当前，全球已经进入了数字时代。随着互联网的普及，数字经济蓬勃发展，并逐步成长为一种不可忽视的经济形态。数字经济时代下，数据流动为核心的数字贸易发展壮大，产业数字化和数字产业化转型明显，都使得传统贸易的各个环节发生诸多变化。在新一轮国际经贸规则演进中，数字经济相关规则已然成为众多国家的争夺焦点。从不同的国际经贸规则谈判平台来看，无论是 WTO 下电子商务谈判，还是 CPTPP、USMCA、RCEP 大型区域贸易协定，抑或是个别国家间签订的贸易协议，大都涵盖了数字经济相关条款。从涉及领域来看，当前数字经济条款主要集中于跨境电商章节，此外还涉及海关与贸易便利化、知识产权、电子交付、金融服务等章节。自加入 WTO 以来，我国积极地通过签署的自由贸易协定，推动符合我国利益诉求的数字贸易规则制定，比如《中国—韩国自由贸易协定》《中国—澳大利亚自由贸易协定》等具有约束力的贸易协定，当前正在借助“一带一路”建设契机在数字贸易领域构建完善的规则体系，但总体而言，我国在数字贸易规则制定方面与发达国家还存在着较大差距。此外，俄罗斯、印度、巴西等新兴经济体也在积极充分利用多种渠道参与数字贸易规则制定，提出各自的利益主张。例如，在 WTO 框架下，进一步澄清《服务贸易总协定》（GATS）、TRIPs 等现有规则涉及数字贸易规则的条款，并积极向 WTO 递交一系列相关提案，也对数字贸易规则制定产生了不可忽视的重要影响。

2021 年 5 月，国家统计局正式发布《数字经济及其核心产业统计分类（2021）》，科学界定了数字经济及其核心产业统计范围，为全面统计数字经济发展规模、速度、结构，满足各级党委、政府和社会各界对数字经济的统计需求提供指导。2021年4月，我国信息通信研究院发布的《中国数字经济发展与就业白皮书（2021年）》显示：我国数字经济持续快速发展，2020年我国数字经济规模达到39.2万亿元，占GDP总值的38.6%，有效支撑了疫情防控和社会经济发展。《中国数字经济发展报告（2022年）》[①]指出，2021年全年我国数字经济发展实现新突破，占GDP比重达到39.8%，数字经济在国民经济中的地位更加稳固、支撑作用更加明显。从我国已经签订的自由贸易协定来看，2006年《中国—新西兰自由贸易协定》附件中提到在电子及电子设备贸易中减少技术壁垒，以规范数字贸易，这是我国最早在自由贸易协定中涉及数字贸易。2015年6月以来，在双边自由贸易协定中逐渐将电子商务单独列章。从签署的国家来看，2015年，我国与韩国、澳大利亚签订的自由贸易协定最先包含电子商务章节。截至2022年9月，我国已与26个国家和地区签署了自由贸易协定，其中包含数字贸易或电子商务的共7个（见表4–4）。

表4–4 我国双边自由贸易协定涉及数字贸易/电子商务条款情况

协定签署/升级时间	协定名称	具体章节设置情况
2015年6月	中国—韩国自由贸易协定	第十三章 电子商务
2015年6月	中国—澳大利亚自由贸易协定	第十二章 电子商务
2017年11月	中国—智利升级自由贸易协定	新增第四章 电子商务
2018年11月	中国—新加坡升级自由贸易协定	新增第十五章 电子商务
2019年10月	中国—毛里求斯自由贸易协定	第十一章 电子商务
2020年12月	中国—柬埔寨自由贸易协定	第十章 电子商务
2022年4月	中国—新西兰升级自由贸易协定	新增第十九章 电子商务

上述协定中的数字贸易规定集中的常规议题主要包括数字贸易的目标和原则、一般条款、定义、海关关税、透明度、国内监管框架、电子

① http://www.caict.ac.cn/kxyj/qwfb/bps/202207/t20220708_405627.htm.

认证和电子签名以及数字证书、在线消费者保护、个人信息保护、无纸化贸易、电子商务合作和争端解决条款等[①]。此外，应当注意到，同为《数字经济伙伴关系协定》（DEPA）[②]缔约方的新加坡、新西兰和智利，在近几年与我国进行自由贸易协定文书升级时，都新增加了电子商务章节。依托数字贸易和电子商务的发展，跨境电子交付、金融数据传输、数字产品关税、商业数据传输等问题将成为磋商中的首要问题，其涉及的监管方式和条件或将为数字经济的整体监管思路提供参考和借鉴。海关作为我国进出关境监督管理机关，对于数字经济的发展有着重要作用。从贸易便利化角度来说，海关应加快出台促进数字经济发展的政策，优化贸易全链条，以促进我国企业更好地参与国际数字经济贸易。还应促进传统贸易监督管理手段在数字经济环境下的转变和衔接，提升对数字经济的有效监管。

二是加快海关对数字经济的监管模式创新。在新一轮对 RKC 的全面审议工作中，虽然未对数字经济或数字贸易作整体性规定，但值得注意的是，本次审议工作中提出的 AEO 制度的完善、知识产权边境保护、关税电子支付、电子申报等诸多问题都对数字经济发展有着潜在影响。就数字经济的不同具体形式而言，跨境电子商务的监管应成为海关对数字经济监管的重点工作，各种海关传统监管手段在跨境电商管理中的转化也最为明显。跨境电商整体链条较长，其中涉及平台、物流、电子交付等多个环节，某个环节出现问题都有可能影响跨境电商整体效益。

WCO 也对跨境电子商务发展提出了前沿性要求。例如，2021 年 6 月 28—29 日，WCO 举办了第二届全球跨境电子商务会议，聚集了来

---

① 汤霞．数据安全与开放之间：数字贸易国际规则构建的中国方案［J］．政治与法律，2021（12）．

② 新加坡、新西兰、智利三国签署的《数字经济伙伴关系协议》。

自成员方海关的800多名专家、国际组织、区域组织、行业协会、私营部门、发展伙伴和学术界人士。本次会议涉及一项议题为将AEO概念扩展到电子商务利益相关者的想法和经验，引起与会各方热烈反响。同时WCO秘书处发布的《关于将AEO概念扩展到跨境电子商务的说明》可能会成为未来实施该政策的指南[①]。在我国，海关总署根据企业自身情况将其分为三类：一般认证企业、高级认证企业和失信企业，并根据分类在进出口通关时采取差异化管理，加大守信激励和失信惩戒力度。AEO制度可以为B2C电商企业提供借鉴，在整个行业内对电商企业进行对应分类，其中取得海关AEO认证的企业可以享受不同层面的优惠便利政策。此外，AEO制度具有国际间互认机制，取得国际互认能为B2C电商全球化奠定基础。AEO认证促进企业参与到认证中，从而享受便利政策，如降低进出口货物查验率、简化进出口货物单证审核、优先办理进出口货物通关手续等，提高我国货物进出口的通关速度，促进全球贸易发展；同时倒逼企业提升信用管理，改善行业信用环境，有利于对整个行业的长期监管和电商企业的全球化。AEO制度在国际上普遍推行，有利于各国海关实施统一的监管标准，对跨境电商的信用监管具有积极意义。

就我国海关而言，应该加快完善跨境电商发展支持政策。在现有试点海关基础上，加快在全国海关复制推广跨境电商B2B出口监管试点；确保物流畅通，支持利用中欧班列等运力开展跨境电商、邮件等运输业务，开通进出境临时邮路、临时出境口岸、临时进境口岸、全力保产业链供应链稳定。将跨境电商监管创新成果从B2C推广到B2B领域，并配套便利通关措施，缩短清关时间，提高商品运输效率。此外，应依托

---

① 世界海关组织网站，http://www.wcoomd.org/en/media/newsroom/2021/june/members-and-stakeholders-provide-new-impetus-to-future-wco-work-on-cross-border-ecommerce.aspx.

RKC 的自由区等条款，优化营商环境，提高我国跨境电商企业高标准经贸规则的适用能力。

我国跨境电商发展经历了从探索到完善的过程，特别是以功能区域为载体推动其快速发展。为促进跨境电商试点区的发展，我国海关相继推出了诸多特色举措。例如，重庆海关推出“跨境电商零售进口商品条码应用”创新举措，成都海关助力“成都—北美”出口跨境电商全货机航线正式开通，大连海关全国首创“委内加工产品出区检验监管新模式”。目前，跨境电商已经形成多种类型、模式和业态特点。各个试验区的发展既有着诸多共性，运用其他试验区的成功经验，又有着各自独特的路径，因地制宜地发挥自己的特点。未来我国跨境电子商务的发展，一方面需要继续对标高标准国际规则；另一方面，对于部分数字贸易领域，我国尝试进行开拓创新，贡献中国力量，形成中国范式。继续发掘电子商务潜力，促进以电子商务为核心的数字经济的增长，吸引更多的合作伙伴达成符合各方利益、发展利益共享的数字贸易规则，使其能够成为具有法律效力且能够起到一定约束性的国际经贸规则。

三是促进海关在数字经济时代下的数字化转型。智慧海关建设的总体目标是提升海关全面履职能力和服务水平，打造具有国际竞争力的海关监管和服务体系。协同治理和数字治理理念在智慧海关中应用颇多。其中，数据交换与共享在提升监管效能，促进贸易便利化中具有十分重要的作用。新一轮对 RKC 全面审议工作中多次提及数据问题。欧盟代表支持拟议的潜在文本草案，并建议将所有与数据和信息技术（IT）应用相关的条款置于第七章之下，并将第七章的标题相应地重命名为“数据和信息技术的应用”。韩国代表支持欧盟，并指出，潜在的草案文本涉及数据而非数据分析，既不涉及风险管理，也不涉及海关监管。全球快递协会代表表示，海关必须深思熟虑地决定他们需要哪些数据以及需要从谁那里以及在什么时间点需要这些数据，因为这些是数据准确性和数据质量的关键驱动因素。泰国代表要求澄清获取数据的目的。新西兰代表在提出备选文本草案时强调，许多国家在数据获取、处理和管理方面有强有力的政策，在制定纳入 RKC 的案文时应平衡所有这些政策。对海关而言，数据问题背后不仅涉及数据的流动和使用，还涉及风险管理、电子交付、金融监管、海关稽查、电子申报等诸多领域。

数字时代下，海关面临着数字化转型的任务，如何发掘数据价值、规范数据流动、用好数据功能将是海关转型的重要课题。加快数字基础设施建设，增强系统的互操作性，加快无纸贸易便利化进程等对促进跨境贸易便利化有着至关重要的作用。在新加坡、新西兰、智利三国签署的 DEPA 中，对于数据的贸易便利化措施做出了详细规定（见表 4–5）。2022 年 12 月 2 日，举行了中国加入 DEPA 第一次首席谈判会议。此外，近年来我国正在尝试加入多个数字经贸协定，对于数字贸易便利化提出了更高的要求。

表 4–5　DEPA 中与数字相关的贸易便利化措施

条款序号	涉及内容	要求
第 2.2 条无纸贸易	“单一窗口”个人接入及数据交换	建立或设立各自的“单一窗口”的无缝、可信、高可用性和安全互连，以促进与贸易管理文件有关的数据交换（包括进出口数据）
第 2.2 条无纸贸易	缔约方企业间电子记录交换	开发系统以支持缔约方主管机关间数据交换以及企业间商贸活动中使用的电子记录交换
第 2.2 条无纸贸易	缔约方间数据交换系统兼容及交互操作	运用国际公认标准和可获得的开放标准促进开发和治理，分享最佳实践，开展试点合作
第 2.5 条电子发票	缔约方间电子发票相关措施跨境交互操作	根据国际标准制定电子发票相关措施，促进基础设施建设，培养企业意识能力，并促成全球采用电子发票交互系统
第 2.7 条电子支付	缔约方促进跨境电子交互基础设施的可交互操作性、联通性和创新性	促进应用程序编程接口（API）的使用，努力使个人和企业通过数字身份实现可跨境认证和电子识别客户

随后涌现出的诸多国家间签署的数字经济专项协定中都提到了数字问题，包括电子可转移记录、电子合同、数字货币、数据模型的互操作

性、数字合法性和数字商品的数字身份等，因而我国海关应当加强基础设施建设，提升数据工具的使用。为构建数据生态系统和整合现有系统，WCO 提出以下建议：一是建立正式的数据治理，以确保数据的关联性、准确性和及时性；二是利用 WCO 和其他机构已经制定的有关数据格式和交换的标准规则；三是构建适当的数据管理模式，以确保正确的人访问正确的数据，并遵守数据保护法规；四是采用渐进式方法，例如通过收集和分析数据来支持决策。

2. 加强海关风险管理

一是建议在审议中实现风险管理理念全覆盖。在本次 RKC 全面审议过程中，各方代表的重要谈判立场之一便是防范化解各类风险。一方面，谈判各方对有关条款在涉及立法规定时的可能变动表示高度关切，其背后便是对于海关潜在立法风险的担忧（某一措辞的提出是否符合 RKC 程序性规定、某一措辞是否存在法律漏洞、是否与其他国际规则存在重复或内容冲突、是否符合缔约方国内法实际情况等）。另一方面，谈判各方对有关海关执法权限的条款展开了密集讨论，其背后便是对于海关潜在执法风险的担忧（海关是否有权开展某一执法活动、海关在开展某一执法活动时具有何种权力、海关在开展某一执法活动时需要承担何种责任、通过何种方式可以保障海关执法权力免受损害等）。综上所述，本次审议已经将风险管理理念内化到各个谈判阶段以及各项谈判内容，强化谈判过程中的风险防范意识、有效化解谈判中的各类潜在风险，是我国海关有效推进谈判进程走向深入、积极贡献中国智慧与方案、以国际公约修订护航我国海关现代化改革的有效途径。

二是建议在审议中鼓励科技成果在风险管理领域的应用落地。少数谈判方认为，RKC 作为具有国际影响力的海关公约，应当保持“技术上的中立性”，不应在条款中具体提及某些技术名称。但不可否认，海关风险管理实践的发展与科技创新成果应用已然密不可分。在 WCO 大力提倡科技创新与海关数字化转型的背景下，我国海关在 RKC 审议中可以倡导谈判各方在涉及海关风险管理的讨论中重点关注技术在提升风险识别准确性、保障风险处置有效性等方面所带来的益处。在 RKC 中纳入更多关于科技成果应用转化的相关表述，有利于引导各国海关提升基础设施科技化水平，为后续落实“三智”合作倡议提供坚实物质条件。

三是建议在审议中强调风险管理多方合作的重要性。当前，海关面对的各类外部风险陡然增加，开展海关风险管理国际合作具有重要意义。从传统的国际联合缉私执法到当前的国际联合疫情监测，防范化解各类风险隐患需要各国海关携手共进。在未来的 RKC 审议中，我国海关可以积极倡导在各议题项下开展风险防控国际合作，例如在旅客信息获取、货物电子申报信息真实性核验、发挥海关在供应链上的安保作用等议题上探索建立国际合作机制，在有效防范化解风险的基础上，积累海关风险管理国际合作经验，为日后搭建更为全面的海关风险管理国际合作框架、修订《标准框架（2021）》等国际标准打下坚实基础。

3．提升原产地管理水平

原产地规则是确保自由贸易协定顺利实施、促进贸易程序便利化必不可少的组成部分，可以细分为实体性判定规则和程序性规则两大类别。将中方参加的自由贸易协定原产地谈判成果在 RKC 新一轮修订过程中得到充分体现，有助于向世界贡献中国智慧、中国方案，营造“于我有利”的国际法治环境、国际规则环境。

一是中国可以建议在审议中为 RKC 专项附约 K“原产地规则”增加更多标准条款。从中国—东盟自贸协定升级版、RCEP、中国—新加坡自由贸易协定升级版等自贸协定中可以看出，原产地规则是专门作为一个章节（一般是第三章节）规定在自贸协定正文文本中，且绝大部分为执行性较强的标准条款，体现出原产地规则对于确保自由贸易协定关税减让顺利实施、服务货物贸易便利化程序更好实现等方面所具有的优势、作用和地位。RKC 专项附约 K“原产地规则”中规定了不少关于原产地实体性判定规则和程序性规则相关的建议条款，但建议条款对成员的约束力没有标准条款的约束力大，不利于最大限度地实施 RKC 原产地规则。建议中方积极推动谈判在审议中为专项附约 K 增加更多标准条款（或适当考虑将部分建议条款优化完善后“升级”为标准条款），这有助于充分凸显 RKC 原产地规则的优势、作用和地位，强化 RKC 原产地规则的国际法规范性和约束力。同时，中国可以一方面推动专项附约 K 原产地实体性判定规则的修订完善，如完善“货物原产国”“完全获得或生产货物”定义，推动更新修订“微小加工与处理”“直接运输”等规则，并推动有关条款表述的细化。另一方面，推动 RKC 专项附约 K 原产地程序性规则的修订完善。如更新“原产地声明”的定义，修改“免于提交原产地证书”“文件保存要求”等条款或要求，根据当前原产地规则的新趋势新增“原产地电子联网”等内容。

二是建议推动专项附约 K 原产地实体性判定规则的修订完善。在“货物原产国”定义方面，建议将“货物原产国”改为“货物原产地”，并推动有关条款表述的细化完善。根据最新《世界海关组织原产地手册》，“货物原产地”不仅包括货物原产的“国家”，也包括“单独关税区”和“区域联盟”，KC 的附约 D“原产地规则”也对“货物原产国”中的“国家”进行了扩充解释（解读），但在 RKC 中删去了相关解释（解读）。因此，建议参照 KC 的附约 D 的相关解释（解读），结合《世界海关组织原产地手册》，对 RKC 专项附约 K 中的“货物原产国”进行扩充解释（解读），或者将“货物原产国”改为“货物原产地”，并修订完善其表述。对于“完全获得或生产货物”的定义，建议推动有关条款的细化修订。专项附约 K 第一章标准条款 2（完全获得或生产货物）规定与中国—东盟自贸协定升级版、RCEP、中国—新加坡自贸协定升级版等自贸协定有关条款在具体表述上有一定差别，例如，RKC

将“在该国饲养或出生的活动物”视为“全部在一指定国家生产的货物”（即原产货物），但 RCEP 等自贸协定相关表述为“在该缔约方出生并饲养的活动物”，建议推动 RKC 有关条款的细化修订，推动“完全获得或生产货物”有关表述更加科学完善。对于“微小加工与处理”规则，建议推动有关条款的更新修订，视情增加兜底条款。与专项附约 K 第一章第 6 条（建议条款）规定相比，中国—东盟自贸协定升级版、RCEP、中国—新加坡自贸协定升级版等自贸协定有关条款在具体表述上考虑到了新情况，例如，RCEP 将“仅用水或其他物质稀释，未实质改变货物的特性”等新情况视为属于“微小加工与处理”，但 RKC 相关条款未就此是否视为“微小加工与处理”作出规定；“微小加工与处理”规则也未规定兜底条款，不利于尽可能囊括更多的“微小加工与处理”情况，以辅助判定“实质性改变”标准。对于“直接运输”规则，建议结合国际货物运输、海关监管等实际推动 RKC 有关条款的细化完善。根据专项附约 K 第一章建议条款 12（关于直接运输的规定），“直接运输”的特殊情形（即适用“直接运输”规则的特殊情形）主要包括地理原因（如内陆国家）、在第三国期间一直由海关监管（如货物在交易会）两种情形，与中国—东盟自贸协定升级版、RCEP、中国—新加坡自贸协定升级版等自由贸易协定有关条款相比，RKC 有关条款规定较为宽松，不利于海关实际监管，建议予以细化完善。例如 RCEP 规定，以下情形符合“直接运输”规则：“货物运输途经除该出口缔约方和进口缔约方以外的一个或多个缔约方（以下称‘中间缔约方’）或非缔约方，只要该货物：（1）除装卸，重新包装，储存并且其他为保持货物良好状态或将货物运输至进口方的必要操作等物流活动外，未在中间缔约方或非缔约方进行任何进一步加工；并且（2）在中间缔约方或非缔约方海关监管之下。”

三是建议推动 RKC 专项附约 K 原产地程序性规则的修订完善。在专项附约K中，原产地程序性规则主要体现在第二章“原产地证明文件”和第三章“原产地证明文件的核查”中。对于“原产地声明”的定义，RKC规定为“在货物出口时，由制造商、生产者、供货人、出口商或其他当事人在商业发票或任何其他有关单证上，对该货物原产地所作的正式声明”。建议对“其他当事人”予以明确或者限缩，以确定原产地声明的法定开具主体，同时建议删去“任何其他有关单证”中的“任何”表述。对于“免于提交原产地证书”条款，专项附约K第二章第3条（建议条款）规定，“商业性托运货物累计总值不高于六十美元以上的限额、旅客行李中随身携带的非商业性物品累计进口值不高于一百美元以上的限额等情况不应要求出示原产地证书”，考虑到RKC已签订几十年，各缔约方经济发展水平有所差异，建议推动对以上限额的适当调整，以使其更符合实际情况。对于“文件保存要求”的规定，建议推动对RKC原产地证书相关证明文件保存时间的优化调整。专项附约K第二章建议条款11规定有权签发原产地证书的当局或团体，应将其签发的原产地证申请书，或供管理用的原产地证副本至少保存两年，而中国－东盟自贸协定升级版、RCEP、中国—新加坡自贸协定升级版等自由贸易协定均规定原产地副本至少应保存三年，以供原产地核查等海关监管需要。关于“原产地电子联网”，专项附约K没有原产地电子联网相关条款，而中国—东盟自贸协定升级版、RCEP、中国—新加坡自贸协定升级版等自贸协定均就原产地电子数据交换（电子联网）进行了规定，其中RCEP规定“缔约方可共同协商一致，开发用于原产地信息交换的电子系统，以保证本章有效且高效的实施”。原产地电子联网有助于推动缔约方原产地电子数据交换合作，提升原产地监管效能、降低企业贸易合规成本、促进海关数字化转型，建议中方积极推动RKC在审议中吸纳有关内容。

参考文献

REFERENCES

1. 联合国贸易便利化和电子商务中心:《建立“单一窗口”的建议书及指南》(UN/CEFACT Recommendation No.33-Single Window Recommendation).

2.《关税及贸易总协定》.

3.《京都公约》.

4.《经修订的京都公约》.

5. 海关总署国际合作司. 关于简化和协调海关制度的国际公约(京都公约)总附约和专项附约指南[M]. 北京:中国海关出版社,2003.

6. 世界海关组织:《全球贸易安全与便利标准框架(2005)》.

7. 世界海关组织:《全球贸易安全与便利标准框架(2021)》.

8. 世界海关组织:2019 年发布的第 47 号研究论文.

9. 海关总署深圳原产地管理办公室:《世界海关组织原产地手册》.

10. 海关总署国际合作司.《欧盟海关法典》中文译本[M]. 北京:中国海关出版社,2016.

11. 海关总署国际合作司.《欧盟海关法典实施条例》中文译本[M]. 北京:中国海关出版社,2016.

12. 海关总署国际合作司.《欧盟海关法典授权条例》中文译本[M]. 北京:中国海关出版社,2016.

13.《欧盟海关法典与规则》.

14.《欧盟经济联盟海关法典》.

15.《美国海关法典及条例》.

16.《国务院关于印发社会信用体系建设规划纲要(2014—2020 年)的通知》等指导意见.

17.《关于禁止侵犯商业秘密行为的若干规定》(国家工商行政管理局令第 41 号公布,国家工商行政管理局令第 86 号修订).

18. 北京睿库贸易安全及便利化研究中心.《京都公约审议报告》[EB/OL]. (2019-04-25). https://www.re-code.org/article/772?categoryid=66.

19.《欧盟海关“单一窗口”环境建设和制度规划》.

20. 海关总署:《海关总署关于进一步加强稽查工作提升查发能力的指导意见》(署

企发〔2021〕111号），2021年11月10日.

21. 海关发布. 海关如何实施《外来入侵物种管理办法》?［EB/OL］.（2022-06-23）. https://mp.weixin.qq.com/s/kas1tFo6lzU0b0_0GsuAKw.

22. 海关发布. 中新（海关）共同管理和实施“单一窗口”互联互通联盟链［EB/OL］.（2022-01-07）. https://baijiahao.baidu.com/s?id=1721289314537598507&wfr=spider&for=pc.

23. 海关发布. 中国–俄罗斯AEO互认安排签署［EB/OL］.（2022-06-16）. https://mp.weixin.qq.com/s/PJNKxsuTHPX2XOGCP7R1Hg.

24. 京杜律师事务所. 从含有“毒丸”的美墨加自由贸易协定说开去——聊聊美国的原产地规则［EB/OL］.（2022-07-20）. https://www.lexology.com/library/detail.aspx?g=3e214e93-dfb2-4be8-8a2a-b237dae5e4cf.

25. 朱秋沅.《经修正的京都公约》的修正机制及公约未来走向分析［J］. 海关与经贸研究，2020（3）.

26. 叶倩. 探析双循环新发展格局下知识产权海关担保模式创新［J］. 海关与经贸研究，2022（2）.

27. 马淑友，吕洪财，李向阳. 中外进境行邮税征管制度比较研究［J］. 海关与经贸研究，2018（5）.

28. 徐迅，谢墨梅. 邮政改革的国际经验与启示［J］. 中国发展观察，2021（24）.

29. 厉力. 原产地规则的原理与实践13：欧盟的原产地规则解析［EB/OL］.（2022-07-18）. https://mp.weixin.qq.com/s/Esl3ojDjpwfkupZnabH21A.

30. 厉力. 北美自由贸易区的原产地规则问题研究［J］. 上海交通大学学报，2011（6）.

31. 陈永健. 从《北美自由贸易协定》到《美墨加协定》［EB/OL］.（2022-07-20）. https://research.hktdc.com/sc/article/MzE4MjExOTM2.

32. 张旭，许健，佟仁城. 美国海关风险管理过程研究及启示［J］. 工业技术经济，2005（9）.

33. 周阳. 试论美国海关法全球化的典型路径［J］. 法学评论，2014（3）.

34. 周阳. 美国对外贸易区法律问题研究［M］. 北京：法律出版社，2015.

35. 周阳. 美国海关法律制度研究［M］. 北京：法律出版社，2010.

36. 王雅丽，詹金良. 美国海关风险管理一探［J］. 中国海关，2022（3）.

37. 王雅丽. 美国C-TPAT制度与我国AEO制度对比分析及启示［J］. 中国海关，2021（9）.

38. 孙志敏编译:《欧盟海关风险管理战略和行动计划》执行终期报告(来源:欧盟委员会官网).

39. 周和敏,赵德铭,陈倩婷. 从海关特殊监管区到自由贸易区——上海自贸区海关监管政策分析[J]. 海关法评论,2014(4).

40. 梁丹虹. 美国“单一窗口”ACE/ITDS的实施及启示[J]. 海关与经贸研究,2016(3).

41. 侯彩虹. 海关两个中心建设背景下对“安全准入”基本问题的思考[J]. 海关与经贸研究,2017.

后 记

习近平总书记在党的二十大报告中指出，要“推动贸易和投资自由化便利化，推进双边、区域和多边合作”。

海关是对外开放的窗口。海关总署署长俞建华提出“多双边合作海关必促进”。这就要求中国海关深度参与国际规则制定，加快制度标准对接，提升海关管理制度话语权，积极破解贸易壁垒，推动在WCO框架下开展全球海关协同治理研究，共同推进全球海关治理的现代化、标准化水平。

《经修订的京都公约》于1999年通过，2006年正式生效。公约规定各缔约方应当将公约的核心原则和制度转化为其国内法。各缔约方通过实施公约，不断简化和规范海关手续和业务制度，提高海关立法和执法的透明度、公正性，促进贸易便利化。

我国于2000年加入公约后，积极履行国际义务，不断推进业务改革，将公约有关原则和制度以及世界贸易组织（WTO）规则融入2000年修订的《中华人民共和国海关法》以及各项海关法律制度中，如电子申报、稽查、保税、担保、AEO制度等。但总体上看，我国海关制度安排距离履约的要求尚有进一步完善的空间；同时，我国许多成熟的改革措施亟待更大力度的立法与制度支持。受到时代和当时技术手段局限，公约本身也存在一些问题，越来越难以适应迅猛发展的国际贸易实务的要求。

2018年，WCO启动了《经修订的京都公约》新一轮全面审议，旨在对《经修订的京都公约》及其指南提出文本修订建议。目前，公约全面审议工作已进入第四阶段，即文本磋商阶段，其最终成果将为公约未来修订奠定重要基础。海关总署建立专门机制，组织力量深入参与公约全面审议，提出的“自由区”“AEO”“单一窗口”“海关在安全中的作用”“原产地规则”“跨境电商数据模型”“海关与企业的合作”7项提案进入全面审议第四阶段，对于我国在未来国际海关治理体系中占据主动、维护利益具有重要意义。公约全面审议工作以及我国在其中的贡献，对于未来二十年甚至更长远全球海关制度的基本面貌、我国国际货物贸易安全和便利的程度与方式、制度建设的走向都将产生根本性和长期性的影响。

本书在“《经修订的京都公约》与海关制度研究”署级课题研究报告基础上编辑而成。该课题研究由长沙海关牵头，主要参与单位有长沙海关、南京海关、广州海关、深圳海关和上海海关学院。根据课题框架的四个部分，相应成立了四个撰稿小组，分别承担一个子课题。具体分工是：由长沙海关组成第一撰稿小组，负责“《经修订的京都公约》概述”子课题；由深圳海关组成第二撰稿小组，负责“《经修订的京都公约》实施情况”子课题；由长沙海关和南京海关共同组成第三撰稿小组，负责“对我国海关制度建设的建议”子课题；由上海海关学院和广州海关组成第四撰稿小组，负责“《经修订的京都公约》全面审议及相关启示”子课题。各撰稿小组的研究成果由长沙海关统稿并形成最终的课题研究报告。

第一部分《经修订的京都公约》概述，介绍《京都公约》和《经修订的京都公约》产生的背景、原因和过程，对前后两个公约进行对比分析，全面梳理分析了《经修订的京都公约》的总附约和专项附约各章节内容，归纳并重点论述了公约的八项核心原则。此前学界尚未见有对《经修订的京都公约》核心原则的专门论述。

第二部分《经修订的京都公约》实施情况，介绍了各成员接受和实施《经修订的京都公约》的情况，重点对公约有关申报、进出境邮件、原产地、风险管理、稽查、“单一窗口”、自由区和 AEO 8 项海关制度在全球主要经济体和我国的实施情况进行比较研究，对我国实施这些制度存在的相关问题进行深入分析。

第三部分对我国海关制度建设的建议，从《经修订的京都公约》的核心原则和先进管理理念出发，基于我国国情、国家立法以及海关改革发展现状，充分考虑统筹发展和安全，平衡贸易安全与便利，把稳海关监管与服务的关系，研究将公约核心原则引入《中华人民共和国海关法》的途径，重点研究提出了完善法律制度的建议，以应对风险挑战，维护国家主权、安全和发展利益。

第四部分《经修订的京都公约》全面审议及相关启示，聚焦新一轮对《经修订的京都公约》的全面审议，介绍了全面审议进展情况和焦点问题及其带来的启示，重点研究提出了我国参与全面审议的具体建议，寻求提出中国方案，为推动在 WCO 框架下开展全球海关协同治理研究，共同推进全球海关治理的现代化、标准化，贡献中国海关智慧。

国内有关专家学者对该课题研究给予了充分肯定，详见本书封底。

本书中所提建议或得出的结论仅代表编者个人观点，供学术交流参考。

该课题在研究和撰稿过程中得到了海关总署政策法规司、海关总署国际合作司领导和全系统有关专家全程悉心指导和大力支持，中国海关出版社有限公司在本书付梓过程中全力支持、配合并给予了及时、专业的指导。在此谨对所有支持该课题研究的单位和做出贡献的个人一并表示衷心感谢！

本书编写组

2023 年 9 月

图书在版编目（CIP）数据

《经修订的京都公约》与海关制度研究 / 本书编写组编著 . —北京：中国海关出版社有限公司，2023.9

ISBN 978-7-5175-0701-7

Ⅰ. ①经… Ⅱ. ①本… Ⅲ. ①海关—国际条约—研究 Ⅳ. ① F745.2

中国国家版本馆 CIP 数据核字 (2023) 第 135069 号

《经修订的京都公约》与海关制度研究

《JINGXIUDING DE JINGDU GONGYUE》 YU HAIGUAN ZHIDU YANJIU

作　　者：本书编写组
责任编辑：刘白雪
出版发行：中国海关出版社有限公司
社　　址：北京市朝阳区东四环南路甲 1 号　　邮政编码：100023
编 辑 部：01065194242-7521（电话）
发 行 部：01065194221/4238/4246/5127（电话）
社办书店：01065195616（电话）
https: //weidian.com/? userid=319526934（网址）
印　　刷：北京铭成印刷有限公司　　经　　销：新华书店
开　　本：710mm × 1000mm　1/16
印　　张：19　　字　　数：262 千字
版　　次：2023 年 9 月第 1 版
印　　次：2023 年 9 月第 1 次印刷
书　　号：ISBN 978-7-5175-0701-7
定　　价：58.00 元